COLLECTION POÉSIE

GÉRARD DE NERVAL

Lénore

et autres poésies allemandes

Préface de Gérard Macé
Édition établie et annotée
par Jean-Nicolas Illouz
avec la collaboration de Dolf Oehler

GALLIMARD

PRÉFACE

Certaines traductions ont le même pouvoir, la même influence que des œuvres originales, on l'oublie trop souvent quand on écrit l'histoire des littératures. Ce fut le cas en France pour les Vies parallèles *dans la version d'Amyot, qui fixa pour longtemps un état de la langue ; plus tard pour les* Mille et Une Nuits, *puisque Galland fut l'inventeur d'un trésor au rayonnement universel ; pour les* Histoires extraordinaires *d'Edgar Poe, qui permirent à Baudelaire d'écrire par procuration, et au poète américain d'être littérairement naturalisé. Ce fut le cas aussi pour* Faust, *qui valut à Nerval un début de gloire, avant même d'être bachelier. Il est vrai qu'il fut un traducteur inspiré mais approximatif, et un lycéen distrait...*

Depuis la première édition en 1827, on ne s'est pas privé de recenser les erreurs de Nerval, ses contresens et ses interprétations abusives, et lui-même avait commencé le travail de révision dans les éditions ultérieures. On peut même se demander dans quelle mesure il connaissait l'allemand, d'autant que deux autres versions avaient précédé la sienne. Il n'empêche : ses infidélités à l'original n'arrivent pas à ternir l'éclat de sa réussite, qu'il doit à un mélange d'audace et d'inno-

*cence. C'est au point que d'emblée, mais peut-être sans
le savoir, Nerval a sans doute écrit le chef-d'œuvre théâ-
tral dont il a rêvé toute sa vie, pour rassurer son père et
faire la conquête d'actrices inaccessibles; car en adap-
tant* Faust, *Nerval a trouvé à la fois un univers, celui
de la magie noire, un mythe qui contient des échos de
son histoire personnelle, et une contrée de l'esprit qui
sera la sienne pour toujours. En outre, traduire lui per-
met d'ébaucher une poétique, par personne interposée
comme si souvent chez lui, une poétique hésitant entre
les vers et la prose, entre ce qui nous est propre et ce
qu'on emprunte, et qu'il formule d'ailleurs en citant
Goethe: «Honneur sans doute au rythme et à la rime,
caractères primitifs et essentiels de la poésie. Mais ce
qu'il y a de plus important, de fondamental, ce qui pro-
duit l'impression la plus profonde, ce qui agit avec le
plus d'efficacité sur notre moral dans une œuvre poé-
tique, c'est ce qui reste du poète dans une traduction en
prose.» C'est même par ces lignes, qui le justifient par
avance, que Nerval termine sa préface à l'édition de
1840. Or cette édition qui reprend le premier* Faust *et
une partie du second, reprend aussi en l'élargissant
un «choix de poésies allemandes» paru en 1830: c'est
l'aboutissement d'un long travail, un détour salutaire
par des chemins qui l'éloignent apparemment de lui-
même, mais lui permettent de trouver sa véritable inspi-
ration poétique. D'ailleurs, ces traductions, imitations,
parfois des inventions pures et simples, seront suivies
de près par les premiers poèmes des* Chimères, *on le
sait aujourd'hui. Au lieu d'être un simple exercice, la
traduction fut pour lui une expression à mots couverts,
qui lui a permis de donner libre cours à ses fantasmes
et ses hantises, sans avoir à les déclarer en son nom
propre, et l'on peut penser que les «poésies allemandes»
ont été bienfaisantes pour Nerval: du point de vue men-*

tal, ce ne fut que provisoire, et peut-être incertain, mais du point de vue poétique ce fut déterminant. Grâce à Goethe, Schiller, Klopstock, Uhland, Bürger et Heine, Nerval a pu tourner le dos à la versification machinale et stérile à laquelle il s'adonna dans ses «vers de jeune homme», pour reconnaître ce qui au fond n'appartenait qu'à lui, puis nous donner des vers dont le charme est si troublant qu'il ne doit plus rien au métier.

Selon ses propres termes, l'Allemagne était pour Nerval une seconde patrie, ce que prouvent ses voyages (quatre en seize ans, dont le séjour à Vienne qui deviendra l'épisode initial du Voyage en Orient*), et plus encore son insistance à traduire: le second* Faust*, au moins en partie, et ces poésies allemandes sur lesquelles il revient tant de fois, comme la* Lénore *de Bürger dont on connaît six ou huit versions: si l'on a du mal à en faire le compte précis, c'est que ce sont les variantes d'un poème dont il a fini par oublier l'auteur.*

On a prétendu que Nerval avait appris l'allemand avec son père, médecin des armées qui avait suivi Napoléon jusqu'en Russie, et qui était revenu seul de cette froide et cruelle épopée, puisque sa femme, qui l'accompagnait sur les champs de bataille, était morte en Silésie. La perte fut irréparable pour Gérard, veuf et inconsolé: c'est du moins ce qu'il écrit dans son vers le plus fameux, le premier d'«El Desdichado», comme s'il prenait à son compte le chagrin de son père, en même temps que le sien. C'est même ce deuil, double et sans fin, qui dirige et ralentit ses pas: «Où vais-je? je ne sais; en Orient peut-être, mais je ne puis me résoudre à traverser rapidement cette bonne Allemagne, où repose ma mère», écrit-il à Franz Liszt en juin 1854, de Nuremberg où l'a mené son ultime pérégrination.

L'Allemagne a beau être une terre des morts, et le lieu

d'origine du romantisme exalté par Mme de Staël, c'est aussi un pays peuplé d'êtres réels, qui parlent une langue que Nerval ne comprend pas, et qu'il a tant de mal à prononcer, parce qu'elle est trop éloignée de la langue morte qu'il a étudiée. Il en fait l'aveu aux lecteurs de La Presse *en 1850, avec un humour désarmant:* «J'ai appris cette langue comme on étudie une langue savante, en commençant par les racines, par le haut-allemand et le vieux dialecte souabe. De sorte que je ressemble ici (il est alors à Wiesbaden) à ces professeurs de chinois ou de thibétain que l'on a la malice de mettre en rapport avec des naturels de ce pays... Peut-être pourrais-je prouver à tel Allemand que je sais sa langue mieux que lui, — mais rien ne me serait plus difficile que de le lui démontrer dans sa langue.» *À son père, lors de ses premiers voyages, il avait confié plus sérieusement son embarras:* «je ne sais pas encore autant l'allemand que l'on croit», *lui écrit-il de Vienne en novembre 1839. Il envisage même de prendre des leçons auprès d'un maître, plus de dix ans après la traduction du premier* Faust*!*

Nerval ne comprend pas l'allemand, il le devine. Mais avec Heine, il n'était plus question de rester dans le flou. Exilé volontaire à Paris, l'auteur du Reisebilder *(qui ne figure pas dans le choix de 1830) était fort capable d'apprécier les mérites d'une traduction, sa fidélité à l'original comme ses vertus poétiques. Et comme il se savait difficilement traduisible (au point de se vivre comme un «rossignol niché dans la perruque de Voltaire»), il vit arriver Nerval avec un préjugé favorable. Or, si l'on en croit le témoignage d'Arsène Houssaye, il fut effaré par l'ignorance de son nouveau traducteur. Effaré, mais nullement découragé... Car plutôt qu'un germaniste, même sans reproche, il cherchait un poète capable de donner un écho, dans un français limpide et* musical, à ses ballades destinées au chant, si proches de la musique de Schubert. Il fit donc confiance au poète singulier qu'était déjà Nerval, et se mit au travail avec lui, au cours de séances aussi longues qu'irrégulières : il éclaira le sens chaque fois que c'était utile, proposant à Nerval des ébauches de traductions, et même des versions d'une autre main. Le résultat, entre autres, c'est l'admirable Intermezzo qui parut avec bien des retards, en 1848.

Mais l'essentiel n'est peut-être pas là. L'essentiel pour les deux hommes, ce fut l'échange entre eux, cette compréhension intime et réciproque, ce partage de l'exaltation poétique et des souffrances, qui firent de leur relation l'une des plus belles amitiés littéraires. Heine avait parfaitement compris la nature fantasque de Gérard, et même les crises qui faisaient de lui un être errant, quand il n'était pas enfermé ; Nerval était ému par l'exil de son ami allemand, qui lui permettait par sa seule présence de respirer un air propice à sa propre poésie, et dont l'origine lui rappelait une terre où il espérait retrouver des souvenirs, une terre étrangère et pourtant maternelle. On peut rêver longtemps sur une scène échappée à l'oubli, grâce à un témoin oculaire, alors que Heine était sur le lit de douleurs où il passa plusieurs années avant de mourir, un an après Nerval : « Nous nous assîmes et Heine se mit à parler à Gérard de quelques sonnets que ce dernier avait écrits quelques jours auparavant. Ces vers devaient être intitulés "Jésus au mont des Oliviers" et décrire la passion de l'esprit crucifié par le doute, précédant le martyre corporel. Gérard déclama quelques vers. Ils excitèrent le plus grand enthousiasme chez le malade qui, après cette émotion, tomba dans une sorte de demi-sommeil. Les yeux fixes, Gérard regardait dans le vague d'un air songeur et j'étais comme enivré par l'esprit des deux poètes dont

*l'un était mourant tandis que l'autre était sans doute
fou.»*

Auparavant, Nerval avait présenté Heine au public
français (en 1848, précisant que «dans un moment où
l'Europe est en feu, il y a peut-être quelque courage à
s'occuper de simple poésie») et ce fut pour lui l'occa-
sion de compléter son tableau de la poésie allemande,
mais surtout de décrire un art poétique, si proche du
sien qu'on pourrait croire qu'il parle de lui-même:
«Chacune de ses phrases est un microcosme animé et
brillant; ses images semblent vues dans la chambre
noire; ses figures se détachent du fond et vous causent
par l'intensité de l'illusion la même surprise craintive
que des portraits qui descendraient de leur cadre pour
vous dire bonjour. Les mots chez lui ne désignent pas
les objets, ils les évoquent. Ce n'est plus une lecture
qu'on fait, c'est une scène magique à laquelle on assiste;
vous vous sentez enfermé dans le cercle avec le poète, et
alors autour de vous se pressent avec un tumulte silen-
cieux des êtres fantastiques d'une vérité saisissante; il
passe devant vos yeux des tableaux si impossiblement
réels, que vous éprouvez une sorte de vertige.»

Sans bruit, avec beaucoup de simplicité, Nerval
annonce dans ces lignes une conception mallarméenne
du langage poétique (on peut même dire qu'en l'énon-
çant dans ces termes, il la rend accessible, autant que
par les exemples qu'il en donne, dans sa prose comme
dans ses vers). Il annonce aussi une conception prous-
tienne de la littérature, ou plutôt d'une évocation des
êtres et de leur résurrection dans le souvenir, qui donne
naissance à une spirale sans fin.

Nerval n'est jamais tant lui-même que dans les
emprunts, qu'ils soient vrais ou supposés. Car une
parole doit être déjà dite pour qu'il la reprenne à son

*compte, elle doit être un écho qui résonne dans sa
mémoire, et se répercute dans la profondeur du temps:
elle doit venir de sa propre vie, mais aussi de toutes
celles qui lui ressemblent dans le passé, ce qui est la
seule forme de vie éternelle à la portée d'un poète. Et
s'il faut reprendre les «poésies allemandes» sous son
nom, c'est d'abord parce qu'il l'a fait lui-même, dans
l'unique volume parfaitement maîtrisé qu'il ait publié
de son vivant, sans doute parce qu'il précède sa pre-
mière grande crise; ensuite parce que ces poésies sont
les siennes à plus d'un titre: poétiquement, parce qu'il
les transpose autant qu'il les traduit, et parfois littéra-
lement, parce qu'il les invente de toutes pièces. La fausse
attribution fait partie de sa poétique, et de sa psycholo-
gie: elle est le contraire du vol, et va plus loin que le
pseudonyme.*

*On n'a jamais retrouvé «Le Bonheur de la maison»
dans les œuvres de Richter ni l'original du Bardit «tra-
duit du haut allemand», et l'on a cherché en vain
le sonnet de Bürger que Nerval prétend traduire, dans
lequel il est question du soleil et de la gloire qu'on ne
saurait impunément contempler. En 1830 il en donne
une version en prose (intitulée «Sonnet»), alors qu'une
version en vers, intitulée «Le Soleil et la Gloire», figure
dans les* Odelettes *de 1832, version reprise dans* La
Bohême galante *avec un autre titre et une autre ponc-
tuation: cette fois il s'agit du «Point noir», cette tache
aveuglante qu'on retrouvera dans le soleil de la mélan-
colie. «La Sérénade» attribuée à Uhland a donné lieu
aux mêmes incertitudes et aux mêmes déplacements,
mais dans l'ordre inverse: elle apparaît en 1830 sans
nom d'auteur, sous le titre «La Malade» (alors qu'elle
fait réellement partie d'un cycle de Lieder publié
en 1815 par le poète allemand), avant d'être reprise en
1832 dans les* Odelettes *et en 1852 dans* La Bohême

galante, *restituée à son auteur, dont le nom figure en
sous-titre.*

Quant à «*La Noble Femme d'Azan-Aga*», elle offre
une histoire plus intéressante encore, car elle témoigne
de la façon dont circulaient ballades et complaintes
dans l'Europe du début XIXᵉ siècle, surtout quand elles
venaient d'un fonds populaire, ces Volkslieder aux-
quels les poètes allemands empruntèrent tant de
motifs, et qui encouragèrent sans doute Nerval à réunir
les «*Chansons du Valois*», ce qui lui valut d'être
pris trop longtemps pour un folkloriste de l'Ile-de-
France. La complainte au titre exotique, dans l'antho-
logie de 1830, était une traduction de Goethe, mais le
poète de Weimar n'en est pas vraiment l'auteur, puis-
qu'elle avait d'abord été publiée par Herder en 1778,
et qu'elle est inspirée par un chant populaire serbo-
croate : en somme, il s'agit de la traduction d'une tra-
duction...

On l'a compris : Nerval modèle à sa guise une matière
poétique devenue pour une part un fonds commun. Il
ne se prive d'ailleurs pas d'ajouter des paragraphes,
de passer des vers à la prose et de la prose aux vers, ni
d'amputer un poème qui lui semble trop long, encore
qu'il soit difficile de faire le partage entre l'omission
volontaire et l'oubli, quand une strophe vient à man-
quer. Il ne se prive pas non plus de reprendre les poèmes
à son compte, et même plusieurs fois, dans des recueils
dont la composition est instable, si bien qu'on a l'im-
pression, quand on lit Nerval en le suivant pas à pas,
de parcourir un labyrinthe, ou d'être pris dans un sys-
tème d'échos qui donne le vertige.

À lire les «*Poésies allemandes*» d'un seul tenant, on
a le sentiment de lire un seul et même auteur, sous
des identités différentes. Mais ces noms d'emprunt sont

*ceux de poètes attestés, ce qui les distingue des hétéro-
nymes à la manière de Pessoa.*

*L'unité de ton également, donnée par la couleur
sombre de l'ensemble, et l'abondance des chants
funèbres, comme celui qui berce l'enfant mort du Roi
des aulnes. Car c'est un monde inquiétant dans lequel
s'aventure Nerval, un univers de légendes où les puis-
sances infernales sont toujours prêtes à se déchaîner :
si la coupe d'or héritée du Graal, qu'on retrouve dans
plusieurs poèmes, est une promesse lumineuse, il faut
aller la chercher au péril de sa vie, à la lisière d'un
autre monde quand ce n'est pas au fond de l'océan,
d'où le plongeur ne remonte pas toujours. La guerre fait
rage et les filles de rois sont bien gardées, l'apprenti
sorcier déclenche des catastrophes en jouant avec des
formules qui le dépassent, et tous les cercles sont loin
d'être enchantés. Dragons et bêtes féroces, sans parler
du diable toujours à l'affût, combattent la croix du
Christ, et dans cette poésie toujours prête à monter sur
ses grands chevaux, dont le lyrisme et la rhétorique
peuvent paraître désuets, on sent des menaces, des
périls, des anathèmes qui ont rendu Heine étranger à sa
propre patrie.*

*Il y a quelque chose d'emporté, de théâtral, en parti-
culier dans les poèmes de Schiller, qui oblige Nerval à
forcer la voix. Mais dans la « Lénore » de Bürger c'est
lui qu'on entend, sans aucun effort, parce que l'allure
de la ballade, et surtout son propos, condense pour la
première fois sur le mode narratif, comme dans un sou-
venir de rêve enfin retrouvé, ce qui le hante depuis tou-
jours et fera de lui l'auteur des* Chimères. *En mêlant
deux thèmes parfaitement classiques, le retour de
guerre et les noces funèbres, Bürger en allemand, Ner-
val en français ont réussi une complainte aussi ryth-
mée que « Le Roi des aulnes », aussi ample que « Le Dit*

du vieux marin », *et qui mériterait d'ailleurs d'être aussi connue.*

Le soir de ses noces, l'époux de Lénore est parti pour la guerre. La paix retrouvée tous les soldats reviennent au pays, sauf lui dont on est sans nouvelles. Lénore inconsolable se lamente, et pleure jusqu'au coucher du soleil, mais la nuit tombée elle entend le pas d'un cheval : un cavalier en armure frappe à sa porte, c'est son mari qui vient la chercher, pour l'emmener avec lui au pays des morts. Commence alors une chevauchée qui s'achève au cimetière, juste avant le lever du jour, car les revenants ne voyagent que la nuit : « les morts vont vite », dit un refrain qui sert de sésame, et nous permet d'entrevoir un monde où l'espace et le temps sont rétrécis. À la fin l'époux de Lénore n'est plus qu'un corps décharné sur son cheval noir, « un squelette qui tient une faux et un sablier ».

Même sans ces attributs, on aurait reconnu l'allégorie de la mort qui a toujours les traits d'un homme en Allemagne, parce que le mot qui la désigne, « der Tod », est grammaticalement masculin. Mais pour Nerval cette imagerie, liée à l'histoire de Lénore, est singulièrement active, car elle déplace et condense des éléments de la réalité qui font partie de son univers imaginaire, en même temps qu'elle réalise un vœu informulé, la mort du père. On sait que ce père, qui sera toujours un tuteur pour lui (et un juge), a emporté sa mère qui s'appelait Marguerite, comme l'épouse de Faust, dans la contrée funèbre d'où elle n'est pas revenue ; mais grâce au poème de Bürger, le messager de la mort est lui-même un squelette : ce que Nerval n'ose pas s'avouer à lui-même, et qui le rend si coupable à ses yeux, il le reconnaît dans cette ballade qui vient justement du pays où repose celle qui lui manquera toujours, et dont le souvenir se confond avec une gravure de Fragonard.

Dans la géographie nervalienne, le Rhin joue le rôle d'un Achéron, qui séparerait non seulement les vivants et les morts, mais aussi l'imaginaire et le réel, ou plus précisément l'Allemagne rêvée, idéale, telle qu'elle apparaît à partir de sa poésie, et l'Allemagne qu'on parcourt à pied, d'une auberge à l'autre, dont le tableau est plus prosaïque.

C'est dit au début de Lorely (Lorely ou Lorelei, écrit Nerval en jouant sur les sonorités de ce nom si proche d'Aurélia), avec une conscience claire de la confrontation inévitable entre les deux mondes, source perpétuelle d'un désenchantement qui fait de nos songes, au fur et à mesure que la réalité les remplace, une véritable peau de chagrin. On comprend donc son hésitation avant de poser le pied sur le pont de Kehl, partagé qu'il est entre le désir de la connaissance réelle, et l'effacement définitif du rêve :

« Mais de l'autre côté, là-bas à l'horizon, au bout du pont mouvant de soixante bateaux, savez-vous ce qu'il y a ?... Il y a l'Allemagne ! La terre de Goethe et de Schiller, le pays d'Hoffmann ; la vieille Allemagne, notre mère à tous !... Teutonia !

» N'est-ce pas là de quoi hésiter avant de poser le pied sur ce pont qui serpente, et dont chaque barque est un anneau ; l'Allemagne au bout ? Et voilà encore une illusion, encore un rêve, encore une vision lumineuse qui va disparaître sans retour de ce bel univers magique que nous avait créé la poésie !... Là, tout se trouvait réuni, et tout plus beau, tout plus grand, plus riche et plus vrai peut-être que les œuvres de la nature et de l'art. Le microcosmos du docteur Faust nous apparaît à tous au sortir du berceau ; mais, à chaque pas que nous faisons dans le monde réel, ce monde fantastique perd un de ses astres, une de ses couleurs, une de ses régions fabuleuses. »

Nerval empruntera tout de même ce pont flottant qui le mène sur l'autre rive. Commence alors l'évocation de ce qu'il appelle, en étant fidèle à Hoffmann, les «Sensations d'un voyageur enthousiaste», souvenirs condensés de plusieurs voyages, qu'il publie en 1852. Ces souvenirs le mènent de la Forêt-Noire à Weimar, qui depuis la mort de Goethe est devenu l'un des lieux saints du pèlerinage littéraire, avant de se poursuivre en Flandre, puis en Hollande, puisqu'il suit le cours du Rhin.

À ces souvenirs d'Allemagne (qui complètent le Voyage en Orient *et les souvenirs du Valois), il faudrait ajouter les lettres envoyées lors du dernier voyage, en juin et juillet 1854, mais à l'élaboration littéraire succède alors un témoignage sans retouche, et dans une période cruciale. Quelques mois avant la nuit fatale qui le mènera au suicide, sorti de la clinique où le docteur Blanche le protégeait contre lui-même, Nerval retourne une dernière fois de l'autre côté du Rhin, mais au lieu de la renaissance attendue il affronte ses démons de façon confuse, sans bien savoir où il va. C'est un homme égaré, aux abois, qui envoie des lettres poignantes à son père, dans lesquelles il parle de ses espérances et de sa santé comme on proteste de son innocence. On repense en les lisant à ce poème de Bürger, «Le Féroce Chasseur», et à cette image d'un homme dont le visage est tourné à l'envers, parce qu'une invisible main a voulu qu'il contemple ses crimes:

«Ainsi il voit toujours dans sa fuite les monstres que l'esprit du mal ameute contre lui; il les voit grincer des dents et s'élancer prêts à l'atteindre.

» C'est la grande chasse infernale qui durera jusqu'au

*dernier jour, et qui souvent cause tant d'effroi au voya-
geur de nuit.»*

Nerval n'a rien fait pour mériter ce châtiment, mais
quand il traduit en français cette sombre prophétie
venue d'Allemagne, il sait depuis longtemps que le passé
qu'il interroge ne demande qu'à se retourner, et qu'il
est le visage effrayant de son avenir.

GÉRARD MACÉ

Poésies allemandes

(1830)

INTRODUCTION

Ce serait une erreur de croire que la littérature alle-
mande, aujourd'hui si brillante, si fertile en grands noms,
rivale de l'Angleterre et de la France, remonte par une
chaîne non interrompue à cette vieille poésie du Nord
dont elle porte le caractère. Entre ces deux poésies, il y
a un abîme : la barbarie qui ignore, l'imitation qui tue, et
les faiseurs de vers latins. Honneur donc à cette famille
de poètes nationaux qui commence à Klopstock et qui
dure encore[1] ! Ils ont dédaigné les serres chaudes bâties
à grands frais dans les châteaux de leur froide patrie,
mais ils se sont élancés dans ses montagnes, dans ses
forêts ; ils y ont cherché les vestiges de la mythologie
d'Odin et un écho du chant des vieux bardes saxons. De
là une littérature originale, nationale, qui grandira des
siècles encore, et qui ne date que d'un demi-siècle ; de
sorte que l'histoire n'en est pas longue s'il ne s'agit que
d'une nomenclature d'auteurs et d'ouvrages, mais
immense s'il s'agit de les apprécier.

C'est ce que je n'essaierai pas. Je n'imposerai point à
mes lecteurs une admiration sur parole. Cependant l'al-
lemand est une langue si peu répandue que, lorsque
nous autres traducteurs indignes nous affirmons que tel
auteur ou tel ouvrage est sublime, on nous croit par
complaisance et sans plus d'informations. On a fait ainsi
chez nous telle réputation colossale dont les étrangers

s'étonnent bien fort, j'entends ceux qui ne savent pas comment en France se font les réputations.

Pour moi, j'offre ici des traductions de vif enthousiasme et de premier jet, que je n'ai peut-être pas réussi à faire bonnes, mais qui du moins sont exactes et consciencieuses. Les jugements tout faits n'avancent rien en littérature ; des traductions fidèles peuvent, je crois, davantage. Quant aux imitations, on n'en veut plus, et on a raison[1].

Et jamais les traductions ne furent plus multipliées qu'aujourd'hui. Il y en a qui disent : c'est l'irruption des Goths et des Vandales ! d'autres : c'est la restauration que les étrangers nous amènent !... la Restauration toute bienfaisante et aussi toute glorieuse... Je penche vers ce dernier avis, et je me fonde sur l'exemple même de l'Allemagne.

Là les plus grands auteurs n'ont pas dédaigné de traduire ; mais c'était autant pour montrer ce qu'il fallait éviter que ce qu'il fallait faire. Schiller traduisait Racine, et disait à ses compatriotes : vous voyez bien qu'il n'ose pas assez ! Il traduisait Shakespeare, et disait : vous voyez bien qu'il ose trop ! Or Schiller n'imitait ni Shakespeare ni Racine, mais il faisait comme eux, et peut-être aussi bien. On va se récrier. Supposons qu'il fît plus mal, il n'était au moins ni Français ni Anglais ; il était lui, il était Allemand[2].

Ainsi, pour juger cet auteur et cette école, il faut oublier un instant toutes les traditions de notre pays, toutes les exigences de notre poétique, et ne point ridiculiser tel habit, parce qu'on n'en porte point de pareil chez nous. Je crois que cet avis n'est pas inutile pour une partie de ceux qui liront ce livre.

Si même je pouvais d'avance les mettre dans le secret du travail des poètes allemands, ils concevraient mieux peut-être et leurs beautés et leurs défauts ; ils comprendraient que c'est une tout autre manière de composer que celle de nos auteurs ; que chez nous c'est l'homme qui gouverne son imagination; que chez les Allemands c'est l'imagination qui gouverne l'homme, contre sa volonté, contre ses habitudes, et presque à son insu[1].

Quel contraste en effet entre leur vie et leurs pensées! Plus l'Allemand a été froid et correct dans ses occupations journalières, plus son imagination devient fantasque et vagabonde lorsqu'il la laisse aller, ou qu'il se laisse aller à elle; et il est alors merveilleux de la voir, au milieu d'une atmosphère de brouillards et de fumée de tabac, lui créer un univers magique tout plein de figures légères et gracieuses.

Voyez le poète allemand, dès qu'il a pu échapper à la vie commune, se jeter dans un fauteuil, et s'abandonner à l'enchanteresse dont la main divine se pose sur ses yeux et les ouvre à des aspects nouveaux: c'est alors qu'il aperçoit tantôt comme une échelle de Jacob jetée de la terre au ciel, tantôt comme une vaste roue, un zodiaque céleste qui tourne avec ses signes bizarres et éclatants; le Scorpion et la Vierge, le Capricorne et les Gémeaux; Marguerite et Méphistophélès; plus loin, la Fiancée de Corinthe, qui grandit jusques au plafond[2]; une nuit de Sabbat, une chasse infernale, Lénore à cheval dans les bras d'un fantôme... Il s'identifie avec tout cela; il ne voit pas seulement, mais il entend; il entend, et cependant, qu'on tire le canon à ses oreilles, et l'on n'éveillera pas son attention... Il entend la voix murmurante du Roi des aulnes qui veut séduire un jeune enfant; le *kling-kling* d'une cloche dans la campagne, le *hop! hop! hop!* d'un cheval au galop, le *cric-crac* d'une porte en fer qui se brise... Et puis, s'il a une plume, il jette tout cela sur le papier, comme il l'a vu, comme il l'a entendu, sans s'inquiéter d'être lu, et surtout sans se dire: cela est-il pur? cela est-il noble? et au fond qu'est-ce que cela prouve? Après quoi il ne touche plus à son travail, et le laisse pour ce qu'il est... un vrai chaos, soit! du ridicule souvent à force de sublime..., ou bien un monde, tout un monde spirituel, aussi vrai qu'il est possible de l'inventer.

Allez donc maintenant appliquer à un tel ouvrage cette critique rétrécie, fille de La Harpe et de Geoffroy, qui combat traîtreusement les mots à coups d'épingles, et tue ainsi en détail la plus sublime conception[1].

Ou bien lisez-le superficiellement, avec vos préventions de collège, et sans songer que vous n'êtes plus en France, sans rappeler à vous vos illusions de jeune homme, et les singulières pensées qui vous ont assailli parfois dans une campagne au clair de lune, et bientôt vous aurez jeté le livre avec le mépris d'une curiosité trompée, et vous serez rentré dans votre cercle de pensées habituelles, en murmurant comme un homme qu'on a troublé dans son sommeil.

Ah! ce sera peut-être un peu la faute du traducteur; mais il ne prétend pas vous donner l'ouvrage étranger tel qu'il est; il compte que vous suppléerez à ce qui lui manque, et si vous ne vous sentez pas assez poète pour cela, il ne faut pas le lire.

Voulez-vous avoir une idée de ce qu'une traduction de poésies étrangères, très bonne même, est à l'original, supposez la plus belle ode de J.-B. Rousseau, mise en prose, et vous verrez ce qu'il en restera; encore faudra-t-il déduire la différence du génie des deux langues, qui fait que ce qui est sublime chez l'une, chez l'autre est ridicule... Je n'appuie autant sur ce sujet que parce que j'ai vu bien des gens qui avaient lu des ouvrages allemands dans des traductions françaises, s'écrier: ces Allemands n'ont pas le sens commun! Cela revient à dire: ces Allemands ne sont pas Français.

Or il y a en Allemagne une école française; à savoir, Wieland, Gessner, Lessing, Kotzebue et autres[2], plus grands hommes chez nous que chez eux, et que l'on choisissait, il y a quelques années, pour nous faire connaître la littérature allemande, comme plus faciles à comprendre pour nous. Eh bien! je vous jure que la plupart de leurs ouvrages ne sont pas allemands, mais bien français, moins l'esprit et la grâce qui tiennent au terroir.

Aussi n'ai-je traduit ici que les poètes et les ouvrages vraiment allemands, au risque d'être mal compris et mal jugé : j'ai peu à craindre, il est vrai, pour les auteurs du premier volume[1], dont la réputation est faite en France ; cependant les poèmes que j'en ai recueillis sont les moins connus, les plus difficiles à rendre en prose, et je ne sache pas qu'on ait jamais publié sur eux un travail bien complet. Mme de Staël même, sauf trois ou quatre morceaux qu'elle a traduits, a semblé craindre d'en donner autre chose que des analyses.

Mais c'est son ouvrage sur l'Allemagne, qu'il faut lire et relire, pour se faire une idée juste du mérite des poésies allemandes ; car il y a peu de choses à dire après elle et autrement qu'elle ; aussi ne s'étonnera-t-on pas que je la cite plutôt que de la répéter[2].

« Les poésies allemandes détachées, dit-elle, sont, ce me semble, plus remarquables encore que les poèmes, et c'est surtout dans ce genre que le cachet de l'originalité est empreint. Il est vrai aussi que les auteurs les plus cités à cet égard, Goethe, Schiller, Bürger, etc., sont de l'école moderne, et que celle-là seule porte un caractère vraiment national. Goethe a plus d'imagination, Schiller plus de sensibilité, et Bürger est de tous celui qui possède le talent le plus populaire. En examinant successivement quelques poésies de ces trois hommes, on se fera mieux l'idée de ce qui les distingue. Schiller a de l'analogie avec le goût français : toutefois on ne trouve dans ses poésies détachées rien qui ressemble aux poésies fugitives de Voltaire ; cette élégance de conversation et presque de manières, transportée dans la poésie, n'appartenait qu'à la France, et Voltaire, en fait de grâce, était le premier des écrivains français. Il serait intéressant de comparer les stances de Schiller sur la perte de la jeunesse, intitulées "L'Idéal", avec celles de Voltaire :

> *Si vous voulez que j'aime encore,*
> *Rendez-moi l'âge des amours, etc.*[3]

» On voit, dans le poète français, l'expression d'un regret aimable, dont les plaisirs de l'amour et les joies de la vie sont l'objet ; le poète allemand pleure la perte de l'enthousiasme et de l'innocente pureté des pensées du premier âge ; et c'est par la poésie et la pensée qu'il se flatte d'embellir encore le déclin de ses ans. Il n'y a pas dans les stances de Schiller cette clarté facile et brillante que permet un genre d'esprit à la portée de tout le monde ; mais on y peut puiser des consolations qui agissent sur l'âme intérieurement. Schiller ne présente jamais les réflexions les plus profondes que revêtues de nobles images : il parle à l'homme comme la nature elle-même ; car la nature est tout à la fois penseur et poète. Pour peindre l'idée du temps, elle fait couler devant nos yeux les flots d'un fleuve inépuisable ; et pour que sa jeunesse éternelle nous fasse songer à notre existence passagère, elle se revêt de fleurs qui doivent périr, elle fait tomber en automne les feuilles des arbres que le printemps a vues dans tout leur éclat : la poésie doit être le miroir terrestre de la Divinité, et réfléchir par les couleurs, les sons et les rythmes, toutes les beautés de l'univers.

» La pièce de vers intitulée "La Cloche" consiste en deux parties parfaitement distinctes : les strophes en refrain expriment le travail qui se fait dans la forge, et entre chacune de ces strophes il y a des vers ravissants sur les circonstances solennelles, ou sur les événements extraordinaires annoncés par les cloches, tels que la naissance, le mariage, la mort, l'incendie, la révolte, etc. On pourrait traduire en français les pensées fortes, les images belles et touchantes qu'inspirent à Schiller les grandes époques de la destinée humaine ; mais il est impossible d'imiter noblement les strophes en petits vers et composées de mots dont le son bizarre et précipité semble faire entendre les coups redoublés et les pas rapides des ouvriers qui dirigent la lave brûlante de l'airain. Peut-on avoir l'idée d'un poème de ce genre par une traduction en prose ? c'est lire la musique au lieu de l'entendre ; encore est-il plus aisé de se figurer, par l'imagination, l'effet des instruments qu'on connaît, que les accords et les contrastes d'un rythme et d'une langue qu'on ignore. Tantôt la brièveté régulière du mètre fait sentir l'activité des forgerons, l'énergie bornée, mais continue, qui s'exerce dans les occupations matérielles ; et tantôt, à côté de ce bruit dur et fort, l'on entend les chants aériens de l'enthousiasme et de la mélancolie.

» L'originalité de ce poème est perdue quand on le sépare de l'impression que produisent une mesure de vers habilement choisie et des rimes qui se répondent comme des échos intelligents que la pensée modifie ; et cependant ces effets pittoresques des sons seraient très hasardés en français. L'ignoble nous menace sans cesse : nous n'avons pas, comme presque tous les autres peuples, deux langues, celle de la prose et celle des vers ; et il en est des mots comme des personnes, là où les rangs sont confondus, la familiarité est dangereuse [...]

» Je ne finirais point si je voulais parler de toutes les poésies de Schiller, qui renferment des pensées et des beautés nouvelles. Il a fait, sur le départ des Grecs après la prise de Troie, un hymne qu'on pourrait croire d'un poète d'alors : tant la couleur du temps y est fidèlement observée ! J'examinerai, sous le rapport de l'art dramatique, le talent admirable des Allemands pour se transporter dans les siècles, dans les pays, dans les caractères les plus différents du leur : superbe faculté, sans laquelle les personnages qu'on met en scène ressemblent à des marionnettes qu'un même fil remue et qu'une même voix, celle de l'auteur, fait parler. Schiller mérite surtout d'être admiré comme poète dramatique. Goethe est tout seul au premier rang dans l'art de composer des élégies, des romances, des stances, etc. ; ses poésies détachées ont un mérite très différent de celles de Voltaire. Le poète français a su mettre en vers l'esprit de la société la plus brillante ; le poète allemand réveille dans l'âme, par quelques traits rapides, des impressions solitaires et profondes.

» Goethe, dans ce genre d'ouvrages, est naturel au suprême degré ; non seulement naturel quand il parle d'après ses propres impressions, mais aussi quand il se transporte dans des pays, des mœurs et des situations toutes nouvelles ; sa poésie prend facilement la couleur des contrées étrangères ; il saisit avec un talent unique ce qui plaît dans les chansons nationales de chaque peuple ; il devient, quand il le veut, un Grec, un Indien, un Morlaque. Nous avons souvent parlé de ce qui caractérise les poètes du Nord, la mélancolie et la méditation. Goethe, comme tous les hommes de génie, réunit en lui d'étonnants contrastes ; on retrouve dans ses poésies beaucoup de traces du caractère des habitants du Midi ; il est plus en train de l'existence que les Septentrionaux ; il sent la nature avec plus de vigueur et de sérénité ; son esprit n'en a pas moins de profondeur, mais son talent a plus de vie ; on y trouve un certain genre de naïveté qui réveille à la fois le souvenir de la simplicité antique et de celle du Moyen Âge : ce n'est pas la naïveté de l'innocence, c'est celle de la force. On aperçoit dans les poésies de Goethe qu'il dédaigne une foule d'obstacles, de convenances, de critiques et d'observations qui pourraient lui être opposées. Il suit son imagination où elle le mène, et un certain orgueil en masse l'affranchit des scrupules de l'amour-propre. Goethe est en poésie un artiste puissamment maître de la nature, et plus admirable encore quand il n'achève pas ses tableaux ; car ses esquisses renferment toutes le germe d'une belle fiction ; mais ses fictions terminées ne supposent pas toujours une heureuse esquisse.

» Dans ses élégies composées à Rome, il ne faut pas chercher des descriptions de l'Italie ; Goethe ne fait presque jamais ce qu'on attend de lui, et quand il y a de la pompe dans une idée, elle lui déplaît ; il veut produire de l'effet par une route détournée, et comme à l'insu de l'auteur et du lecteur. Ses élégies peignent l'effet de l'Italie sur toute son existence, cette ivresse du bonheur, dont un beau ciel le pénètre. Il raconte ses plaisirs, même les plus vulgaires, à la manière de Properce ; et de temps en temps quelques beaux souvenirs de la ville maîtresse du monde donnent à l'imagination un élan d'autant plus vif qu'elle n'y était pas préparée.

» Une fois, il raconte comment il rencontra dans la campagne de Rome une jeune femme qui allaitait son enfant, assise sur un débris de colonne antique : il voulut la questionner sur les ruines dont sa cabane était environnée ; elle ignorait ce dont il lui parlait ; tout entière aux affections dont son âme était remplie, elle aimait, et le moment présent existait seul pour elle.

» On lit, dans un auteur grec, qu'une jeune fille, habile dans l'art de tresser les fleurs, lutta contre son amant Pausias qui savait les peindre. Goethe a composé sur ce sujet une idylle charmante. L'auteur de cette idylle est aussi celui de *Werther* [...].

» Après s'être fait grec dans *Pausias*, Goethe nous conduit en Asie, par une romance pleine de charmes, "La Bayadère" [...].

» Plusieurs pièces de Goethe sont remplies de gaieté ; mais on y trouve rarement le genre de plaisanterie auquel nous sommes accoutumés : il est plutôt frappé par les images que par les ridicules ; il saisit avec un instinct singulier l'originalité des animaux toujours nouvelle et toujours la même. "La Ménagerie de Lily", "Le Chant de noce dans le vieux château", peignent ces animaux, non comme des hommes, à la manière de La Fontaine, mais comme des créatures bizarres dans lesquelles la nature s'est égayée. Goethe sait aussi trouver dans le merveilleux une source de plaisanteries d'autant plus aimables, qu'aucun but sérieux ne s'y fait apercevoir.

» Une chanson, intitulée "L'Élève du sorcier", mérite d'être citée sous ce rapport. Un disciple d'un sorcier a entendu son maître murmurer quelques paroles magiques, à l'aide desquelles il se fait servir par un manche à balai : il les retient, et commande au balai d'aller lui chercher de l'eau à la rivière pour laver sa maison ; le balai part et revient, apporte un seau, puis un autre, puis un autre encore, et toujours ainsi sans discontinuer. L'élève voudrait l'arrêter, mais il a oublié les mots dont il faut se servir pour cela : le manche à balai, fidèle à son office, va toujours à la rivière, et toujours y puise de l'eau dont il arrose et bientôt submergera la maison. L'élève, dans sa fureur, prend une hache et coupe en deux le manche à balai : alors les deux morceaux du bâton deviennent deux domestiques au lieu d'un, et vont chercher de l'eau, et la répandent à l'envi dans les appartements avec plus de zèle que jamais. L'élève a beau dire des injures à ces stupides bâtons, ils agissent sans relâche ; et la maison eût été perdue si le maître ne fût pas arrivé à temps pour secourir l'élève, en se moquant de sa ridicule présomption. L'imitation maladroite des grands secrets de l'art est très bien peinte dans cette petite scène.

» Il nous reste à parler de la source inépuisable des effets poétiques en Allemagne, la terreur : les revenants et les sorciers plaisent au peuple comme aux hommes éclairés : c'est un reste de la mythologie du Nord, c'est une disposition qu'inspirent assez naturellement les longues nuits des climats septentrionaux ; et d'ailleurs, quoique le christianisme combatte toutes les craintes non fondées, les superstitions populaires ont toujours une analogie quelconque avec la religion dominante. Presque toutes les opinions vraies ont à leur suite une erreur ; elle se place dans l'imagination comme l'ombre à côté de la réalité : c'est un luxe de croyance qui s'attache d'ordinaire à la religion comme à l'histoire ; je ne sais pourquoi l'on dédaignerait d'en faire usage. Shakespeare a tiré des effets prodigieux des spectres et de la magie, et la poésie ne saurait être populaire quand elle méprise ce qui exerce un empire irréfléchi sur l'imagination. Le génie et le goût peuvent présider à l'emploi de ces contes : il faut qu'il y ait d'autant plus de talent dans la manière de les traiter, que le fond en est vulgaire ; mais peut-être que c'est dans cette réunion seule que consiste la grande puissance d'un poème. Il est probable que les événements racontés dans l'*Iliade* et dans l'*Odyssée* étaient chantés par les nourrices, avant qu'Homère en fît le chef-d'œuvre de l'art.

» Bürger est de tous les Allemands celui qui a le mieux saisi cette veine de superstition qui conduit si loin dans le fond du cœur. Aussi ses romances sont-elles connues de tout le monde en Allemagne. La plus fameuse de toutes, "Lénore", n'est pas, je crois, traduite en français, ou du moins il serait bien difficile qu'on pût en exprimer tous les détails, ni par notre prose, ni par nos vers [...].

» Bürger a fait une autre romance moins célèbre, mais aussi très originale, intitulée "Le Féroce Chasseur". Suivi de ses valets et de sa meute nombreuse, il part pour la chasse un dimanche, au moment où les cloches du village annoncent le service divin. Un chevalier dont l'armure est blanche se présente à lui et le conjure de ne pas profaner le jour du Seigneur ; un autre chevalier, revêtu d'armes noires, lui fait honte de se soumettre à des préjugés qui ne conviennent qu'aux vieillards et aux enfants : le chasseur cède aux mauvaises inspirations ; il part, et arrive près du champ d'une pauvre veuve : elle se jette à ses pieds pour le supplier de ne pas dévaster la moisson, en traversant les blés avec sa suite : le chevalier aux armes blanches supplie le chasseur d'écouter la pitié : le chevalier noir se moque de ce puéril sentiment : le chasseur prend la férocité pour de l'énergie, et ses chevaux foulent aux pieds l'espoir du pauvre et de l'orphelin. Enfin le cerf poursuivi se réfugie dans la cabane d'un vieil ermite, le chasseur veut y mettre le feu pour en faire sortir sa proie : l'ermite embrasse ses genoux, il veut attendrir le furieux qui menace son humble demeure ; une dernière fois, le bon génie, sous la forme du chevalier blanc, parle encore : le mauvais génie, sous celle du chevalier noir, triomphe ; le chasseur tue l'ermite, et tout à coup il est changé en fantôme, et sa propre meute veut le dévorer. Une superstition populaire a donné lieu à cette romance : l'on prétend qu'à minuit, dans de certaines saisons de l'année, on voit au-dessus de la forêt où cet événement doit s'être passé, un chasseur dans les nuages poursuivi jusqu'au jour par ses chiens furieux.

» Ce qu'il y a de vraiment beau dans cette poésie de Bürger, c'est la peinture de l'ardente volonté du chasseur : elle était d'abord innocente, comme toutes les facultés de l'âme ; mais elle se déprave toujours de plus en plus, chaque fois qu'il résiste à sa conscience, et cède à ses passions. Il n'avait d'abord que l'enivrement de la force ; il arrive enfin à celui du crime, et la terre ne peut plus le porter. Les bons et les mauvais penchants de l'homme sont très bien caractérisés par les deux chevaliers blanc et noir : les mots, toujours les mêmes, que le chevalier blanc prononce pour arrêter le chasseur, sont aussi très ingénieusement combinés. Les Anciens, et les poètes du Moyen Âge, ont parfaitement connu l'effroi que cause, dans de certaines circonstances, le retour des mêmes paroles ; il semble qu'on réveille ainsi le sentiment de l'inflexible nécessité. Les ombres, les oracles, toutes les puissances surnaturelles, doivent être monotones ; ce qui est immuable est uniforme ; et c'est un grand art dans certaines fictions, que d'imiter, par les paroles, la fixité solennelle que l'imagination se représente dans l'empire des ténèbres et de la mort.

» On remarque aussi, dans Bürger, une certaine familiarité d'expression qui ne nuit point à la dignité de la poésie, et qui en augmente singulièrement l'effet. Quand on parvient à rapprocher de nous la terreur ou l'admiration, sans affaiblir ni l'une ni l'autre, ces sentiments deviennent nécessairement beaucoup plus forts : c'est mêler, dans l'art de peindre, ce que nous voyons tous les jours à ce que nous ne voyons jamais, et ce qui nous est connu nous fait croire à ce qui nous étonne. »

Je ne répète pas les ingénieuses analyses qui se trouvent encore dans ce chapitre de Mme de Staël : ses jugements suffisent, et ils seront confirmés peut-être par la lecture des morceaux dont elle a parlé et que j'ai traduits.

Il ne me reste plus qu'à raconter quelque chose de la vie des poètes qui composent ce volume ; car ce n'est point le lieu d'écrire l'histoire de la littérature allemande à propos d'un recueil de poésies ; seulement je vais, comme par transition, passer rapidement en revue les siècles littéraires de l'Allemagne jusqu'à Klopstock, avec qui, ainsi que je l'ai dit, commence une littérature toute nouvelle, et la seule qui mérite notre intérêt.

On n'a que des notions très incertaines sur les anciens poètes germains ; le grand nombre de peuples et d'idiomes différents dont l'Allemagne se composait au temps des Romains est cause de l'embarras des historiens à cet égard. Les ouvrages les plus anciens et les plus remarquables dont on se souvienne sont écrits en gothique ; mais cette langue cessa bientôt d'être en usage, et fut remplacée par la langue franque, que parlaient les Francs qui envahirent la Gaule sous les Mérovingiens. Cette dernière fut parlée aussi en France jusqu'à Charlemagne, qui tenta de la relever de la désuétude où elle commençait à tomber, en Allemagne surtout. Il fit même faire un recueil des légendes et chants nationaux composés en cette langue ; mais elle ne fut plus d'un usage général, et, comme le latin, ne sortit plus de l'enceinte des cours et des couvents. Le saxon ou bas-germain plaisait davantage au peuple, et c'est en saxon que furent composées les premières poésies vraiment nationales de l'Allemagne [1].

Leur succès fut tel que Charlemagne en fut épouvanté. Ces chants, tout empreints du patriotisme et de la mythologie des Saxons, étaient un des plus grands obstacles aux progrès de sa domination et de la religion chrétienne qu'il voulait leur imposer. Ainsi furent-ils sévèrement défendus après la conquête, et ceux particulièrement que ces peuples avaient l'usage d'entonner sur la tombe de leurs parents.

Cette proscription dura encore, même après la dissolution de l'empire de Charlemagne, parce que les ecclésiastiques craignaient aussi l'influence des idées superstitieuses qui régnaient dans ces chants, qu'ils nommaient «poésies diaboliques» (*carmina diabolica*).

De là plusieurs siècles où les poésies latines furent seules permises et encouragées; par conséquent, point de littérature, et un retard immense dans la civilisation.

Le temps des croisades changea un peu la face des choses. Les chevaliers allemands, dans leurs voyages, traversèrent la Provence, les champs poétiques de l'Orient et, à leur retour ou pendant les loisirs de la guerre sainte, s'occupèrent de littérature, et composèrent un grand nombre de chants dont une partie est venue jusqu'à nous.

Tout cela est une pâle contre-épreuve des poésies romantiques de nos troubadours; les croisades, les tournois, la galanterie chevaleresque, sont les éternels sujets de ces poèmes, bizarrement enluminés des couleurs vives et joyeuses du Midi et des sombres peintures du Nord; imitations lourdes et sans génie, parce qu'elles étaient imitations, d'autant plus ridicules que les matériaux en étaient plus riches, comme la grotesque demeure que se bâtit un Turc avec les débris d'un temple grec[1].

Cependant il y avait là les éléments d'une régénération, si des hommes de génie se fussent rencontrés; mais le jour n'était pas encore venu, l'Allemagne allait créer l'imprimerie, et une longue stérilité précédait un tel enfantement.

Il se trouve pourtant parmi ce chaos un de ces phénomènes isolés qu'on rencontre parfois dans les littératures; qui ne savent d'où ils viennent ni où ils vont, et que l'on dirait tombés du ciel: je veux parler du célèbre poème des *Nibelungen*, ou *Livre des héros*[2], sorte d'*Iliade* sans nom d'auteur, recueil de rhapsodies nationales beaucoup trop vanté de ceux qui ne l'avaient pas lu, mais qui mérite d'être étudié par les Allemands surtout, et qui d'ailleurs est tellement au-dessus des autres compositions de ces temps-là, qu'on ne peut le rattacher à rien de ce que l'on en connaît.

Ensuite vinrent les maîtres chanteurs, ou *Meistersänger*[1], troubadours bourgeois qui s'emparèrent de la poésie quand les chevaliers, qui jusque-là l'avaient seuls cultivée, n'en voulurent plus, parce que, dans ces temps de troubles et de guerres, ils avaient à faire autre chose, et que du reste la mode en était passée.

Cette nouvelle époque de la littérature se poursuivit, non sans quelque éclat, jusqu'au temps de la réformation, qui pensa tuer à jamais la poésie en Allemagne, et qui ne la trouvait bonne qu'à rimer des cantiques sacrés[2]. Du reste, le goût des Allemands d'alors pour les sciences positives les détournait encore davantage d'un genre de littérature qui n'avait, jusque-là, produit que peu d'essais remarquables, et pas un bon ouvrage.

À Klopstock! à Goethe! à Schiller! car cette revue est fatigante : dussions-nous faire quelque injustice à Opitz, à Gottsched, à Bodmer, poètes du dix-septième siècle et du commencement du dix-huitième, qui trouveraient une place brillante dans une histoire détaillée de la littérature allemande[3].

Frédéric Gottlieb Klopstock naquit à l'abbaye de Quedlinbourg en 1724. Si l'éclat des premières études prouvait quelque chose pour l'avenir, il eût fallu désespérer de celui de Klopstock.

Cependant cet écolier, ignorant et distrait, dont l'âme s'était conservée encore vierge des Grecs et des Romains, rêvait la poésie moderne ; mais religieuse, actuelle, nationale, et, suivant l'expression de Schlegel, «touchant d'une main au christianisme et de l'autre à la mythologie du Nord, comme aux deux éléments principaux de toute culture intellectuelle et de toute poésie européenne

moderne[1] ». Aussi la sensation que produisit en Alle-
magne l'apparition de *La Messiade* fut-elle prodigieuse :
l'histoire littéraire de tous les peuples offre peu d'exemples
d'un succès aussi éclatant ; c'était un de ces ouvrages que
chacun regarde comme la réalisation de tous ses vœux,
de toutes ses espérances en littérature, et qui remettent à
l'école tous les écrivains d'un siècle. De sorte que rien ne
manqua au triomphateur, pas même les insultes des
esclaves : toutes les coteries, toutes les écoles littéraires
dont ce succès ruinait totalement les principes et la poé-
tique, fondirent furieusement sur le jeune étudiant qui se
trouvait être soudain le premier et même le seul poète
de l'Allemagne. Mais, au sein de toute cette gloire, Klop-
stock avait à peine de quoi vivre, et se voyait forcé d'ac-
cepter l'offre d'un de ses parents nommé Weiss, qui lui
proposait de faire l'éducation de ses enfants. Il se rendit
chez lui à Langensalza, et là se prit d'une passion mal-
heureuse pour la sœur de son ami Schmidt. Cette jeune
fille, qu'il appelle Fanny dans ses poésies, honorait le
poète presque comme un Dieu, mais le refusa constam-
ment pour époux. Il tomba alors dans une mélancolie qui
dura longtemps : cependant ses études littéraires et ses
voyages finirent par l'en guérir si bien, qu'il épousa, en
1754, Marguerite Moller, une de ses admiratrices les plus
passionnées.

Or ce fut là la plus belle époque de sa vie ; il terminait
les dix premiers chants de *La Messiade*, et composait ses
plus belles odes ; mais, depuis la mort de sa femme, arri-
vée en 1758, et à laquelle il fut extrêmement sensible, il
ne retrouva plus les inspirations de sa jeunesse ; seule-
ment il s'enthousiasma plus tard pour les premiers
temps de notre Révolution, et composa un assez grand
nombre d'odes politiques, qui lui valurent le titre de
citoyen français.

Cependant le règne de la Terreur fut bientôt l'objet de
toute son indignation, comme on le verra dans l'ode sur
Charlotte Corday[2] : le vieux poète pleurait alors amère-

ment les dernières illusions pour lesquelles son âme s'était réveillée, et que le couteau de Robespierre avait aussi frappées de mort.

Klopstock mourut à Hambourg en 1803, après avoir été témoin de la plupart des triomphes de Goethe et de Schiller, dans cette littérature qu'il avait relevée et comme préparée à un essor plus sublime. Il était, ainsi que Wieland et Goethe, membre de l'Institut national de France.

Goethe marche le second de cette famille de poètes créateurs ; il mérite encore plus que Klopstock le titre de régénérateur de la littérature allemande, car tous les genres lui furent dévolus, et à tous il traça des routes nouvelles : géant de la poésie romantique moderne, il jouit encore de ses triomphes, et assiste vivant à son immortalité.

Goethe (Jean Wolfgang) naquit à Francfort-sur-le-Main en 1749, et se trouve par conséquent aujourd'hui dans sa quatre-vingt-unième année. Son enfance fut plus précoce que celle de Klopstock ; cependant je ne rapporterai pas les singulières anecdotes que les biographes allemands se plaisent à en raconter. Je me méfie beaucoup de ces traits merveilleux de l'enfance des grands hommes, sur lesquels on s'étend d'ordinaire avec tant de complaisance, et où l'on veut voir contenu tout leur avenir ; pourtant il est une anecdote des premières années de Goethe, racontée par lui-même, dans ses *Mémoires* [1], avec tant d'agrément que je ne puis résister à l'envie de la citer, mais je me garderai bien d'en tirer des conséquences, on la prendra pour ce que l'on voudra :

« À six ans, le terrible désastre de Lisbonne [2] avait suscité dans cette jeune âme des doutes momentanés sur la bonté divine. À moins de sept ans il conçut la pensée de s'approcher immédiatement de ce grand Dieu de la nature, créateur et conservateur du ciel et de la terre, dont les bontés infinies lui avaient eu bientôt fait oublier les signes de son courroux. "Le moyen que j'employai, dit-il, était assez singulier... Ne pouvant me figurer cet Être suprême, je le cherchai dans ses œuvres, et je voulus, à la manière des patriarches, lui élever un autel. Des productions de la nature devaient me servir à représenter le monde, et une flamme allumée pouvait figurer l'âme de l'homme s'élevant vers son Créateur. Je choisis donc les objets les plus précieux dans la collection des raretés naturelles que j'avais sous la main. La difficulté était de les disposer de manière à en former un petit édifice. Mon père avait un beau pupitre de musique en laque rouge à quatre faces, orné de fleurs d'or, et en forme de pyramide, pour exécuter des *quartetti* ; on s'en servait peu depuis quelque temps : je m'en emparai. J'y disposai, par gradation, les uns au-dessus des autres, mes échantillons d'histoire naturelle, de manière à leur donner un ordre clair et significatif. C'était au lever du soleil que je voulais offrir mon premier acte d'adoration. Je n'étais pas encore décidé sur la manière dont je produirais la flamme symbolique qui devait en même temps exhaler un parfum délicieux. Je réussis enfin à accomplir ces deux conditions de mon sacrifice. J'avais à ma disposition de petits grains d'encens ; ils pouvaient, sinon jeter une flamme, au moins luire en brûlant et répandre une odeur agréable. Cette douce lueur d'un parfum allumé exprimait même mieux à mon gré ce qui se passe en notre âme dans un pareil moment. Le soleil était déjà levé depuis longtemps ; mais les maisons voisines en interceptaient encore les rayons. Il s'éleva enfin assez pour que je pusse, à l'aide d'un miroir ardent, allumer mes grains d'encens, artistement disposés dans une belle tasse de porcelaine. Tout réussit selon mes vœux : ma piété fut satisfaite, mon autel devint le principal ornement de la chambre où il était placé. Les autres n'y voyaient qu'une collection de curiosités naturelles, distribuée avec ordre et élégance, moi seul j'en connaissais la destination. Je voulus renouveler ma pieuse cérémonie ; malheureusement quand le soleil se montra, je n'avais pas sous la main de tasse de porcelaine ; je plaçai mes grains d'encens au haut du pupitre ; je les allumai ; mais j'étais tellement absorbé dans mon recueillement, que je ne m'aperçus du dégât causé par mon sacrifice que lorsqu'il n'était plus temps d'y porter remède. Les grains d'encens avaient, en brûlant, couvert de taches noires la belle laque rouge et les fleurs d'or qui la décoraient, comme si le malin esprit, chassé par mes prières, eût laissé sur le pupitre les traces ineffaçables de ses pieds."

» Le jeune pontife se trouvait alors dans le plus grand embarras. Il parvint à cacher le dommage au moyen de son édifice de curiosités naturelles ; mais il n'eut plus le courage de renouveler son sacrifice, et il crut trouver dans cet accident un avis du danger qu'il y avait à vouloir s'approcher de Dieu, de quelque manière que ce fût*. »

Le père de Goethe[1], jurisconsulte distingué, destinait son fils à suivre la même carrière, et se chargea lui-même de son éducation. Il n'avait négligé qu'une chose : c'était de consulter les goûts du jeune homme, qui cependant, comme il le rapporte lui-même dans ses *Mémoires*, fit des efforts inconcevables pour s'appliquer à l'étude qu'on désirait lui voir suivre ; mais c'était un de ces caractères qui n'agissent que spontanément, et qui avec les meilleures intentions possibles font toujours tout autre chose que ce qui leur est prescrit ; ainsi il apprenait de lui-même la métaphysique, la géologie, la physiologie, l'anatomie, les langues étrangères, et parvenait à peine à prendre ses degrés dans la science du droit. Mais ce fut bien autre chose quand il commença à entrer dans le monde, un Klopstock lui tomba sous la main, et comme le glaive d'Achille lui révéla tout à coup sa vocation et sa destinée. Dès lors toutes les forces de son âme se tournèrent vers la littérature, et nulle époque n'était plus

* *Mémoires de Goethe*, publiés par Aubert de Vitry.

favorable pour l'apparition d'un homme de génie. Car
Klopstock, qui avait commencé une révolution si bril-
lante, était loin de l'avoir terminée ; il avait éveillé par-
tout une soif de poésie, un désir de bons ouvrages qui
risquait de s'éteindre faute d'aliments ; en vain tout l'es-
saim des poètes en sous-ordre aspirait à continuer le
grand homme, sa puissante voix qui avait remué l'Alle-
magne ne trouvait plus que de faibles échos et pas une
voix capable de répondre à son appel.

Le génie n'aperçoit pas un chaos sans qu'il lui prenne
envie d'en faire un monde[1] ; ainsi Goethe s'élança
avec délices parmi toute cette confusion, et son premier
ouvrage *Götz de Berlichingen* fixa tous les regards sur
lui. C'était en 1773, il avait alors vingt-quatre ans. Ce
drame national qui ouvrit à la scène allemande une nou-
velle carrière, valut à son auteur d'universels applaudis-
sements, mais comme il n'avait pu trouver de libraire
pour le publier et qu'il l'avait fait imprimer lui-même, il
fut embarrassé pour en payer les frais, à cause d'une
contrefaçon qui lui ravit son bénéfice. *Werther* parut un
an après, et chacun sait quel bruit fit ce roman dans
toute l'Europe : « Ce petit livre, dit Goethe lui-même, fit
une impression prodigieuse, et la raison en est simple ; il
parut à point nommé ; une mine fortement chargée, la
plus légère étincelle suffit à l'embraser : *Werther* fut cette
étincelle. Les prétentions exagérées, les passions mécon-
tentes, les souffrances imaginaires, tourmentaient tous
les esprits. *Werther* était l'impression fidèle du malaise
général ; l'explosion fut donc rapide et terrible. On se
laissa même entraîner par le sujet ; et son effet redoubla
sous l'empire de ce préjugé absurde qui suppose tou-
jours à un auteur dans l'intérêt de sa dignité l'intention
d'instruire. On oubliait que celui qui se borne à raconter
n'approuve ni ne blâme, mais qu'il tâche à développer
simplement la succession des sentiments et des faits.
C'est par là qu'il éclaire, et c'est au lecteur à réfléchir et
à juger[2]. »

De ce moment commença cette sorte de fanatisme de toute l'Allemagne pour Goethe, qui faisait dire à Mme de Staël, que «les Allemands chercheraient de l'esprit dans l'adresse d'une lettre écrite de sa main[1]». Les ouvrages qu'il fit paraître successivement vers cette époque peuvent, il est vrai, nous le faire comprendre, et sont maintenant assez connus en France pour que je me dispense d'en faire l'éloge; il suffit de nommer *Faust, Egmont, Le Tasse,* etc., pour trouver des oreilles attentives. En rendre compte n'entre pas dans mon plan, et cependant je n'aurais pas autre chose à faire si je voulais donner ici la vie de Goethe, car elle ne se compose que d'événements très simples et qui dépendent tous de la publication de ses ouvrages. En 1775, les premiers lui avaient concilié l'amitié du duc de Saxe-Weimar: aussitôt après son avènement, ce prince l'appela auprès de lui et en fit son premier ministre. Depuis cette époque, Goethe demeura toujours à Weimar, partageant son temps entre les affaires publiques et ses travaux littéraires, et fit de cette petite ville l'Athènes de l'Allemagne. Là se réunirent Schiller, Herder, les deux Schlegel, Stolberg, Barat, Böttiger; glorieux rivaux, poétique cénacle où descendait le souffle divin, où s'élaborait pour l'Allemagne un siècle de grandeur et de lumières[2].

Parmi les poètes créateurs de ce temps, il ne faut pas oublier Godefroy-Auguste Bürger[3], qui, moins célèbre que Goethe, parce qu'il n'embrassa qu'un seul genre de littérature, ne lui fut pas cependant inférieur dans ce genre. Ses poésies sont même plus populaires en Allemagne, et c'est la sorte de gloire dont il fut le plus avide, et qu'en effet les écrivains généralement paraissent estimer trop peu. Bürger fut poète dès sa plus tendre enfance, mais pas autre chose. En vain son père voulut-il le forcer d'apprendre le latin; au bout de deux ans d'études il savait à peine sa première déclinaison: sa jeunesse fut très dissipée; et ce fut au point que ses parents l'abandonnèrent, jusqu'à son retour à une vie meilleure, qui se fit assez longtemps attendre. Enfin de bons amis parvinrent à lui inspirer le goût de l'étude; et l'un d'eux, Boie, lui procura un petit emploi. Ce fut vers ce temps (1772), qu'il composa sa fameuse ballade de «Lénore», qu'on chante encore dans toute l'Allemagne. Deux ans après il se maria, mais cette union ne fut pas heureuse. Après la mort de sa femme il épousa sa belle-sœur, et la perdit peu de mois après. Un troisième mariage mit le comble à ses chagrins, et accéléra sa mort, qui eut lieu le 8 juin 1794. Bürger a laissé des chansons, des ballades, des contes, des épigrammes, et quelques traductions fort estimées en prose et en vers. Parmi ces dernières on distingue *Macbeth*, que Schiller traduisit aussi.

Je viens de nommer Schiller, et c'est encore un de ces noms qu'on ne peut prononcer en France sans éveiller un concert de louanges et d'admiration. Chacun se rappelle les nombreux succès qu'obtinrent sur notre scène, même des imitations faibles de ses principaux ouvrages[1]: *Wallenstein, Marie Stuart, Fiesque, Jeanne d'Arc, Amour et intrigue, Don Carlos, Guillaume Tell*, tout cela nous est apparu successivement, et l'on peut dire que le drame moderne n'a rien produit de meilleur en France ni en Angleterre.

Jean Frédéric Schiller naquit, en 1759, à Marbach, petite ville de Souabe; son père, qui était jardinier du duc de Wurtemberg, lui fit faire quelques études, jusqu'au temps où le duc de Wurtemberg le prit sous sa protection, et lui ayant fait apprendre un peu de médecine, le nomma à vingt ans par grâce singulière chirurgien de son régiment de grenadiers. Mais le jeune Schiller, qui avait peu de goût pour cette carrière, en avait pris beaucoup au contraire pour le théâtre, et composa vers ce temps, son premier ouvrage, *Les Brigands*, qui fut représenté à Mannheim avec un grand succès. Son protecteur cependant ne s'en émerveilla pas, et lui ordonna d'en finir avec le théâtre sous peine de perdre sa protection. Sa sévérité s'étendit jusqu'à le priver quelque temps de sa liberté : l'homme qui avait écrit *Les Brigands* devait souffrir plus que tout autre d'une telle punition ; aussi saisit-il avec empressement la première occasion de s'échapper, et dès ce moment la littérature fut sa seule ressource. Il se fixa à Mannheim et y composa plusieurs pièces de théâtre, qui, à l'âge de vingt-quatre ans, le placèrent au premier rang des écrivains de sa patrie. C'est de cette époque (1783) que datent ses premières poésies, qui furent universellement admirées, et lui valurent une belle place auprès de Goethe, que dans ce genre pourtant il n'effaça pas. C'est ce que ne peuvent se figurer ceux qui les lisent dans les traductions, car là Schiller est plus brillant et il reste plus de lui ; mais la grâce, la naïveté, le charme de la versification, voilà ce que les traductions ne peuvent rendre, et les imitations encore moins.

Schiller fit paraître, en 1790, son *Histoire de la guerre de Trente ans*, qui est un des plus beaux monuments historiques que les Allemands aient produits. En 1792, sa réputation était déjà européenne et l'Assemblée nationale lui déféra le titre de citoyen français ; récompense alors banale, mais qui eut une heureuse influence, s'il est vrai, comme on l'a dit, qu'il composa sa tragédie de *Jeanne d'Arc*, comme tribut de reconnaissance envers cette nouvelle patrie. Vers les derniers temps de sa vie, il publia un grand nombre de traductions à l'exemple de Goethe, et mourut en terminant une version littérale de *Phèdre*.

Il était âgé de quarante-cinq ans, et succomba à une fièvre catarrhale que ses travaux continuels avaient aggravée. On lui demanda quelques instants avant sa mort comment il se trouvait : « Toujours plus tranquille [1]. » Et il expira.

C'était le 9 mai 1805 : sa mort causa un deuil universel, d'autant plus profond qu'elle était moins attendue, et que le souvenir de ses sublimes travaux était encore une espérance. Ses restes ont été transférés depuis dans le tombeau des rois : une telle distinction n'ajoutera rien à sa gloire ; mais elle honore le pays et le prince qui l'ont décernée.

Choix de ballades et poésies

(1840)

NOTICE SUR LES POÈTES ALLEMANDS

Ce serait une erreur de croire que la littérature allemande aujourd'hui si brillante, si riche en grands noms, remonte par une chaîne non interrompue à cette vieille poésie du Nord, dont elle porte le caractère. C'est après plusieurs siècles d'imitations étrangères ou d'inspirations nationales faibles et incolores, que la poésie allemande constitua cette belle école dont Klopstock fut le premier maître, et qui, bien que s'affaiblissant depuis Goethe et Schiller, n'a point encore cessé de produire. La véritable gloire littéraire de l'Allemagne ne date donc que de la dernière moitié du dix-huitième siècle. En remontant plus haut, on ne trouve guère qu'un seul ouvrage, le poème des *Nibelungen*, qui soit digne d'exciter vivement l'intérêt.

Avant l'apparition de cette immense épopée, qui parut vers le temps de Frédéric Ier, surnommé Barberousse, on ne peut recueillir que des notions incertaines sur les premiers poètes germains. Les ouvrages les plus anciens et les plus remarquables dont on se souvienne sont écrits en gothique; mais cette langue cessa bientôt d'être en usage, et fut remplacée par la langue *franque* que parlaient les Francs qui envahirent la Gaule sous les Mérovingiens. Cette dernière fut parlée aussi en France jusqu'à Charlemagne, qui tenta de la relever de la désuétude où elle commençait à tomber, en Allemagne surtout. Il fit même faire un recueil des légendes et chants nationaux composés dans cette langue; mais elle ne fut plus d'un usage général et, comme le latin, ne sortit plus de l'enceinte des cours et des couvents. Le saxon ou bas-germain plaisait davantage au peuple, et c'est en saxon que furent composées les premières poésies vraiment nationales de l'Allemagne.

Leur succès était tel, que Charlemagne s'en effraya. Ces chants, tout empreints du patriotisme et de la mythologie des vieux peuples du Nord, apportaient un grand obstacle aux progrès de sa domination et de la religion chrétienne qu'il voulait leur imposer. Aussi furent-ils sévèrement défendus après la conquête, et ceux particulièrement que ces peuples avaient l'usage d'entonner sur la tombe de leurs parents.

Cette proscription dura encore même après la chute de l'empire de Charlemagne, parce que les ecclésiastiques craignaient aussi l'influence des idées superstitieuses qui régnaient dans ces champs, qu'ils nommaient «poésies diaboliques» (*carmina diabolica*). Pendant plusieurs siècles, les vers latins furent donc seuls permis et encouragés; de sorte que les peuples ne participaient plus aux grandes inspirations de la poésie.

Ce fut à l'époque des croisades que le vers reparut dans la langue vulgaire. On retrouve là une période analogue à celle de nos troubadours, et ces poèmes composés pour les cours et pour les châteaux n'arrivaient guère non plus jusqu'à la foule, qui commença dès lors à avoir ses poètes et ses narrateurs grossiers, parmi lesquels Hans Sachs[1], le cordonnier, a seul laissé un nom célèbre.

On ne sait trop comment classer le poème des *Nibelungen* (Livre des héros), dont on ignore les auteurs, mais qui, versifié vers le quatorzième siècle, doit remonter beaucoup plus haut comme invention. Il en est de même pour nous des *romans* de chevalerie du cycle d'Artus et du cycle de Charlemagne, qui furent refaits et retraduits de siècle en siècle, sans qu'on puisse davantage indiquer clairement la source et l'époque de leur composition.

Le poème des *Nibelungen* se rapporte aussi aux premiers temps semi-fabuleux de la chevalerie. Le sujet n'en est pas moins grand que celui de l'*Iliade*, auquel on l'a si souvent comparé. La peinture et la sculpture allemandes tirent encore aujourd'hui des récits de ce poème leurs plus belles inspirations, et le sentiment de l'unité nationale s'y retrempe toujours avec orgueil.

Les *Minnesänger* ou maîtres chanteurs perfectionnèrent la poésie chevaleresque, et parvinrent même à la populariser autant que possible, par les ressources et les efforts de leur institution semi-religieuse, semi-féodale. Ces compagnons, la plupart pauvres, mais d'illustre naissance, ainsi que nos trouvères, parcouraient les châteaux et les villes, et luttaient devant tous dans les fêtes publiques, comme les poètes de l'antiquité.

C'est le dialecte souabe qui prédomine dans leurs ouvrages ; langue molle et doucereuse, parfaitement adaptée à leurs sujets chevaleresques, galants et parfois satiriques. On ne peut donner au juste la date de la décadence de cette poésie, qui n'a fait briller aucun nom, et n'a laissé aucun monument digne de souvenir.

À partir de la Réforme, l'imagination des Allemands se tourna trop complètement vers les idées théologiques et philosophiques pour que la poésie prît une grande place. Luther ne la trouva bonne qu'à rimer des cantiques sacrés. D'ailleurs, le dialecte souabe allait mourir sous sa traduction de la Bible. Luther créa le nouvel allemand, celui de nos jours ; le Nord triompha du Midi, et, les anciennes cordes se refusant à vibrer, il fallut en attacher de nouvelles[1].

Peu à peu la poésie lyrique se releva sous une autre forme, mais elle ne fut longtemps qu'un pâle écho des autres littératures. Matthisson, Ramler, Blumauer et Rabener le satiriste entonnèrent tour à tour des

chants épiques, lyriques et didactiques; Gleim compo-
sait des fables[1]; Opitz, Gottsched et Bodmer brillèrent
aussi dans cette école semi-française du dix-huitième
siècle.

Klopstock commence une ère nouvelle, et entame,
ainsi que nous l'avons dit, la série des poètes modernes.
Comme versificateur, il tenta de créer une nouvelle
lyrique à la manière des Grecs, sans rime, mais avec le
rythme ancien; il ne se contenta pas de l'invention de
l'hexamètre, il alla plus loin et composa dans cette forme
un grand nombre de poésies; mais cette réforme fut peu
goûtée. Plus heureux dans ses pensées que dans sa
forme, il donna à la poésie moderne une inspiration à la
fois religieuse et nationale, «la faisant toucher, suivant
l'expression de Schlegel, d'une main au christianisme, et
de l'autre à la mythologie du Nord, comme aux deux
éléments principaux de toute culture intellectuelle et de
toute poésie européenne moderne.» Aussi la sensation
que produisit en Allemagne l'apparition de *La Mes-
siade* fut-elle prodigieuse : l'histoire littéraire de tous les
peuples offre peu d'exemples d'un succès aussi éclatant;
c'était un de ces ouvrages que chacun regarde comme la
réalisation de tous ses vœux, de toutes ses espérances en
littérature, et qui remettent à l'école tous les écrivains
d'un siècle. De sorte que rien ne manqua au triompha-
teur, pas même les insultes des esclaves : toutes les cote-
ries, toutes les écoles littéraires, dont ce succès ruinait
totalement les principes et la poétique, fondirent avec
fureur sur le jeune étudiant qui se trouvait être soudain
le premier et même le seul poète de l'Allemagne. Mais,
au sein de toute cette gloire, Klopstock avait à peine
de quoi vivre, et se voyait forcé d'accepter l'offre d'un de
ses parents, nommé Weiss, qui lui proposait de faire
l'éducation de ses enfants. Il se rendit chez lui à Lan-
gensalza, et là, se prit d'une passion malheureuse pour
la sœur de son ami Schmidt. Cette jeune fille, qu'il appelle
Fanny dans ses poésies, honorait le poète presque comme

un Dieu, mais le refusa constamment pour époux. Il tomba alors dans une mélancolie qui dura longtemps; cependant, ses études littéraires et ses voyages finirent par l'en guérir si bien, qu'il épousa, en 1754, Marguerite Moller, une de ses admiratrices les plus passionnées.

Or, ce fut là la plus belle époque de sa vie; il terminait les dix premiers chants de *La Messiade*, et composait ses plus belles odes; mais, depuis la mort de sa femme, arrivée en 1758, et à laquelle il fut extrêmement sensible, il ne retrouva plus les inspirations de sa jeunesse; seulement, il s'enthousiasma plus tard pour les premiers temps de notre Révolution, et composa un assez grand nombre d'odes politiques, qui lui valurent le titre de citoyen français.

Cependant le règne de la Terreur fut bientôt l'objet de toute son indignation, comme on le verra dans l'ode sur Charlotte Corday: le vieux poète pleurait alors amèrement les dernières illusions pour lesquelles son âme s'était réveillée, et que le couteau de Robespierre avait aussi frappées de mort.

Klopstock était né, en 1724, dans l'abbaye de Quedlinbourg; il mourut à Hambourg en 1803, après avoir été témoin de la plupart des triomphes de Goethe et de Schiller, dans cette littérature qu'il avait relevée et comme préparée à un essor plus sublime. Il était, ainsi que Wieland et Goethe, membre de l'Institut national de France.

Wieland, Herder, Lessing, Hölty[1], suivirent plus ou moins Klopstock dans la voie qu'il avait ouverte. Herder a composé un *Cid* épique et lyrique, Wieland créa son *Obéron* dans le goût des poèmes italiens du Moyen Âge. Mais tous ces auteurs refusèrent d'adopter la versification de Klopstock; la rime triompha de tous côtés; Stolberg, le traducteur d'Homère et le créateur d'un nouveau style dans le genre iambique, précéda Bürger, duquel date la phase la plus importante de la nouvelle poésie lyrique. Il porta surtout l'analyse intime dans la poésie, et sa vie était bien faite pour l'inspirer dignement. Rompant tout à fait avec le genre didactique, admiratif, et d'imitation grecque ou latine, il osa chanter ses propres sentiments, ses impressions, sa vie, ses amours. Ceux-ci lui ont fourni un continuel aliment et des contrastes sans nombre. Après avoir mené une jeunesse assez dissipée, Bürger, déjà célèbre, songea à se marier; il fit une proposition de mariage à une jeune fille qu'il croyait aimer; mais, le jour même du mariage, il vit pour la première fois sa belle-sœur Molly, âgée alors de dix-sept ans et involontairement il s'écria: «Ah! malheureux, je me suis trompé!» Tous ses chants sont donc adressés à Molly, qui elle-même était éperdument amoureuse de Bürger marié.

La morale n'eut cependant rien à redire à cette sympathie, car Molly était vertueuse; mais il arriva que la femme du poète mourut, et, si l'on en croit quelques suppositions, d'une mort volontaire, pour céder le cœur de Bürger à Molly, sa sœur.

Ils s'épousèrent et vécurent heureux, quoiqu'ils fussent bien pauvres, et de là datent les chants de la liberté, de la joie de Bürger. Mais, hélas! Molly mourut dans ses premières couches, et notre poète fut au désespoir. Il errait donc d'un lieu à l'autre, traînant avec lui une maladie de poitrine, lorsqu'une veuve de Francfort, se disant amoureuse de ses poésies, lui fit des propositions de mariage par écrit. Comme elle avait de la fortune, il accepta; mais, un an après son troisième mariage, il divorça, et s'en alla seul chercher la mort et une place à côté de sa chère Molly. Tel fut Bürger, qui, il est vrai, avait déjà un modèle en Hölty, professeur de différentes langues, et qui le premier sut trouver le ton naturel des chants populaires. Bürger, mort, en 1794, a laissé des chansons, des ballades, des contes, des épigrammes, et surtout sa célèbre ballade de *Lénore*, qui parut en 1772, deux ans avant son premier mariage.

Schiller marche encore l'un des premiers de cette famille de poètes créateurs. Célèbre en France par ses pièces de théâtre surtout, il nous est moins connu comme poète lyrique; mais, en Allemagne, sa poésie est populaire.

Jean Frédéric Schiller naquit en 1759 à Marbach, petite ville de Souabe; son père, qui était jardinier du duc de Wurtemberg, lui fit faire quelques études, jusqu'au temps où le duc de Wurtemberg le prit sous sa protection, et, lui ayant fait apprendre un peu de médecine, le nomma à vingt ans, par grâce singulière, chirurgien de son régiment de grenadiers. Mais le jeune Schiller qui avait peu de goût pour cette carrière, en avait pris beaucoup au contraire, pour le théâtre, et composa vers ce temps son premier ouvrage, *Les Brigands*, qui fut représenté à Mannheim avec un grand succès. Son protecteur cependant ne s'en émerveilla pas, et lui ordonna d'en finir avec le théâtre sous peine de perdre sa protection. Sa sévérité s'étendit jusqu'à le priver quelque temps de sa liberté. L'homme qui avait écrit *Les Brigands* devait souffrir plus que tout autre d'une telle punition; aussi saisit-il avec empressement la première occasion de s'échapper, et dès ce moment la littérature fut sa seule ressource. Il se fixa à Mannheim, et y composa plusieurs pièces de théâtre, qui, à l'âge de vingt-quatre ans, le placèrent au premier rang des écrivains de sa patrie. C'est de cette époque (1783) que datent ses premières poésies, qui furent universellement admirées, et lui valurent une belle place auprès de Goethe, que dans ce genre pourtant il n'effaça pas. C'est ce que ne peuvent se figurer ceux qui les lisent dans les traductions; car, là, Schiller est plus brillant, et il reste plus de lui; mais la grâce, la naïveté, le charme de la versification, voilà ce que les traductions ne peuvent rendre, et les imitations encore moins.

Schiller fit paraître, en 1790, son *Histoire de la guerre de Trente ans*, qui est un des plus beaux monuments historiques que les Allemands aient produits. En 1792, sa réputation était déjà européenne, et l'Assemblée nationale lui déféra le titre de citoyen français ; récompense alors banale, mais qui eut une heureuse influence, s'il est vrai, comme on l'a dit, qu'il composa sa tragédie de *Jeanne d'Arc* comme tribut de reconnaissance envers cette nouvelle patrie. Vers les derniers temps de sa vie, il publia un grand nombre de traductions, à l'exemple de Goethe, et mourut en terminant une version littérale de *Phèdre*.

Il était âgé de quarante-cinq ans, et succomba à une fièvre catarrhale que ses travaux continuels avaient aggravée. On lui demanda, quelques instants avant sa mort, comment il se trouvait, il répondit : « Toujours plus tranquille. » Et il expira.

C'était le 9 mai 1805. Sa mort causa un deuil universel, d'autant plus profond qu'elle était moins attendue, et que le souvenir de ses sublimes travaux était encore une espérance. Ses restes ont été transférés depuis dans le tombeau des rois : une telle distinction n'ajoutera rien à sa gloire ; mais elle honore le pays et le prince qui l'ont décernée.

Schiller est certes l'auteur dont les poésies, tant lyriques que dramatiques, furent les plus répandues en Allemagne. Cependant, Schiller est toujours dramatique, même dans ses poésies les plus lyriques, et, comme Kant a eu une grande influence sur la poésie de Schiller, il composa plusieurs poèmes philosophiques et didactiques, tels que *La Résignation*, etc. Il est, en outre descriptif et toujours grand orateur. La rhétorique joue, en effet, un grand rôle dans ses poésies comme dans ses drames. Les poésies de Schiller furent populaires avant celles de Goethe ; car le sentiment de la liberté et du progrès politiques accompagne Schiller jusque dans ses chants d'amour, jusque dans ses ballades et ses odes. Goethe vint et forma avec Schiller le plus grand contraste littéraire qui ait jamais existé entre deux poètes. Goethe se sert pleinement des formes grecques pour l'expression, et n'admet qu'une charpente plastique pour le chant lyrique. Ses poésies diverses sont autant de statuettes, des arabesques, des portraits, des bas-reliefs, existant en eux-mêmes, par eux-mêmes, dans une forme absolue tout à fait séparée du poète. *C'est un artiste qui crée, et non une mère;* l'œuvre ne ressemble aucunement à son maître, car le maître veut rester indifférent à tout, et ne veut que peindre. Donnez-lui une légende, un amour, un ange, un diable, un enfant, une fleur, il le rendra par sa forme plastique, par son expression pure et grecque, d'une manière admirable; mais lui-même n'y est plus pour rien: sa personnalité n'existe que dans le roman; mais dès qu'il se met à faire des vers, il revêt son habit d'architecte, de peintre et de statuaire, et fait son travail à son aise, sans se donner beaucoup de peine et sans s'abandonner comme Schiller, qui, à chaque ligne, à ce qu'il prétend, perdait une goutte de sang. Goethe cependant, par cette forme artistique, plut à l'aristocratie de l'Allemagne, et par là provoqua une réaction qui plus tard le détrôna même dans l'opinion publique. Le fait est qu'il y a bon nombre d'Allemands qui ne connaissent pas un chant de Goethe, tandis qu'ils apprennent tout Schiller par cœur.

La vie de Goethe, qu'il a écrite lui-même sous le titre *Poésie et vérité,* ne présente qu'un petit nombre de faits. Ses *Mémoires* ne sont guère qu'un récit de ses impressions à propos de tous les événements politiques et littéraires qui remuèrent l'Allemagne autour de lui. La longue série de ses amourettes vient seule varier ce tissu léger de rêves et d'appréciations. Marguerite, Claire, Frédérica, lui fournirent, dit-il, les types féminins de ses premières créations; mais on voit que ces amours laissèrent peu de traces dans une imagination si personnelle et si artiste, et que ces gracieuses images ne repassent plus devant ses yeux qu'à l'état d'éléments poétiques.

Le long séjour de Goethe à Strasbourg et son étude continuelle de la littérature française semblent lui avoir donné cette belle clarté, ce mouvement pur de style et cette méthode de progression, si rares parmi ses compatriotes, et dont les principes remontent surtout à nos grands poètes du dix-septième siècle.

Le père de Goethe, jurisconsulte distingué, l'avait d'abord destiné à la jurisprudence ; mais Goethe put à peine prendre ses degrés dans la science du droit ; épris du génie et de la gloire de Klopstock, il se jugea digne de marcher derrière lui à la régénération de la littérature allemande.

Dès lors, toutes les forces de son âme se tournèrent vers la littérature ; et nulle époque n'était plus favorable pour l'apparition d'un homme de génie. Car Klopstock, qui avait commencé une révolution si brillante, était loin de l'avoir terminée ; il avait éveillé partout une soif de poésie, un désir de bons ouvrages qui risquait de s'éteindre faute d'aliments ; en vain tout l'essaim des poètes en sous-ordre aspirait à continuer le grand homme, sa puissante voix, qui avait remué l'Allemagne, ne trouvait plus que de faibles échos et pas une voix digne de répondre à son appel.

Le génie n'aperçoit pas un chaos sans qu'il lui prenne envie d'en faire un monde*, ainsi Goethe s'élança avec délices au milieu de toute cette confusion, et son premier ouvrage, *Götz de Berlichingen*, fixa tous les regards sur lui. C'était en 1773 ; il avait alors vingt-quatre ans. Ce drame national, qui ouvrit à la scène allemande une nouvelle carrière, valut à son auteur d'universels applaudissements ; mais comme il n'avait pu trouver de libraire pour le publier et qu'il l'avait fait imprimer lui-même, il fut embarrassé pour en payer les frais, à cause d'une contrefaçon qui lui ravit son bénéfice. *Werther* parut un

---

* Nous rappelons au lecteur qui a pu voir ailleurs cette phrase, qu'elle a paru dans notre édition de 1830.

an après, et chacun sait quel bruit fit ce roman dans toute l'Europe : « Ce petit livre, dit Goethe lui-même, fit une impression prodigieuse, et la raison en est simple : il parut à point nommé ; une mine fortement chargée, la plus légère étincelle suffit à l'embraser ; *Werther* fut cette étincelle. Les prétentions exagérées, les passions mécontentes, les souffrances imaginaires, tourmentaient tous les esprits. *Werther* était l'expression fidèle du malaise général ; l'explosion fut donc rapide et terrible. On se laissa même entraîner par le sujet ; et son effet redoubla sous l'empire de ce préjugé absurde qui suppose toujours à un auteur dans l'intérêt de sa dignité l'intention d'instruire. On oubliait que celui qui se borne à raconter n'approuve ni ne blâme, mais qu'il tâche à développer simplement la succession des sentiments et des faits. C'est par là qu'il éclaire, et c'est au lecteur à réfléchir et à juger. »

De ce moment commença cette sorte de fanatisme de toute l'Allemagne pour Goethe, qui faisait dire à Mme de Staël, « que les Allemands chercheraient de l'esprit dans l'adresse d'une lettre écrite de sa main ». Les ouvrages qu'il fit paraître successivement vers cette époque peuvent, il est vrai, nous le faire comprendre, et sont maintenant assez connus en France pour que nous nous dispensions d'en faire l'éloge : il suffit de nommer *Faust, Egmont, Le Tasse*, etc. pour trouver des oreilles attentives. En rendre compte n'entre pas dans notre plan ; et cependant nous n'aurions pas autre chose à faire si nous voulions donner ici la vie de Goethe ; car elle ne se compose que d'événements très simples, et qui dépendent tous de la publication de ses ouvrages. En 1775, les premiers lui avaient concilié l'amitié du duc de Saxe-Weimar ; aussitôt après son avènement, ce prince l'appela auprès de lui, et en fit son premier ministre. Depuis cette époque, Goethe demeura toujours à Weimar, partageant son temps entre les affaires publiques et ses travaux littéraires, et fit de cette petite ville l'Athènes de l'Allemagne. Là se réunirent Schiller, Herder, les deux Schlegel, Stolberg, Bardt, Böttiger ; glorieux rivaux, poétique cénacle où descendait le souffle divin, où s'élaborait pour l'Allemagne un siècle de grandeur et de lumières.

Goethe, né à Francfort-sur-le-Main, en 1749, est mort en 1833[1], un an après la mort de son fils, et en laissant plusieurs volumes d'œuvres posthumes. La seconde partie de *Faust* est le dernier ouvrage auquel il travailla. Il s'éteignit comme son héros, en rêvant encore des prodiges de travail et d'action.

Si nous voulons maintenant apprécier le mouvement littéraire de son époque, il nous faut remonter au moment où son école et celle de Schiller partageaient la littérature en deux camps égaux. Uhland fut le premier qui essaya de se frayer encore une nouvelle voie. Né en Souabe, il chercha à réveiller l'antique écho de la poésie des trouvères de Souabe, et, parti de l'imitation de Goethe, il étendit loin le nouveau domaine. Un chevalier amoureux, un cloître, un tintement de cloche, un roi aveugle et vaillant, le troubadour lui-même : voilà ses héros. De temps à autre, il prend un thème moderne, et le revêt de la forme romanesque du Moyen Âge, comme dans *Marie la Faucheuse* ; mais même ses chants joyeux, ses chants de table et de joie, sentent le Moyen Âge. Il n'y a rien de moderne en lui que ses poésies politiques, en sa qualité de député de Wurtemberg, et celles-ci sont, de l'avis de tout le monde, plus que médiocres. Cependant Uhland eut un succès inattendu ; car, dans ce temps-là même les Schlegel s'appliquèrent à décrier la forme subjective de Schiller ; ils déclarèrent Goethe le dieu du Parnasse, sauf à le détrôner plus tard, lorsque celui-ci se tourna contre eux[2]. De plus encore, les chants héroïques de Körner, disciple de Schiller, commencèrent à perdre beaucoup de leur vogue, dans un moment où l'Allemagne crut voir qu'elle avait versé son sang en pure

perte; Uhland lui-même le démontra dans plusieurs de
ses chants et Körner fut déclaré un pauvre poète, pâle
imitateur de Schiller. On était ivre de plastique, et, pour
se consoler du présent, on recula au Moyen Âge, et on
chanta de nouveau les prouesses des chevaliers et
l'amour des princesses, sauf à y ajouter, par-ci par-là,
un poème graveleux qui ressortait encore du domaine
des *Minnesänger* du Moyen Âge. Cette manie cepen-
dant toucha bientôt à son terme, et Heine fut pour
ainsi dire, le précurseur lyrique de notre révolution de
Juillet, qui, en Allemagne, produisit tant de résultats lit-
téraires.

En effet, ce fut Heine[1] qui, se séparant entièrement de
la forme purement objective de Goethe et d'Uhland sans
adopter la manière opposée, de Schiller, sut rendre, par
des procédés d'art inconnus jusqu'à lui, ses sentiments
personnels pleins de poésie, de mélancolie, et même
d'ironie, sous une forme neuve, révolutionnaire même,
qui ne cessa pas pour cela d'être très populaire. Heine fit
école; un essaim considérable de jeunes poètes lyriques
tâchèrent de l'imiter; mais aucun d'eux n'eut ni son
génie, ni même sa manière de faire le vers, qui n'est qu'à
lui. Ce qu'il y a d'extraordinaire en Heine, c'est qu'il a
exclu entièrement la politique de ses chants, bien que la
forme de ces mêmes chants dénote un esprit révolution-
naire et absolu. Abstraction faite de l'ironie lyrique de
Heine, de cet esprit railleur dont il sait affubler une
phrase sérieuse, Heine a composé des chants vraiment
classiques, des chants populaires, que tous les jeunes
gens en Allemagne savent par cœur.

Heine est, parmi les nouveaux poètes lyriques, le der-
nier du temps ancien et le premier de notre ère moderne,
et il a éclipsé bien des réputations à demi évanouies. À
côté de lui, le professeur Rückert[2], à Halle, s'est fait une
réputation fondée sur ses chants orientaux, sur ses tra-
ductions classiques des chants arabes et sur sa nouvelle
forme empruntée à l'Orient. Rückert penche pour l'école

de Schiller; il est réflectif, didactique même. Uhland, il est vrai, avait raillé dans un poème cette forme surannée; mais Rückert n'en tint pas compte. Seulement, il se plaît trop dans les comparaisons orientales et finit par cacher sa pensée sous un bouquet de roses et de lys cueillis dans l'Orient. Il a traduit la célèbre épopée *Nal et Damayanti*, chef-d'œuvre *indou*, et a successivement publié *Roses et fleurs de l'Orient*, les proverbes de sagesse des Brames et quelques recueils de sonnets de lui. Rückert est original, mais nullement populaire. Chamisso, le Français[1], sut encore prendre une petite place dans le Parnasse lyrique de l'Allemagne. Chamisso a fait quelques chansons qui se distinguent par la finesse de l'observation et du sentiment, et par cet excès d'ironie qui lui est particulier. Il est beaucoup plus allemand dans ses poésies que dans sa prose. Tous ces poètes existaient avant Heine, qui tout d'un coup apparut comme le représentant de vœux nouveaux. Bientôt la lyrique changea de forme; car, tandis que l'école de Souabe imitait Uhland par de petites compositions sans couleur et sans caractère (et il faut nommer ici Gustave Schwab[2], les frères Stoeber[3], etc.), du bout de l'Allemagne commencèrent à retentir des chants de liberté et même de critique philosophique. Nous ne voulons pas désigner Berlin, car jamais Berlin n'a produit un poète. Mais c'est l'Autriche qui donna le mouvement pour quelque temps; l'Autriche, dis-je, et bien malgré elle. C'est ainsi que le comte Auersperg[4] composa ses *Promenades de Vienne*, qui ne sont rien que des chants de liberté, et ce fut ce petit livre qui fonda sa réputation. Il a écrit sous le nom d'Anastasius Grün; son talent est plutôt épique que lyrique; mais il a de l'énergie dans l'expression et dans la pensée. À côté de lui vient Lenau, également comte; mais celui-ci ne brille que dans le second rang. De nos jours, Carl Beck, né à Pesth, a fait une grande sensation en Allemagne, par ses *Chansons cuirassées*, et sa Bible. Freiligrath de Detmold a su encore se faire un nom par sa forme *hugoïenne*, c'est ainsi qu'on l'appelle, et par ses portraits orientaux. Freiligrath est commis dans une épicerie, tout en composant des poésies lyriques qui ont eu quelque réputation. Dingelstedt, à Kassel, entra en même temps en lice par ses sonnets. Creizenach, à Francfort, s'est fait remarquer par sa forme classique ; Saphir, à Vienne, par son esprit *voltairien* ; et Zedlitz, par une seule pièce de vers, que le nom magique de Napoléon a fait voler d'un bout de l'Europe à l'autre [1]. Nous ne devons même pas oublier dans cette énumération le roi Louis de Bavière, qui, sans être devenu positivement le roi des poètes allemands, a cependant su conquérir une place distinguée. Il faut accorder plus d'éloges encore à la pensée qu'il a eue de faire construire, sur le rivage du Danube, un magnifique temple de marbre dédié à tous les génies et à toutes les gloires de l'Allemagne, et portant le nom du *Walhalla*. Les images des grands poètes ont pris place dans ce monument parmi celles des artistes et des guerriers ; Klopstock, Schiller, Goethe, Jean Paul, etc., y attendent leurs successeurs poétiques. C'est là assurément une noble idée et un magnifique poème de marbre et de bronze qui garantit l'immortalité de son poète et fondateur [2].

La décentralisation en Allemagne produit des résultats littéraires tout à fait différents de ceux qu'on voit en France, et il est rare qu'un nom puisse primer comme ceux de Schiller et de Goethe. La plupart des poètes lyriques sont encore vivants. Uhland cependant, ayant épuisé le Moyen Âge, se tait ; Heine et Rückert peuvent être regardés comme complets dans leur carrière de poètes lyriques. Il n'y a plus que les Almanachs des Muses qui nous révèlent encore des noms inconnus. Cependant, jamais l'Allemagne n'a produit plus de vers, et même de vers remarquables ; elle est arrivée, comme nous, à ce point où les pensées de détail et les procédés de versification se sont tellement vulgarisés et mis à la portée de tous, que, selon l'expression du célèbre critique Menzel[1], «il paraît beaucoup de bonnes poésies et pas un bon poète».

GOETHE

MA DÉESSE

Laquelle doit-on désirer[a] le plus entre toutes les filles du ciel? Je laisse à chacun son opinion; mais je préférerai, moi, cette fille chérie de Dieu, éternellement mobile et toujours nouvelle, l'Imagination[b].

Car il l'a douée de tous les caprices joyeux qu'il s'était réservés à lui seul, et la folle déesse fait aussi ses délices.

Soit qu'elle aille, couronnée de roses, un sceptre de lys à la main, errer dans les plaines fleuries, commander aux papillons, et, comme l'abeille, s'abreuver de rosée dans le calice des fleurs;

Soit qu'elle aille, tout échevelée et le regard sombre, s'agiter dans les vents à l'entour des rochers, puis se montrer aux hommes teinte des couleurs du matin et du soir, changeante comme les regards de la lune.

Remercions tous notre père du ciel, qui nous donna pour compagne, à nous pauvres humains, cette belle, cette impérissable amie!

Car il l'a unie à nous seuls par des nœuds divins, et lui a ordonné d'être notre épouse fidèle dans la joie comme dans la peine, et de ne nous quitter jamais.

Toutes les autres misérables espèces qui habitent cette terre vivante et féconde errent au hasard, cherchant leur nourriture au travers des plaisirs grossiers et des douleurs amères d'une existence bornée, et courbée sans cesse sous le joug du besoin.

Mais, nous, il nous a accordé sa fille bien-aimée; réjouissons-nous! et traitons-la comme une maîtresse chérie; qu'elle occupe la place de la dame de la maison.

Et que la sagesse, cette vieille marâtre, se garde bien de l'offenser.

Je connais sa sœur aussi: moins jeune, plus posée, elle est ma paisible amie. Oh! puisse-t-elle ne jamais me quitter avant que ma vie ne s'éteigne, celle qui fit si longtemps mon bonheur et ma consolation: l'Espérance!

————

COMPLAINTE
DE LA NOBLE FEMME D'AZAN-AGA

imitée du morlaque

Qu'aperçoit-on de blanc, là-bas, dans la verte forêt?... de la neige ou des cygnes? Si c'était de la neige, elle serait fondue; des cygnes, ils s'envoleraient. Ce n'est pas de la neige, ce ne sont pas des cygnes, c'est l'éclat des tentes d'Azan-Aga. C'est là qu'il est couché, souffrant de ses blessures; sa mère et sa sœur sont venues le visiter; une excessive timidité retient sa femme de se montrer à lui.

Mais ses blessures vont beaucoup mieux, et il envoie dire ceci à son épouse fidèle: «Ne m'attends plus à ma cour, tu ne m'y verras plus, ni parmi les miens.»

Lorsque l'épouse eut reçu ces dures paroles, elle resta interdite[a] et profondément affligée: voilà qu'elle entendit les pas d'un cheval devant la porte; elle crut que c'était son époux Azan qui venait, et monta dans sa tour pour s'en précipiter à sa vue. Mais ses deux filles s'élancèrent effrayées sur ses pas en versant des larmes amères : « Ce n'est point le cheval de notre père Azan, c'est ton frère Pintorovitch qui vient. »

Et l'épouse d'Azan court au-devant de son frère, l'entoure de ses bras en gémissant : « Vois la honte, mon frère, où ta sœur est réduite... Il m'a abandonnée !... la mère de cinq enfants ! »

Le frère se tait : il tire de sa poche la lettre de séparation, enveloppée de soie rouge, qui renvoie l'épouse à sa mère, et la laisse libre de se donner à un autre.

L'épouse, après avoir connu ce triste message, baise au front ses deux fils, ses deux filles aux joues ; mais, hélas ! au moment de quitter son dernier enfant encore à la mamelle, sa douleur redouble et elle ne peut faire un pas.

Le frère, impatient, l'enlève, la met en croupe sur son cheval, et se hâte, avec cette femme éplorée, vers la demeure de ses pères.

Peu de temps s'était écoulé, pas encore sept jours, mais c'était bien assez, que déjà plusieurs nobles seigneurs s'étaient présentés pour consoler notre veuve et la demander en mariage.

Et même le puissant cadi d'Imoski ; et la femme fit en pleurant cette prière à son frère : « Je t'en conjure par ta vie, ne me donne pas à un autre époux, de peur qu'ensuite la vue de mes pauvres enfants ne me brise le cœur. »

Le frère ne s'émut point de ces paroles, décidé à la donner au cadi d'Imoski ; mais la vertueuse femme le supplia enfin pour toute grâce d'envoyer au cadi un billet qui contenait ces mots : « La jeune veuve te salue amicalement, et, par la présente lettre, te supplie avec respect que, lorsque tu viendras accompagné de tes esclaves, tu lui apportes un long voile, afin qu'elle s'en enveloppe en passant devant la maison d'Azan, et qu'elle ne puisse pas y voir ses enfants chéris. »

À peine le cadi eut-il lu cet écrit, qu'il assembla tous

ses esclaves, et se prépara à aller au-devant de la veuve avec le voile qu'elle demandait.

Il arriva heureusement à la demeure de la princesse, elle en ressortit heureusement avec lui. Mais, lorsqu'elle passa devant la maison d'Azan, les enfants reconnurent leur mère, et l'appelèrent ainsi : «Reviens, reviens dans ta maison ! viens manger le pain du soir avec tes enfants ! » L'épouse d'Azan fut tout émue de ces paroles, elle se tourna vers le prince : «Permets que les esclaves et les chevaux s'arrêtent devant cette porte chérie, afin que je fasse encore quelques dons à mes petits enfants. »

Et ils s'arrêtèrent devant cette porte chérie ; et elle fit des dons à ses pauvres enfants ; elle donna aux garçons des bottines brodées en or, aux filles de riches habits, et au plus[b] petit, qui s'agitait dans son berceau, une robe qu'il mettrait quand il serait plus grand.

Azan-Aga était caché et voyait tout cela et rappela ses enfants d'une voix émue : «Revenez à moi, mes pauvres petits ! le cœur de votre mère est[c] glacé, il s'est tout à fait fermé et ne sait plus compatir à nos peines. »

L'épouse d'Azan entendit cela, elle se précipita à terre toute blême, et la vie abandonna son cœur déchiré, lorsqu'elle vit ses enfants fuir devant elle.

L'AIGLE ET LA COLOMBE

Un jeune aigle avait pris son vol pour chercher sa proie ; la flèche d'un chasseur l'atteint et lui coupe le tendon de l'aile droite. Il tombe dans un bois de myrtes, où, pendant trois jours, il dévore sa douleur, pendant trois longues nuits, il s'abandonne à la souffrance. Enfin, le baume universel le soulage, le baume de la bienfai-

sante nature: il se glisse hors du bois, et agite ses ailes...
Hélas! c'en est fait! le tendon est coupé! à peine peut-il
raser la surface de la terre pour chasser une vile proie;
profondément affligé, il va se poser sur une humble
pierre, au bord d'un ruisseau; il lève ses regards vers le
chêne, vers le ciel, et puis une larme a mouillé son œil
superbe.

Voilà que deux colombes qui folâtraient parmi les
myrtes viennent s'abattre près de lui; elles errent en sau-
tillant sur le sable doré, traversent côte à côte le ruisseau,
et leur œil rouge, qui se promène au hasard autour
d'elles[a] se fixe enfin sur l'oiseau affligé. Le mâle, à qui
cette vue inspire un intérêt mêlé de curiosité, presse son
essor vers le bosquet le plus voisin, et regarde l'aigle avec
un air de complaisance et d'amitié:

« Tu es triste! ami, reprends courage: n'as-tu pas autour
de toi tout ce qu'il faut pour un bonheur tranquille? Des
rameaux d'or te protègent contre les feux du jour; tu
peux, sur la tendre mousse qui borde le ruisseau, expo-
ser ta poitrine aux rayons du couchant. Tu promèneras
tes pas parmi les fleurs couvertes d'une fraîche rosée;
ce bois t'offrira une nourriture délicate et abondante, ce
ruisseau pur apaisera ta soif... Ô mon ami! le vrai bon-
heur est dans la modération, et la modération trouve par-
tout ce qu'il lui faut. — Ô sage! s'écria l'aigle en retombant
sur lui-même avec une douleur plus sombre; ô sagesse!
tu parles bien comme une colombe! »

———

LE CHERCHEUR DE TRÉSORS

Pauvre d'argent, malade de cœur, je traîne ici des jours
bien longs; la misère est le plus grand des maux, la

richesse le premier des biens! Il faut que je mette fin à mes peines, que je découvre un trésor... dussé-je pour cela sacrifier mon âme et signer ma perte avec mon sang!

Et je me mis à tracer des cercles et des cercles encore; une flamme magique les parcourut bientôt; alors, je mêlai ensemble des herbes et des ossements, et le mystère fut accompli. Je creusai la terre à la place indiquée par les flammes, sûr d'y rencontrer un vieux trésor... La nuit autour de moi était noire et orageuse.

Et je vis une lumière de loin; c'était comme une étoile qui s'avançait du bout de l'horizon: minuit sonna, elle se rapprocha de plus en plus, et je distinguai bientôt que cette clarté éblouissante était produite par une coupe enchantée que portait un bel enfant.

Des yeux d'une douceur infinie étincelaient sous sa couronne de fleurs; il entra dans mon cercle magique, tout resplendissant de l'éclat du vase divin qu'il portait, et m'invita gracieusement à y boire, et je me dis: «Cet enfant, avec sa boisson merveilleuse, ne peut être l'esprit malin.

— Bois, me dit-il, bois le désir d'une vie plus pure, et tu comprendras mes avis: ne reviens plus en ces lieux, tourmenté d'une fatale avidité, n'y creuse plus la terre dans une espérance coupable; travaille le jour, réjouis-toi le soir; passe les semaines dans l'activité, les fêtes dans la joie, et des changements magiques s'opéreront dans ton existence.»

———

CONSOLATION DANS LES LARMES

Comment es-tu si triste au milieu de la commune joie? On voit à tes yeux que sûrement tu as pleuré.

— Si j'ai pleuré, solitaire, c'est d'une douleur qui n'af-
flige que moi ; et les larmes que je verse sont si douces,
qu'elles me soulagent le cœur.

— Viens ! de joyeux amis t'invitent, viens reposer sur
notre sein, et, quelque objet que tu aies perdu, daigne[a]
nous confier ta perte.

— Parmi tout votre bruit, tout votre tumulte, vous ne
pouvez comprendre ce qui fait mon tourment... Eh bien !
non, je n'ai rien perdu, quel que soit ce qui me manque !

— Alors, relève-toi, jeune homme ! à ton âge, on[b] a
des forces et du courage pour acquérir.

— Oh ! non, je ne puis l'acquérir ! ce qui me manque
est trop loin de moi... C'est quelque chose d'aussi élevé,
d'aussi beau que les étoiles du ciel !

— Les étoiles, on ne peut pas les désirer ; on jouit de
leur éclat, on les contemple avec ravissement, lorsque la
nuit est claire.

— Oui, je contemple le ciel avec ravissement, pendant
des jours entiers : oh ! laissez-moi pleurer la nuit, aussi
longtemps que je pourrai pleurer !

———

LE ROI DES AULNES

Qui voyage si tard par la nuit et le vent ? C'est le père
et son fils, petit enfant[a] qu'il serre dans ses bras pour le
garantir de l'humidité et le tenir bien chaudement[b].

— « Mon enfant, qu'as-tu à cacher ton visage avec tant
d'inquiétude ? — Papa, ne vois-tu pas le roi des Aulnes ?...
le roi des Aulnes, avec sa couronne et sa queue ? — Rien,
mon fils, qu'une ligne de brouillard. »

— « Viens, charmant enfant, viens avec moi... À quels
beaux jeux nous jouerons ensemble ; il y a de bien jolies

fleurs sur les bords du ruisseau, et, chez ma mère, des habits tout brodés d'or[c] ! »

— « Mon père, mon père, entends-tu ce que le roi des Aulnes me promet tout bas ? — Sois tranquille, enfant, sois tranquille ; c'est le vent qui murmure parmi les feuilles séchées. »

— « Beau petit, viens avec moi ! mes filles t'attendent déjà : elles dansent la nuit, mes filles ; elles te caresseront, joueront et chanteront pour toi. »

— « Mon père, mon père, ne vois-tu pas les filles du roi des Aulnes, là-bas où il fait sombre ? — Mon fils, je vois ce que tu veux dire... Je vois les vieux saules, qui sont tout gris ! »

— « Je t'aime, petit enfant ; ta figure me charme ; viens avec moi de bonne volonté, ou de force je t'entraîne. »

— « Mon père ! mon père ! il me saisit, il m'a blessé, le roi des Aulnes ! »

Le père frissonne, il précipite sa marche, serre contre lui son fils, qui respire péniblement, atteint enfin sa demeure... L'enfant était mort dans ses bras.

———

L'ÉLÈVE SORCIER

Le vieux maître est enfin sorti, et je prétends que ses génies fassent aussi ma volonté. J'ai bien remarqué les signes et les paroles qu'il emploie, et j'aurai bien la hardiesse de faire comme lui des miracles.

« Allons ! allons ! vite à l'ouvrage : que l'eau coule dans ce bassin, et qu'on me l'emplisse jusqu'aux bords ! »

Approche donc, vieux balai : prends-moi ces haillons ; depuis longtemps tu es fait au service, et tu te soumettras aisément à devenir mon valet. Tiens-toi debout sur

deux jambes, lève la tête, et va vite, va donc! me cher-
cher de l'eau dans ce vase.

« Allons! allons! vite à l'ouvrage : que l'eau coule dans
ce bassin, et qu'on me l'emplisse jusqu'aux bords!»

Tiens! le voilà qui court au rivage!... Vraiment, il est au
bord de l'eau!... Et puis il revient accomplir mon ordre
avec la vitesse de l'éclair!... Une seconde fois!... Comme
le bassin se remplit! comme les vases vont et viennent
bien sans répandre!

Attends donc! attends donc! ta tâche est accomplie!
Hélas! mon Dieu! mon Dieu!... j'ai oublié les paroles
magiques!

Ah! ce mot, il était à la fin, je crois; mais quel était-
il? Le voilà qui revient de nouveau! Cesseras-tu, vieux
balai?... Toujours de*a* nouvelle eau qu'il apporte plus
vite encore!... Hélas! quelle inondation me menace!

Non, je ne puis plus y tenir... Il faut que je l'arrête...
Ah! l'effroi me gagne!... Mais quel geste, quel regard me
faut-il employer?

Envoyé de l'enfer, veux-tu donc noyer toute la mai-
son? Ne vois-tu pas que l'eau se répand partout à grands
flots? Un imbécile de balai qui ne comprend rien!
Mais, bâton que tu es, demeure donc en repos!

Tu ne veux pas t'arrêter, à la fin!... Je vais, pour t'ap-
prendre, saisir une hache, et te fendre en deux!

Voyez-vous qu'il y revient encore! Comme je vais me
jeter sur toi, et te faire tenir tranquille!... Oh! oh! ce
vieux bâton se fend en craquant!... C'est vraiment bien
fait : le voici en deux, et, maintenant, je puis espérer qu'il
me laissera tranquille.

Mon Dieu! mon Dieu! les deux morceaux se transfor-
ment en valets droits et agiles!... Au secours, puissance
divine!

Comme ils courent! Salle, escaliers, tout est submergé!
Quelle inondation!... Ô mon seigneur et maître, venez
donc à mon aide! Ah! le voilà qui vient! — Maître, sau-

vez-moi du danger : j'ai osé évoquer vos esprits, et je ne puis plus les retenir.

« Balai ! balai ! à ton coin ! et vous, esprits, n'obéissez désormais qu'au maître habile, qui vous fait servir à ses vastes desseins. »

———

LE DIEU ET LA BAYADÈRE

Nouvelle indienne

Mahadoeh, le maître de la terre, y descendait pour la sixième fois, afin de s'y faire notre semblable, et d'y éprouver nos douleurs et nos joies. Habitant parmi les mortels, il s'était résigné au même sort ; il voulait observer les hommes, en homme, pour récompenser ou punir. Et, quand il avait, dans son voyage, traversé une ville, humilié quelques grands, élevé quelques petits, le Dieu s'en éloignait le soir, et poursuivait sa route.

Un jour qu'il sortait ainsi d'une ville, il aperçut une jeune et jolie fille aux joues toutes roses, dans l'une des dernières maisons. « Bonjour, ma jeune enfant. — Grand merci, seigneur ; veuillez m'attendre, je viens à votre rencontre. — Qui donc es-tu ? — Une bayadère ; et c'est ici ma maison. » Elle s'approche en faisant retentir les joyeuses cymbales, figure autour de lui mille danses variées ; puis se prosterne et lui offre des fleurs.

Elle l'attire enfin gracieusement chez elle : « Bel étranger, ma demeure va s'éclairer pour toi de lumières brillantes. Es-tu fatigué, tu pourras t'y reposer ; je panserai tes pieds blessés par le voyage ; tout ce que tu peux désirer, repos, joie et plaisir, viendra s'offrir à toi. » Et elle cherche à adoucir les feintes souffrances du Dieu qui lui sourit: il démêle avec joie un cœur sensible parmi tant de corruption.

Et il exige d'elle un service d'esclave; mais la jeune fille s'en acquittait avec un zèle toujours nouveau, et ce qu'elle faisait d'abord par complaisance, elle sembla bientôt le faire par besoin; car, de même que la fleur se remplace bientôt par le fruit, l'amour insensiblement conduit à la soumission. Mais, pour l'éprouver mieux, le Dieu la fait passer successivement des brûlants transports du plaisir aux angoisses et à la douleur.

Et, dès qu'il lui donne un baiser, elle ressent en elle toutes les peines de l'amour, elle comprend son esclavage, et pleure pour la première fois. Elle se jette aux pieds du Dieu; non qu'elle en espère quelque intérêt ou quelque retour, mais parce que ses membres refusent de la soutenir. Bientôt cependant la nuit étendra ses voiles sur les instants de bonheur qui récompenseront son amour.

Après un court sommeil, elle se réveille et trouve son aimable hôte mort à ses côtés: en vain le presse-t-elle dans ses bras en jetant de grands cris... Il ne se réveillera plus! Et la flamme va dévorer bientôt sa froide dépouille; les Brames ont déjà entonné l'hymne des morts... Elle l'entend à peine, qu'elle s'élance, se jette à travers la foule... «Qui es-tu? de quel droit t'approches-tu de ce bûcher funèbre?»

Mais elle se précipite tout éplorée sur le cadavre. «C'est mon bien-aimé que je veux, et je viens le chercher sur son bûcher; je viens mêler ma cendre à la sienne! Il était à moi, à moi tout entier... Encore un doux sommeil entre ses bras!» Et les prêtres chantaient: «Nous conduisons au tombeau le vieillard glacé par de longues souffrances, et le jeune homme aussi qui n'en a jamais éprouvé.»

«Écoute les paroles des prêtres: celui-ci n'était point ton époux; tu es une bayadère, et n'as point de devoirs à remplir. L'ombre seule accompagne le corps au dernier séjour; l'épouse seule y suit l'époux; c'est à la fois son devoir et sa gloire. Sonnez, trompettes, accompagnez le chant sacré. — Recevez, ô dieux, l'ornement de la terre, et que les flammes s'élèvent jusqu'à vous!»

Ainsi les prêtres demeurent sourds à ses prières ; mais, les bras étendus, elle se jette dans cette mort éclatante. Tout à coup le jeune Dieu se relève du sein de la flamme, embrasse celle qui l'aimait si tendrement, et l'emporte au ciel avec lui. Ainsi les dieux se réjouissent du repentir, et accordent le bonheur éternel aux coupables que la douleur a purifiés.

LE VOYAGEUR

LE VOYAGEUR

Dieu te bénisse, jeune femme, ainsi que*a* l'enfant que nourrit ton sein! Laisse-moi, sur ces rochers, à l'ombre de ces ormes, déposer mon fardeau, et me délasser près de toi.

LA FEMME

Quel motif te fait, pendant la chaleur du jour, parcourir ce sentier poudreux? Apportes-tu des marchandises de la ville pour les vendre dans ces contrées? Tu souris, étranger, de cette question.

LE VOYAGEUR

Je n'apporte point de marchandises de la ville. Mais le soir va bientôt répandre sa fraîcheur; montre-moi, aimable jeune femme, la fontaine où tu te désaltères.

LA FEMME

Voici un sentier dans les rochers... Monte devant; le chemin parmi les broussailles conduit à la chaumière que j'habite, à la fontaine où je me désaltère.

LE VOYAGEUR

Des traces de la main industrieuse de l'homme au milieu de ces buissons! Ce n'est pas toi qui as uni ces pierres, ô nature, si riche dans ton désordre!

LA FEMME

Encore plus haut!

LE VOYAGEUR

Une architrave couverte de mousse! Je te reconnais, esprit créateur! tu as imprimé ton cachet sur la pierre!

LA FEMME

Monte toujours, étranger!

LE VOYAGEUR

Voici que je marche sur une inscription... Et ne pouvoir la lire! Vous n'êtes plus, ô paroles si profondément ciselées dans le marbre[b], et qui deviez rendre témoignage devant mille générations de la piété de votre auteur!

LA FEMME

Tu t'étonnes, étranger, de voir ces pierres; autour de ma chaumière, il y en a bien d'autres!

LE VOYAGEUR

Là-haut?

LA FEMME

Sur la gauche, en traversant les buissons... Ici.

LE VOYAGEUR

Ô muses! ô grâces!

LA FEMME

C'est ma chaumière.

LE VOYAGEUR

Les débris d'un temple!

LA FEMME

Et, plus bas, sur le côté, coule la source où je me désaltère.

LE VOYAGEUR

Tu vis encore sur ta tombe, divin génie! ton chef-d'œuvre s'est écroulé sur toi, ô immortel!

LA FEMME

Attends, je vais te chercher un vase pour boire.

LE VOYAGEUR

Le lierre revêt maintenant tes créations légères et divines. Comme tu t'élances du sein de ces décombres, couple gracieux de colonnes, et toi, leur sœur, là-bas solitaire!... La tête couverte de mousse, vous jetez sur vos compagnes, à vos pieds renversées, un regard triste mais majestueux! La terre, les débris, nous les cachent; des ronces et de hautes herbes les couvrent encore de leur ombre. Estimes-tu donc si peu, ô nature! les chefs-d'œuvre de ton chef-d'œuvre? Tu ruines sans pitié ton propre sanctuaire, et tu y sèmes le chardon!

LA FEMME

Comme mon petit enfant[c] dort bien! Étranger, veux-tu te reposer dans la chaumière, ou si tu préfères rester ici à l'air? Il fait frais. Prends le petit, que j'aille te chercher de l'eau. — Dors, mon enfant, dors!

LE VOYAGEUR

Que son sommeil est doux! comme il respire paisible-ment et dans sa brillante santé!... Toi qui naquis sur ces restes saints du passé, puisse son génie venir reposer sur toi! Celui que son souffle caresse saura, comme un Dieu, jouir de tous les jours! Tendre germe, fleuris, sois l'hon-neur du superbe printemps, brille devant tous tes frères, et, quand tes fleurs tomberont fanées, qu'un beau fruit s'élève de ton sein, pour mûrir aux feux du soleil!

LA FEMME

Que Dieu te bénisse! — Et il dort encore? Mais je n'ai avec cette eau fraîche qu'un morceau de pain à t'offrir!

LE VOYAGEUR

Je te remercie. — Comme tout fleurit autour de nous,
et reverdit!

LA FEMME

Mon mari va bientôt revenir des champs: ô reste, étran-
ger, reste pour manger avec nous le pain du soir!

LE VOYAGEUR

C'est ici que vous habitez?

LA FEMME

Oui, là, parmi ces murs: mon père a bâti la chaumière
avec des tuiles et des décombres, et nous y demeurons
depuis. Il me donna à un laboureur, et mourut dans nos
bras. — As-tu bien dormi, mon amour? Comme il est
gai, comme il veut jouer, le petit fripon!

LE VOYAGEUR

Ô nature inépuisable! tu as créé tous les êtres pour
jouir de la vie! tu as partagé ton héritage à tous tes
enfants comme une bonne mère... À chacun une habita-
tion. L'hirondelle bâtit son nid dans les donjons, et s'in-
quiète peu des ornements que cache son ouvrage. La
chenille file autour de la branche dorée un asile d'hiver
pour ses œufs; et toi, homme! tu te bâtis une chaumière
avec les débris sublimes du passé... Tu jouis sur des
tombes! — Adieu, heureuse femme!

LA FEMME

Tu ne veux donc pas rester?

LE VOYAGEUR

Dieu vous garde! Dieu bénisse votre enfant!

LA FEMME

Je te souhaite un heureux voyage.

LE VOYAGEUR

Où me conduira ce sentier que j'aperçois sur la montagne?

LA FEMME

À Cumes.

LE VOYAGEUR

Y a-t-il encore loin?

LA FEMME

Trois bons milles.

LE VOYAGEUR

Adieu. — Guide mes pas, nature, les pas d'un étranger sur ces tombeaux sacrés d'autrefois; guide-moi vers une retraite qui me protège contre le vent du nord, où un bois de peupliers me garde des rayons brûlants du midi; et quand, le soir, je rentrerai dans ma chaumière, le visage doré des derniers feux du soleil, fais que j'y trouve une pareille femme avec un enfant dans ses bras.

———

LA PREMIÈRE NUIT DU SABBAT

Morceau lyrique

UN DRUIDE

Voici mai qui nous sourit! la forêt s'est dégagée de ses glaçons et de ses frimas. La neige a disparu, et de joyeux chants retentissent parmi la verdure nouvelle. La blanche neige s'est retirée vers les hautes montagnes : il faut cependant que nous y montions, selon la coutume antique et sainte, pour célébrer les louanges du Père de toutes choses. Que la flamme s'élève à travers la fumée : c'est ainsi que les cœurs montent à lui!

LES DRUIDES

Que la flamme s'élève à travers la fumée! Suivons la coutume antique et sainte de célébrer les louanges du Père de toutes choses. Montons, montons encore!

UNE VOIX DANS LE PEUPLE

Mais quelle audace vous transporte! voulez-vous marcher à la mort?... Ne savez-vous pas que nos ennemis victorieux sont de ce côté? Leurs pièges sont tendus autour de ces retraites pour surprendre les païens, les pécheurs!... Hélas! ils égorgeront dans nos cabanes et nos femmes et nos enfants, et nous marcherons tous vers une mort certaine!

CHŒUR DES FEMMES

Dans l'asile de nos cabanes, ils égorgeront nos enfants, ces impitoyables vainqueurs! et nous marcherons tous vers une mort certaine!

UN DRUIDE

Celui vers qui vont s'élever nos sacrifices protégera ses adorateurs. La forêt est libre, le bois n'y manque pas, et nous en ferons d'énormes bûchers. Cependant, arrêtons-nous dans les broussailles voisines, et tenons-nous tranquilles tout le jour; plaçons des guerriers pour veiller à notre défense; mais, ce soir, il faut avec courage songer à remplir nos devoirs!

CHANT DES GUERRIERS QUI VEILLENT

Veillez ici, braves guerriers, aux environs de la forêt, et veillez en silence, pendant qu'ils rempliront leur saint devoir.

UN GUERRIER

Ces chrétiens insensés[a] se laissent abuser par notre audace: si nous les effrayions nous-mêmes au moyen[b] du diable, auquel ils croient!... Venez! il faut nous armer de cornes, de fourches et de brandons, faire grand bruit à travers les rochers. Chouettes et hiboux, accompagnez notre ronde et nos hurlements!

CHŒUR DES GUERRIERS QUI VEILLENT

Armons-nous de fourches et de cornes, comme le diable auquel ils croient, et faisons grand bruit à travers les rochers. Chouettes et hiboux, accompagnez notre ronde et nos hurlements!

UN DRUIDE

Maintenant, au sein de la nuit, célébrons hautement les louanges du Père de toutes choses! Le jour approche où il faudra lui porter un cœur purifié!... Il peut permettre à l'ennemi de triompher aujourd'hui et quelques jours encore; mais la flamme s'élance de la fumée: ainsi s'épure notre culte: on peut nous ravir nos vieux usages; mais la lumière divine, qui nous la ravira?

UN CHRÉTIEN

À moi! au secours, mes frères!... Ah! voici l'enfer qui nous vient!... Voyez ces corps magiques tout en feu... ces hommes-loups et ces femmes-dragons qui se pressent en foule immense! Oh! quel tumulte épouvantable! Fuyons tous, fuyons bien loin!... Là-haut flambe et mugit le diable... et l'odeur infecte des sorciers se répand jusqu'à nous!

CHŒUR DES CHRÉTIENS

Voyez, voyez, ces corps magiques! hommes-loups et femmes-dragons... Oh! quel tumulte épouvantable!... Là-haut flambe et mugit le diable... et l'odeur des sorciers se répand jusqu'à nous!

CHŒUR DES DRUIDES

La flamme s'élance de la fumée… ainsi s'épure notre culte! On peut nous ravir nos vieux usages; mais la lumière divine, qui nous la ravira?…

———

LÉGENDE

Au temps que Notre-Seigneur[a] habitait ce monde, pauvre et inconnu, quelques jeunes gens s'attachèrent à lui, dont un petit nombre seulement comprenait ses leçons; et il aimait surtout à tenir sa cour en plein air; car, sous le regard des cieux, on parle mieux et plus librement. Alors, les plus sublimes instructions sortaient de sa bouche divine sous la forme de paraboles et d'exemples, et sa parole changeait ainsi en temple le plus vulgaire marché.

Un jour qu'il se dirigeait en se promenant vers une petite ville avec un de ses disciples, il vit briller quelque chose sur le chemin: c'était un fragment de fer à cheval. Et il dit à saint Pierre: «Ramasse donc ce morceau de fer.» Saint Pierre avait bien autre chose en sa tête, et, tout en marchant, il roulait certaines pensées, touchant la manière de régir le monde, comme il arrive à chacun de nous d'en avoir quelquefois, — car qui peut borner le travail de l'esprit? Mais ces sortes d'idées lui plaisaient fort, aussi la trouvaille lui parut-elle chose de très peu d'importance[b]. Encore si c'eût été sceptre ou couronne… Mais, pour un demi-fer à cheval, vaut-il la peine de se baisser? Il continua donc sa marche, et fit comme s'il n'eût pas entendu.

Notre-Seigneur, avec sa patience ordinaire, ramassa le morceau de fer lui-même, et continua aussi sa route, comme si de rien n'était. Quand ils eurent atteint la ville, il s'arrêta devant la porte d'un forgeron, et le lui vendit trois liards ; puis, en traversant le marché, il aperçut de fort belles cerises ; il en acheta autant et aussi peu qu'on en peut donner pour ce prix ; et les mit dans sa manche sans plus d'explication.

Bientôt ils sortirent par une porte qui conduisait à des champs et des plaines où l'on ne découvrait ni arbres ni maisons ; le soleil était dans son plein et la chaleur était grande. En pareilles circonstances, on donnerait beaucoup pour avoir un peu d'eau. Le Seigneur marchait devant, et, comme par mégarde, il laissa tomber une cerise : saint Pierre se hâta de la ramasser comme il eût fait d'une pomme d'or, et s'en humecta le palais. Notre-Seigneur, après un court espace, laissa rouler à terre une autre cerise. Saint Pierre se baissa vite pour la ramasser, et le Seigneur le fit recommencer ainsi plusieurs fois. Quand cela eut duré quelque temps, il lui dit avec un sourire[c] : « Si tu avais su te baisser quand il le fallait, tu ne te donnerais pas à présent tant de peine : tel craint de se déranger pour un petit objet, qui s'agitera beaucoup pour de moindres encore. »

———

LE BARDE

« Qu'entends-je là-bas, à la porte ? qui chante sur le pont-levis ? Il faut que ces chants se rapprochent de nous et résonnent dans cette salle. » Le roi dit, un page court ; le page revient et le roi crie : « Que l'on fasse entrer le vieillard ! »

«— Salut, nobles seigneurs, salut aussi, belles dames : je vois ici le ciel ouvert, étoiles sur étoiles ! Qui pourrait en dire les noms ! Mais, dans cette salle, toute pleine de richesses et de grandeur, fermez-vous, mes yeux, ce n'est point le moment d'admirer. »

Le Barde ferme les yeux, et sa puissante voix résonne... Les chevaliers lèvent des yeux en feu ; les dames baissent leurs doux regards. Le roi, charmé, envoie chercher une chaîne d'or pour récompenser un si beau talent.

« Une chaîne à moi ! donnez-en à vos chevaliers, dont la valeur brise les lances ennemies ; donnez à votre chancelier ce fardeau précieux pour qu'il l'ajoute aux autres qu'il porte. »

« Je chante, moi, comme l'oiseau chante dans le feuillage ; que des sons mélodieux s'échappent de mes lèvres, voilà ma récompense ; cependant, j'oserai vous faire une prière, une seule : qu'on me verse du vin dans la plus belle coupe, une coupe d'or pur. »

Il approche la coupe de ses lèvres, il boit : « Ô liqueur douce et rafraîchissante ! heureuse la maison où un tel don est peu de chose ! Mais, dans le bonheur, songez à moi !... Vous remercierez Dieu d'aussi bon cœur que je vous remercie pour cette coupe de vin. »

———

LES MYSTÈRES

Le matin parut, et ses pas chassèrent le doux sommeil qui m'enveloppait mollement ; je me réveillai, et quittai ma paisible demeure ; je me dirigeai vers la montagne, le cœur tout rajeuni. À chaque pas, des fleurs brillantes, penchant la tête sous la rosée, venaient réjouir mes regards; le jour nouveau s'emparait du monde avec transport, et tout se ranimait pour ranimer mon âme.

Et, comme je montais, un brouillard se détacha de la surface du fleuve, de la prairie, et s'y répandit en bandes grisâtres. Bientôt il s'éleva, s'épaissit, et voltigea autour de moi. Là, disparut la belle perspective qui me ravissait; un voile sombre enveloppa la contrée, et j'étais comme enseveli dans les nuages, comme isolé dans le crépuscule.

Tout à coup, le soleil sembla percer la nue : un doux rayon la divisa et se répandit bientôt, victorieux, autour des bois et des collines. Avec quel plaisir je saluai le retour du soleil; il me semblait plus beau après avoir été obscurci, et son triomphe n'était pas accompli encore, que déjà j'étais tout ébloui de sa gloire.

Une puissance secrète rendit la force à mon âme, et je rouvris les yeux; mais ce ne put être qu'un regard furtif, car le monde ne me paraissait plus que flamme et qu'éclat; puis une figure divine voltigeait devant moi parmi les nuages... Jamais je n'ai vu de traits plus gracieux. Elle me regarda et s'arrêta, mollement balancée par la brise.

«Ne me reconnais-tu pas ? dit-elle avec une voix pleine d'intérêt et de confiance; ne me reconnais-tu pas, moi qui répandis tant de fois un baume céleste sur les blessures de ton âme; moi qui me suis attaché ton cœur par d'éternels liens, que je resserrais toujours et toujours ? Ne t'ai-je pas vu répandre bien des larmes d'amour, lorsque, tout enfant encore, tu me poursuivais avec tant de zèle ? »

— «Oui, m'écriai-je tombant de joie à ses pieds, que de fois j'ai ressenti tes bienfaits! Tu m'as accordé souvent la consolation et le repos, quand toutes les passions de la jeunesse se disputaient mon corps et ma vie! Que de fois, dans cette saison dévorante, tu as rafraîchi mon front de ton souffle divin, tu m'as comblé des dons les plus précieux, et c'est de toi que j'attends encore tout mon bonheur.

» Je ne te nomme pas, car je t'entends nommer par

bien d'autres qui te disent à eux; tous les regards se dirigent vers toi, mais ton éclat fait baisser presque tous les yeux. Hélas! quand je m'égarais aussi, j'avais bien des rivaux; depuis que je te connais, je suis presque seul. Mais il faut que je me félicite en moi-même d'un tel bonheur, et que je renferme avec soin la lumière dont tu m'as éclairé.»

Elle sourit et dit: «Tu vois comme il est nécessaire que je ne me dévoile aux hommes qu'avec prudence; toi-même, à peine es-tu capable d'échapper à la plus grossière illusion; à peine deviens-tu maître de tes premières volontés, que tu te crois aussitôt plus qu'un mortel, et que tu te révoltes contre tes devoirs d'homme! Pourquoi donc te distingues-tu des autres? Connais-toi, et tu vivras en paix avec le monde.»

— «Pardonne, m'écriai-je, je reconnais ma faute. Pourquoi aurais-je en vain les yeux ouverts? Une volonté franche anime tout mon être, je reconnais enfin tout le prix de tes dons; désormais je veux être utile à mes semblables, en n'ensevelissant pas la source où j'ai puisé: pourquoi donc aurais-je frayé des sentiers nouveaux, si je ne devais pas les indiquer à mes frères?»

Et je parlais encore, quand la déesse me jeta un regard de compassion; je cherchais à y lire ce qu'il y avait eu dans mes paroles d'erreur ou de vanité[a]: elle sourit, et je me rassurai; un nouvel espoir monta vers mon cœur, et je pus m'approcher d'elle avec plus de confiance, afin de la contempler mieux.

Elle étendit la main à travers les nuages légers et la vapeur qui l'entouraient, et ce qui restait de brouillard acheva de se dissiper; mes yeux purent de nouveau pénétrer dans la vallée, le ciel était pur... La divine apparition se balançait seule dans les airs, et son voile transparent s'y déroulait en mille plis.

«Je te connais, je connais tes faiblesses, je sais aussi tout ce qu'il y a de bon en toi.» Telles furent ses paroles, qu'il me semblera toujours entendre. «Écoute maintenant ce que j'ai à te dire; il ne faut point t'enorgueillir de mes dons, mais les recevoir avec une âme calme: comme le soleil dissipe les brouillards du matin, ainsi la seule vérité peut arracher le voile qui couvre la beauté des muses.

» Et ne le jetez au vent, toi et tes amis, que pendant la chaleur du jour; alors, la brise du soir vous apportera le frais et le parfum des fleurs, alors s'apaisera le vent des passions humaines; des nuages légers rafraîchiront les airs, le jour sera doux, et la nuit sera pure.

» Venez vers moi, amis, quand le fardeau de la vie vous semblera trop lourd; et la prospérité répandra sur vous ses fleurs brillantes et ses fruits d'or; et nous marcherons réunis vers un nouveau jour; ainsi le bonheur accompagnera notre vie et notre voyage, et, quand il nous faudra finir, nos derniers neveux, tout en pleurant notre perte, jouiront encore des fruits de notre amour. »

SCHILLER

LA CHANSON DE LA CLOCHE

« Le moule d'argile s'est affermi dans la terre qui l'environne : aujourd'hui, la cloche doit naître. Compagnons, vite au travail ! Que la sueur baigne vos fronts brûlants !... L'œuvre honorera l'ouvrier, si la bénédiction d'en haut l'accompagne. »

Mêlons des discours sérieux au travail sérieux que nous entreprenons ; de sages paroles en adouciront la peine. Observons attentivement le noble résultat de nos faibles efforts : honte à l'être stupide qui ne peut pas comprendre l'ouvrage de ses mains ! C'est le raisonnement qui ennoblit l'homme, en lui dévoilant le motif et le but de ses travaux.

« Prenez du bois de sapin bien séché : la flamme en sera chassée dans les tubes avec plus de violence. Qu'un feu actif précipite l'alliage du cuivre et de l'étain, afin que le bronze fluide se répande ensuite dans le moule. »

Cette cloche, qu'à l'aide du feu nos mains auront formée dans le sein de la terre, témoignera souvent de nous dans sa haute demeure. Elle va durer bien des jours, ébranler bien des oreilles, soit qu'elle se lamente avec les affligés, soit qu'elle unisse ses accents à ceux de la prière : tout ce que l'inconstante destinée réserve aux mortels, elle le racontera de sa bouche d'airain.

« Des bulles d'air blanchissent la surface. Bien ! la masse devient mobile. Laissons-la se pénétrer du sel alcalin qui en doit faciliter la fusion : il faut que le mélange se purge de toute son écume, afin que la voix du métal retentisse pure et profonde. »

C'est la cloche qui salue de l'accent de la joie l'enfant chéri qui naît au jour encore plongé dans les bras du sommeil : noire ou blanche, sa destinée repose aussi dans l'avenir ; mais les soins de l'amour maternel veillent sur son matin doré. — Les ans fuient comme un trait. Jeune homme, il s'arrache aux jeux de ses sœurs et se précipite fièrement dans la vie... Il court le monde avec le bâton du voyage, puis revient, étranger, au foyer paternel. C'est alors que la jeune fille, noble image des cieux, lui apparaît dans tout l'éclat de sa beauté, avec ses joues toutes roses de modestie et de pudeur.

« Comme les tubes déjà brunissent ! Je vais plonger ce rameau dans le creuset ; s'il en sort couvert d'une couche vitrée, il sera temps de couler. Allons ! compagnons, éprouvez-moi le mélange, et voyez si l'union du métal dur au métal ductile[a] s'est heureusement accomplie. »

Car de l'alliance de la force avec la douceur résulte une heureuse harmonie. Ceux qui s'unissent pour toujours doivent donc s'assurer que leurs cœurs se répondent. L'illusion est de peu de durée, le repentir éternel. — Avec quelle grâce la couronne virginale se joue sur le front de la jeune épouse, quand le son argentin des cloches l'appelle aux pompes de l'hymen ! Hélas ! la plus belle fête de la vie nous annonce aussi la fin de son printemps : avec la ceinture, avec le voile, combien d'illusions s'évanouissent ! — La passion fuit, que l'attachement lui succède ; la fleur se fane, que le fruit la remplace. — Il faut désormais que l'homme, dans sa lutte avec une vie hostile, emploie tour à tour l'activité, l'adresse, la force et l'audace pour atteindre le bonheur.

D'abord l'abondance le comble de ses dons; ses maga-
sins regorgent de richesses, ses domaines s'étendent, sa
maison s'agrandit. La mère de famille en gouverne sage-
ment l'intérieur, elle instruit sa fille, tempère la fougue
de son jeune fils, promène partout ses mains actives, et
son esprit d'ordre ajoute aux biens déjà acquis; elle rem-
plit d'objets précieux ses armoires odorantes; sans cesse
le fil bourdonne autour de ses fuseaux; la laine luisante,
le lin d'un blanc de neige s'amassent dans ses coffres
éblouissants de propreté, et, répandant partout l'éclat
sur l'abondance, elle n'accorde rien au repos.

Le père cependant, du haut de sa maison, jette un
regard satisfait sur sa fortune qui fleurit encore à l'en-
tour; il contemple ses arbres, ses enclos, ses greniers
déjà pleins et ses champs ondoyants de moissons nou-
velles, et soudain des paroles d'orgueil s'échappent de sa
bouche: «Ma prospérité, solide comme les fondements
de la terre, brave désormais l'infortune!» Hélas! qui
peut faire un pacte éternel avec le sort?... Le malheur
arrive[b] vite.

«Bien! la fonte peut commencer; la cassure est déjà
dentelée; pourtant, avant de lui livrer passage, une prière
ardente au Seigneur: — Débouchez les conduits, et que
Dieu protège le moule! Oh! comme les vagues de feu se
précipitent dans l'espace qui leur est ouvert!»

Le feu! c'est une puissance bienfaisante, quand
l'homme le maîtrise et le surveille; c'est un don céleste
qui facilite et accomplit bien des travaux. Mais qu'il est
redoutable, ce fils de la nature, quand il surmonte les
obstacles qui l'enchaînaient et reprend son indépen-
dance. Malheur! lorsque, abandonné à lui-même, il
déroule sa marche triomphante au sein d'une cité popu-
leuse! car tous les éléments sont ennemis des créations
humaines. — Du sein des nuages tombe la pluie bienfai-
sante aux moissons: du sein des nuages... la foudre!

Entendez-vous ce son qui gémit dans la tour? C'est le
tocsin! Le ciel est d'un rouge de sang, et pourtant ce

n'est pas l'aurore... Quel tumulte dans les rues ! que de fumée !... Le feu tantôt s'élève au ciel en colonnes flamboyantes, tantôt se précipite dans toute la longueur des rues, comme de la gueule d'un four. L'air est embrasé, les poutres craquent, les murs s'écroulent, les vitres pétillent, les enfants crient, les mères courent çà et là, les animaux hurlent parmi les débris... tout se presse, périt ou s'échappe... La nuit brille de tout l'éclat du jour. Enfin une longue chaîne s'établit autour de l'incendie, le seau vole de mains en mains, et partout l'eau des pompes s'élance en arcades... Mais voilà que l'aquilon vient en rugissant tourbillonner dans la fournaise... C'en est fait !... la flamme a gagné les greniers où s'entassent de riches moissons, s'attache aux bois desséchés, puis, comme si elle voulait, dans sa fuite puissante, entraîner avec soi tout le poids de la terre, elle s'élance au ciel en forme gigantesque. — L'homme a perdu tout espoir ; il fléchit sous la main du sort, et désormais assiste à la destruction de ses œuvres, immobile et consterné[c].

Tout est vide et brûlé ! Maintenant, la tempête seule habitera ces ruines ceintes d'effroi, et qui ne verront plus passer que les nuages du ciel.

Un dernier regard vers le tombeau de sa fortune... et l'homme s'éloigne : il a repris le bâton du voyage... C'est tout ce que l'incendie lui a laissé. Mais une douce consolation l'attend au départ : il compte les têtes qui lui sont chères, et toutes ont survécu !

«La terre a reçu le métal, et le moule est heureusement rempli : mais verrons-nous enfin le succès couronner notre zèle et notre habileté ?... Si la fonte n'avait pas réussi ! si le moule se brisait ! Ah ! pendant que nous nous livrons à la joie, le mal peut-être est déjà consommé ! »

Nous confions l'œuvre de nos mains au sein ténébreux de la terre : le laboureur lui confie sa semence avec l'espoir que la bénédiction du ciel en fera jaillir des moissons. Ce que nous y déposons avec crainte est plus précieux encore ; puisse-t-il sortir aussi du tombeau pour un destin plus glorieux !

De son dôme élevé, la cloche retentit lourde et sombre aux pompes des funérailles ; ses accents solennels accompagnent l'homme à son dernier voyage. Ah ! c'est une fidèle épouse, c'est une tendre mère, que le prince des ombres arrache aux bras de son époux, aux enfants nombreux que, jeune encore, elle éleva sur son sein avec un amour inépuisable. Hélas ! ces liens de famille sont rompus, et pour toujours ; ses soins, sa douce autorité ne veilleront plus sur ses jeunes enfants, victimes désormais d'une marâtre insensible.

«Pendant que la cloche se refroidit, suspendons nos rudes travaux, et que chacun se divertisse comme l'oiseau sous le feuillage. Aux premières lueurs des étoiles, le serviteur, libre de tous soins, entend avec joie sonner l'heure du soir ; mais, pour le maître, il n'est point de repos.»

Le promeneur, qui s'est écarté bien loin dans les bois solitaires, précipite ses pas vers sa demeure chérie ; les brebis bêlantes, les bœufs au poil luisant, au large front, regagnent l'étable accoutumée ; le lourd chariot s'ébranle péniblement sous sa charge de moissons ; mais au-dessus des gerbes repose une couronne aux couleurs bigarrées, et la jeune troupe de moissonneurs s'envole à la danse.

Bientôt le silence se promène sur les places le long des rues ; les habitants du même toit se réunissent autour du foyer commun, et les portes de la ville se ferment avec un long gémissement. La nuit s'épaissit encore, mais le citoyen paisible ne la redoute point ; si le méchant s'éveille avec l'ombre, l'œil de la loi est ouvert sur ses pas.

C'est l'ordre, fils bienfaisant du ciel, qui unit les hommes par des liens légers et aimables, qui affermit les fondements des villes, qui ravit à ses bois le sauvage indompté, s'assied dans les demeures des mortels, adoucit leurs mœurs, et donne naissance au plus saint des amours, celui de la patrie !

Mille mains actives s'aident d'un mutuel secours, et
pour le même but tous les efforts s'unissent : le maître et
les compagnons travaillent également sous la protection
de la sainte liberté ; chacun vit content de son sort et
méprise l'oisiveté railleuse, car le travail fait la gloire du
citoyen, et le bonheur sa récompense : il s'honore de ses
ouvrages comme le roi de son éclat.

Aimable[d] paix, douce union, fixez-vous à jamais dans
notre ville ; qu'il ne se lève jamais pour nous, le jour où
les bandes sanglantes de la guerre envahiraient cette
vallée silencieuse, où le ciel, qui se teint de l'aimable
rougeur du soir, ne réfléchirait plus que l'incendie épou-
vantable des villages et des cités !

« Maintenant, brisez-moi le moule : il a rempli sa desti-
nation ; que nos yeux et notre cœur se repaissent à la fois
du doux spectacle qui va leur être offert : levez le mar-
teau, frappez, frappez encore jusqu'à ce que l'enveloppe
s'échappe en débris, si vous voulez que la cloche enfin
naisse au jour. »

Le maître peut rompre le moule d'une main exercée,
et dans un temps convenable ; mais malheur à lui quand
la fonte ardente s'en échappe en torrents de flammes[e],
qu'avec un bruit de tonnerre elle brise son étroite
demeure, et répand la ruine avec elle, pareille aux bra-
siers de l'enfer ! Où s'agitent des forces aveugles, nul
effet bienfaisant ne peut se produire : ainsi, quand un
peuple s'est affranchi de toute domination, il n'est plus
pour lui de prospérité.

Oh ! malheur ! quand plane sur les villes la révolte aux
ailes de feu ! quand un peuple, léger d'entraves, s'em-
pare horriblement du soin de se défendre ; quand parmi
les cordes de la cloche se suspend la Discorde aux cris
de sang, et qu'elle convertit des sons pacifiques en
signaux de carnage !

Liberté ! égalité !... Partout ces cris retentissent ! Le
paisible bourgeois court aux armes ; les rues, les places
s'encombrent de foule ; des bandes d'assassins les par-

courent, suivies de femmes qui se font un jeu d'insulter les victimes et d'arracher le cœur à leurs ennemis mourants: plus de religion, plus de liens sociaux; les bons cèdent la place aux méchants, et tous les crimes marchent le front levé.

Il est dangereux d'exciter le réveil du lion; la colère du tigre est à redouter; mais celle de l'homme est de toutes la plus horrible! La lumière, bienfait du ciel, ne doit pas être confiée à l'aveugle, elle ne l'éclairerait point; mais elle pourrait dans ses mains réduire en cendre les villes et les campagnes.

«Oh! quelle joie Dieu m'a donnée! voyez comme le cintre métallique, dégagé de toute l'argile, luit aux yeux en étoile d'or! comme, du sommet à la bordure, les armoiries ressortent bien aux rayons du soleil, et rendent témoignage au talent de l'ouvrier!»

Accourez, compagnons, accourez autour de la cloche, et donnons-lui le baptême: il faut qu'on la nomme *Concorde*, qu'elle préside à la réconciliation, et qu'elle réunisse les hommes d'un accord sincère.

Et tel était le but du maître en la créant: que, maintenant, bien loin des futilités de la terre, elle s'élève au sein de l'azur du ciel, voisine du tonnerre et couronnée par les étoiles! Que sa voix se mêle au concert des astres qui célèbrent leur Créateur et règlent le cours des saisons; que sa bouche de métal ne retentisse que de sons graves et religieux; que, toutes les heures, le temps la frappe de son aile rapide; qu'elle-même, inanimée, elle proclame les arrêts du destin; que ses mouvements nous instruisent des vicissitudes humaines, et, de même que ses sons viennent mourir dans notre oreille après l'avoir frappée d'un bruit majestueux, qu'elle nous apprenne qu'ici-bas rien n'est stable, et que tout passe comme un vain son.

«Maintenant, tirez les câbles pour que la cloche sorte de la fosse, et qu'elle s'élève dans l'air, cet empire du bruit. Tirez encore: elle s'ébranle... elle plane... elle annonce la joie à notre ville, et ses premiers accents vont proclamer la paix. »

———

LE PLONGEUR

« Qui donc, chevalier ou vassal, oserait plonger dans cet abîme ?... J'y lance une coupe d'or ; le gouffre obscur l'a déjà dévorée ; mais celui qui me la rapportera l'aura pour récompense. »

Le roi dit ; et, du haut d'un rocher rude et escarpé[a], suspendu sur la vaste mer, il a jeté sa coupe dans le gouffre de Charybde. « Est-il un homme de cœur qui veuille s'y précipiter ? »

Les chevaliers, les vassaux ont entendu ; mais ils se taisent, ils jettent les yeux sur la mer indomptée, et le prix ne tente personne. Le roi répète une troisième fois : « Qui de vous osera donc s'y plonger ? »

Tous encore gardent le silence ; mais voilà qu'un page, à l'air doux et hardi, sort du groupe tremblant des vassaux. Il jette sa ceinture, il ôte son manteau, et tous les hommes, toutes[b] les femmes admirent son courage avec effroi.

Et, comme il s'avance sur la pointe du rocher en mesurant l'abîme, Charybde rejette l'onde, un instant dévorée, qui dégorge de sa gueule profonde, avec le fracas du tonnerre.

Les eaux bouillonnent, se gonflent, se brisent et grondent comme travaillées par le feu ; l'écume poudreuse rejaillit jusqu'au ciel, et les flots sur les flots s'entassent, comme si le gouffre ne pouvait s'épuiser, comme si la mer enfantait une mer nouvelle !

Mais enfin sa fureur s'apaise, et, parmi la blanche écume apparaît sa gueule noire et béante, ainsi[c] qu'un soupirail de l'enfer ; de nouveau l'onde tourbillonne et s'y replonge en aboyant.

Vite, avant le retour des flots, le jeune homme se recommande à Dieu, et... l'écho répète un cri d'effroi ! les vagues l'ont entraîné, la gueule du monstre semble se refermer mystérieusement sur l'audacieux plongeur... Il ne reparaît pas[d] !

L'abîme, calmé, ne rend plus qu'un faible murmure, et mille voix répètent en tremblant : « Adieu, jeune homme au noble cœur ! » Toujours plus sourd, le bruit s'éloigne, et l'on attend encore avec inquiétude, avec frayeur.

Quand tu y jetterais ta couronne, et quand[e] tu dirais : « Qui me la rapportera l'aura pour récompense et sera roi... », un prix si glorieux ne me tenterait pas ! — Âme vivante n'a redit les secrets du gouffre aboyant !

Que de navires, entraînés par le tourbillon, se sont perdus dans ses profondeurs ! mais il n'a reparu que des mâts et des vergues brisés au-dessus de l'avide tombeau. — Et le bruit des vagues résonne plus distinctement, approche, approche, puis éclate.

Les voilà qui bouillonnent, se gonflent, se brisent, et grondent comme travaillées par le feu ; l'écume poudreuse rejaillit jusqu'au ciel, et les flots sur les flots s'entassent, puis, avec le fracas d'un tonnerre lointain, surmontent la gorge profonde.

Mais voyez : du sein des flots noirs s'élève comme un cygne éblouissant ; bientôt on distingue un bras nu, de blanches épaules qui nagent avec vigueur et persévérance... C'est lui ! de sa main gauche, il élève la coupe, en faisant des signes joyeux !

Et sa poitrine est haletante longtemps et longtemps encore ; enfin le page salue la lumière du ciel. Un doux murmure vole de bouche en bouche : « Il vit ! il nous est rendu ! le brave jeune homme a triomphé de l'abîme et du tombeau ! »

Et il s'approche, la foule joyeuse l'environne ; il tombe aux pieds du roi, et, en s'agenouillant, lui présente la coupe. Le roi fait venir son aimable fille ; elle remplit le vase jusqu'aux bords d'un vin pétillant, et le page, ayant bu, s'écrie :

«Vive le roi longtemps ! — Heureux ceux qui respirent à la douce clarté du ciel ! le gouffre est un séjour terrible ; que l'homme ne tente plus les Dieux, et ne cherche plus à voir ce que leur sagesse environna de ténèbres et d'effroi.

» J'étais entraîné d'abord par le courant avec la rapidité de l'éclair, lorsqu'un torrent impétueux, sorti du cœur du rocher, se précipita sur moi ; cette double puissance me fit longtemps tournoyer comme le buis d'un enfant, et elle était irrésistible.

» Dieu, que j'implorais dans ma détresse, me montra une pointe de rocher qui s'avançait dans l'abîme ; je m'y accrochai d'un mouvement convulsif, et j'échappai à la mort. La coupe était là, suspendue à des branches de corail, qui l'avaient empêchée de s'enfoncer à des profondeurs infinies.

» Car, au-dessous de moi, il y avait encore comme des cavernes sans fond, éclairées d'une sorte de lueur rougeâtre, et, quoique l'étourdissement eût fermé mon oreille à tous les sons, mon œil aperçut avec effroi une foule de salamandres, de reptiles et de dragons qui s'agitaient d'un mouvement infernal.

» C'était un mélange confus et dégoûtant de raies épineuses, de chiens marins, d'esturgeons monstrueux et d'effroyables requins, hyènes des mers, dont les grincements me glaçaient de crainte.

» Et j'étais là suspendu avec la triste certitude d'être éloigné de tout secours, seul être sensible parmi tant de monstres difformes, dans une solitude affreuse, où nulle voix humaine ne pouvait pénétrer, tout entouré de figures immondes.

» Et je frémis d'y penser... En les voyant tournoyer autour de moi, il me sembla qu'elles s'avançaient pour me dévorer... Dans mon effroi, j'abandonnai la branche de corail où j'étais suspendu : au même instant, le gouffre revomissait ses ondes mugissantes; ce fut mon salut, elles me ramenèrent au jour.»

Le roi montra quelque surprise, et dit: «La coupe t'appartient, et j'y joindrai cette bague ornée d'un diamant précieux, si tu tentes encore l'abîme, et que tu me rapportes des nouvelles de ce qui se passe dans les[f] profondeurs les plus reculées.»

À ces mots, la fille du roi, tout émue, le supplie ainsi de sa bouche caressante: «Cessez, mon père; cessez un jeu si cruel; il a fait pour vous ce que nul autre n'eût osé faire. Si vous ne pouvez mettre un frein aux désirs de votre curiosité, que vos chevaliers surpassent en courage le jeune vassal!»

Le roi saisit vivement la coupe, et, la rejetant dans le gouffre: «Si tu me la rapportes encore, tu deviendras mon plus noble chevalier, et tu pourras aujourd'hui même donner le baiser de fiançailles à celle qui prie si vivement pour toi.»

Une ardeur divine s'empare de l'âme du page; dans ses yeux l'audace étincelle: il voit la jeune princesse rougir, pâlir et tomber évanouie. Un si digne prix tente son courage, et il se précipite de la vie à la mort.

La vague rugit et s'enfonce... Bientôt elle remonte avec le fracas du tonnerre... Chacun se penche et y jette un regard plein d'intérêt[g]: le gouffre engloutit encore et revomit les vagues, qui s'élèvent, retombent et rugissent toujours... mais sans ramener le plongeur.

———

LA PUISSANCE DU CHANT

Un torrent s'élance à travers les fentes des rochers et vient avec le fracas du tonnerre. Des montagnes en

débris suivent son cours, et la violence de ses eaux déra-
cine des chênes : le voyageur, étonné, entend ce bruit
avec un frémissement qui n'est pas sans plaisir ; il écoute
les flots mugir en tombant du rocher, mais il ignore d'où
ils viennent. Ainsi l'harmonie se précipite à grands flots,
sans qu'on puisse reconnaître les sources d'où elle
découle.

Le poète est l'allié des êtres terribles qui tiennent en
main les fils de notre vie ; qui donc pourrait rompre ses
nœuds magiques et résister à ses accents ? Il possède
le sceptre de Mercure, et s'en sert pour guider les
âmes : tantôt il les conduit dans le royaume des morts,
tantôt il les élève, étonnées, vers le ciel, et les suspend,
entre la joie et la tristesse, sur l'échelle fragile des sen-
sations.

Lorsqu'au milieu d'un cercle où règne la gaieté,
s'avance tout à coup, et tel qu'un fantôme, l'impitoyable
Destin, alors tous les grands de la terre s'inclinent
devant cet inconnu qui vient d'un autre monde ; le[a] vain
tumulte de la fête s'abat, les masques tombent, et les
œuvres du mensonge s'évanouissent devant le triomphe
de la vérité.

De même, quand le poète prélude, chacun jette sou-
dain le fardeau qu'il s'est imposé, l'homme s'élève au
rang des esprits et se sent transporté jusqu'aux voûtes du
ciel ; alors, il appartient tout à Dieu ; rien de terrestre
n'ose l'approcher, et toute autre puissance est contrainte
à se taire. Le malheur n'a plus d'empire sur lui ; tant que
dure la magique harmonie, son front cesse de porter les
rides que la douleur y a creusées.

Et, comme, après de longs désirs inaccomplis, après
une séparation longtemps mouillée de larmes, un fils se
jette enfin dans le sein de sa mère, en le baignant des
pleurs du repentir, ainsi l'harmonie ramène toujours au
toit de ses premiers jours, au bonheur pur de l'inno-
cence, le fugitif qu'avaient égaré des illusions étran-

gères; elle le rend à la nature, qui lui tend les bras, pour réchauffer son génie glacé par la contrainte des règles.

————

PÉGASE MIS AU JOUG

Dans un marché (à Hay-Market, je crois), certain poète affamé mit en vente Pégase, parmi beaucoup d'autres chevaux à vendre[a].

Le cheval ailé hennissait et se cabrait avec des mouvements majestueux. Tout le monde, l'admirant, s'écriait : «Le noble animal! quel dommage qu'une inutile paire d'ailes dépare sa taille élancée!... Il serait l'ornement du plus bel attelage. La race en est rare, car personne n'est tenté de voyager dans les airs.» Et chacun craignait d'exposer son argent à un pareil achat; un fermier en eut envie. «Il est vrai, dit-il, que ses ailes ne peuvent servir à rien; mais, en les attachant ou en les coupant, ce cheval sera toujours bon pour le tirage. J'y risquerais bien vingt livres.» Le poète, ravi, lui frappe dans la main : «Un homme n'a qu'une parole!» s'écrie-t-il, et maître Jean part gaiement avec son emplette.

Le noble cheval est attelé; mais à peine sent-il une charge inconnue, qu'il s'élance indigné, et, d'une secousse impétueuse, jette le chariot dans un fossé. «Oh! oh! dit maître Jean, ce cheval est trop vif pour ne mener qu'une charrette. Expérience vaut science; demain, j'ai des voyageurs à conduire, je l'attellerai à la voiture; il est assez fort pour me faire le service de deux autres chevaux, et sa fougue passera avec l'âge.»

D'abord tout alla bien; le léger coursier communiquait son ardeur à l'indigne attelage dont il faisait partie, et la voiture volait comme un trait. Mais qu'en arriva-t-il? Les yeux fixés au ciel et peu accoutumé à cheminer d'un pas égal, il abandonne bientôt la route tracée, et, n'obéissant plus qu'à sa nature, il se précipite parmi les marais, les champs et les broussailles; la même fureur s'empare des autres chevaux; aucun cri, aucun frein ne peut les arrêter, jusqu'à ce que la voiture, après mainte culbute, aille enfin, au grand effroi des voyageurs, s'arrêter toute brisée au sommet d'un mont escarpé.

«Je ne m'y suis pas bien pris, dit maître Jean un peu pensif, ce moyen-là ne réussira jamais; il faut réduire cet animal furieux par la faim et par le travail.» Nouvel essai. Trois jours après, déjà[b] le beau Pégase n'est plus qu'une ombre. «Je l'ai trouvé! s'écrie notre homme; allons! qu'il tire la charrue avec le plus fort de mes bœufs.»

Aussitôt fait que dit: sa charrue offre aux yeux l'attelage risible d'un bœuf et d'un cheval ailé. Indigné, ce dernier fait d'impuissants efforts pour reprendre son vol superbe, mais en vain; son compagnon n'en va pas plus vite, et le divin coursier est obligé de se conformer à son pas, jusqu'à ce que, épuisé par une longue résistance, la force abandonne ses membres, et que, accablé de fatigues, il tombe et roule à terre.

«Méchant animal, crie maître Jean l'accablant d'injures et de coups, tu n'es pas même bon pour labourer mon champ! Maudit soit le fripon qui t'a vendu à moi!» Tandis que le fouet servait de conclusion à sa harangue, un jeune homme vif et de bonne humeur vient à passer sur la route; une lyre résonne dans ses mains, et parmi ses cheveux blonds éclate une bandelette d'or. «Que veux-tu faire, dit-il, mon ami, d'un attelage aussi singulier? Que signifie cette union bizarre d'un bœuf avec un oiseau? Veux-tu me confier un instant ton cheval à l'essai, et tu verras un beau prodige.»

Le cheval est dételé, et le jeune homme saute sur sa croupe en souriant. À peine Pégase reconnaît-il la main du maître, qu'il mord fièrement son frein, prend son essor et lance des éclairs de ses yeux divins : ce n'est plus un cheval, c'est un dieu qui s'élève au ciel avec majesté, et, déployant ses ailes, se perd bientôt parmi les espaces azurés, où les yeux des humains ne peuvent plus le suivre.

———

À GOETHE

LORSQU'IL TRADUISIT POUR LE THÉÂTRE
LE *MAHOMET* DE VOLTAIRE.

Et toi aussi, qui nous avais arrachés au joug des fausses règles pour nous ramener à la vérité et à la nature ; toi, Hercule au berceau, qui étouffas de tes mains d'enfant les serpents enlacés autour de notre génie ; toi, depuis si longtemps, ministre d'un art tout divin, tu vas sacrifier sur les autels détruits d'une muse que nous n'adorons plus !

Ce théâtre n'est consacré qu'à la muse nationale, et nous n'y servirons plus des divinités étrangères ; nous pouvons maintenant montrer avec orgueil un laurier qui a fleuri de lui-même sur notre Parnasse. Le génie allemand a osé pénétrer dans le sanctuaire des arts, et, à l'exemple des Grecs et des Bretons, il a brigué des palmes incueillies.

N'essaie donc pas de nous rendre nos anciennes entraves par cette imitation d'un drame du temps passé, ne nous rappelle pas les jours d'une minorité dégradante... Ce serait une tentative vaine et méprisable que de vouloir arrêter la roue du temps qu'entraînent les heures rapides ; le présent est à nous, le passé n'est plus.

Notre théâtre s'est élargi ; tout un monde s'agite à présent dans son enceinte ; plus de conversations pompeuses et stériles ; une fidèle image de la nature, voilà ce qui a droit d'y plaire. L'exagération des mœurs dramatiques en a été bannie, le héros pense et agit comme un homme qu'il est ; la passion élève librement la voix, et le beau ne prend sa source que dans le vrai.

Cependant, le chariot de Thespis est légèrement construit ; il est comme la barque de l'Achéron qui ne pouvait porter que des ombres et de vaines images ; en vain la vie réelle se presse d'y monter, son poids ruinerait cette légère embarcation, qui n'est propre qu'à des esprits aériens ; jamais l'apparence n'atteindra entièrement la réalité ; où la nature se montre, il faut que l'art s'éloigne.

Ainsi, sur les planches de la scène, un monde idéal se déploiera toujours ; il n'y aura rien de réel que les larmes, et l'émotion n'y prendra point sa source dans l'erreur des sens. La vraie Melpomène est sincère ; elle ne nous promet rien qu'une fable, mais elle sait y attacher une vérité profonde ; la fausse nous promet la vérité, mais elle manque à sa parole.

L'art menaçait de disparaître du théâtre... L'imagination voulait seule y établir son empire, et bouleverser la scène comme le monde ; le sublime et le vulgaire étaient confondus... L'art n'avait plus d'asile que chez les Français : mais ils n'en atteindront jamais la perfection ; renfermés dans d'immuables limites, ils s'y maintiendront sans oser les franchir.

La scène est pour eux une enceinte consacrée : de ce magnifique séjour sont bannis les sons rudes et naïfs de la nature ; le langage s'y est élevé jusqu'au chant ; c'est un empire d'harmonie et de beauté ; tout s'y réunit dans une noble symétrie pour former un temple majestueux, dans lequel on ne peut se permettre de mouvements qui ne soient réglés par les lois de la danse.

Ne prenons pas les Français pour modèles : chez eux, l'art n'est point animé par la vie ; la raison, amante du vrai, rejette leurs manières pompeuses, leur dignité affectée... Seulement, ils nous auront guidés vers le mieux; ils seront venus, comme un esprit qu'on aurait évoqué, purifier la scène si longtemps profanée, pour en faire le digne séjour de l'antique Melpomène.

———

LE PARTAGE DE LA TERRE

« Prenez le monde, dit un jour Jupiter aux hommes du haut de son trône; qu'il soit à vous éternellement comme fief ou comme héritage; mais faites-en le partage en frères. »

À ces mots, jeunes et vieux, tout s'apprête et se met en mouvement: le laboureur s'empare des produits de la terre; le gentilhomme, du droit de chasser dans les bois.

Le marchand prend tout ce que ses magasins peuvent contenir; l'abbé se choisit les vins les plus exquis; le roi barricade les ponts et les routes et dit: « Le droit de péage est à moi. »

Le partage était fait depuis longtemps quand le poète se présenta; hélas! il n'y avait plus rien à y voir, et tout avait son maître.

« Malheur à moi! Le plus cher de tes enfants doit-il être oublié?... » disait-il à Jupiter en se prosternant devant son trône.

« Si tu t'es trop longtemps arrêté au pays des chimères, répondit le dieu, qu'as-tu à me reprocher?... Où donc étais-tu pendant le partage du monde? — J'étais près de toi, dit le poète.

» Mon œil contemplait ton visage, mon oreille écoutait ta céleste harmonie; pardonne à mon esprit, qui, ébloui de ton éclat, s'est un instant détaché de la terre et m'en a fait perdre ma part.

— Que faire? dit le dieu. Je n'ai rien à te donner: les champs, les bois, les villes, tout cela ne m'appartient plus; veux-tu partager le ciel avec moi? viens l'habiter, il te sera toujours ouvert.»

––––––

LE COMTE DE HABSBOURG[a]

À Aix-la-Chapelle, au milieu de la salle antique du palais, le roi Rodolphe, dans tout l'éclat de la puissance impériale, était assis au splendide banquet de son couronnement. Le comte palatin du Rhin servait les mets sur la table; celui de Bohême versait le vin pétillant, et les sept électeurs, tels que le chœur des étoiles qui tournent[b] autour du soleil, s'empressaient de remplir les devoirs de leur charge auprès du maître de la terre.

Et la foule joyeuse du peuple encombrait les hautes galeries; ses cris d'allégresse s'unissaient au bruit des clairons; car l'interrègne avait été long et sanglant, et un juge venait d'être rendu au monde; le fer ne frappait plus aveuglément, et le faible, ami de la paix, n'avait plus à craindre les vexations du puissant.

L'empereur saisit la coupe d'or, et, promenant autour de lui des regards satisfaits: «La fête est brillante, le festin splendide, tout ici charme le cœur de votre souverain[c]; cependant, je n'aperçois point de troubadour qui vienne émouvoir mon âme par des chants harmonieux et par les sublimes leçons de la poésie. Tel a été mon plus vif plaisir dès l'enfance, et l'empereur ne dédaigne point ce qui fit le bonheur du chevalier.»

Et voilà qu'un troubadour, traversant le cercle des princes, s'avance vêtu d'une robe traînante; ses cheveux brillent, argentés par de longues années: — «Dans les cordes dorées de la lyre sommeille une douce harmonie ; le troubadour célèbre les aventures des amants, il chante tout ce qu'il y a de noble et de grand sur la terre ; ce que l'âme désire, ce que rêve le cœur ; mais quels chants seraient dignes d'un tel monarque, à sa fête la plus brillante ?

— Je ne prescris rien au troubadour, répond Rodolphe en souriant ; il appartient à un plus haut seigneur, il obéit à l'inspiration : tel que le vent de la tempête dont on ignore l'origine, tel que le torrent dont la source est cachée, le chant d'un poète jaillit des profondeurs de son âme, et réveille les nobles sentiments assoupis dans le fond des cœurs. »

Et le troubadour, saisissant sa lyre, prélude par des accords puissants : « Un noble chevalier chassait dans les bois le rapide chamois ; un écuyer le suivait, portant les armes de la chasse ; et, au moment que le chevalier, monté sur son fier coursier, allait entrer dans une prairie, il entend de loin tinter une clochette... C'était un prêtre précédé de son clerc, et portant le corps du Seigneur.

» Et le comte mit pied à terre, se découvrit humblement la tête, et adora avec une foi pieuse le Sauveur de tous les hommes. Mais un ruisseau qui traversait la prairie, grossi par les eaux d'un torrent, arrêta les pas du prêtre, qui déposa à terre l'hostie sainte et s'empressa d'ôter sa chaussure afin de traverser le ruisseau.

» — Que faites-vous ? s'écria le comte avec surprise. — Seigneur, je cours chez un homme mourant qui soupire après la céleste nourriture, et je viens de voir, à mon arrivée, la planche qui servait à passer le ruisseau céder à la violence des vagues. Mais il ne faut pas que le mourant perde l'espérance du salut, et je vais parcourir nus pieds le courant[d].

» — Alors, le puissant comte le fait monter sur son beau cheval, et lui présente la bride éclatante ; ainsi le prêtre pourra consoler le malade qui l'attend et ne manquera pas à son devoir sacré. Et le chevalier poursuit sa chasse monté sur le cheval de son écuyer, tandis que le ministre des autels achève son voyage : le lendemain matin, il ramène au comte son*ᵉ* cheval, qu'il tient modestement en laisse, en lui exprimant sa reconnaissance.

» — Que Dieu me garde, s'écrie le comte avec humilité, de reprendre jamais pour le combat ou pour la chasse un cheval qui a porté mon Créateur ! Si vous ne pouvez le garder pour vous-même, qu'il soit consacré au service divin ; car je l'ai donné à celui dont je tiens l'honneur, les biens, le corps, l'âme et la vie.

» — Eh bien, que puisse Dieu, le protecteur de tous, qui écoute les prières du faible, vous honorer dans ce monde et dans l'autre comme aujourd'hui vous l'honorez ! Vous êtes un puissant comte, célèbre par vos exploits dans la Suisse ; six aimables filles fleurissent autour de vous : puissent-elles, ajouta-t-il avec inspiration, apporter six couronnes dans votre maison et perpétuer votre race éclatante ! »

Et l'empereur, assis, méditait dans son esprit et semblait se reporter à des temps déjà loin... Tout à coup il fixe ses yeux attentivement sur les traits du troubadour ; frappé du sens de ses paroles, il reconnaît en lui le prêtre, et cache avec son manteau de pourpre les larmes qui viennent baigner son visage. Tous les regards se portent alors sur le prince : ce qu'on vient d'entendre n'est plus un mystère, et chacun bénit les décrets de la Providence.

LE COMMENCEMENT DU XIXᵉ SIÈCLE

À ***

Ô mon noble ami ! où se réfugieront désormais la paix et la liberté ? Un siècle vient de s'éteindre au sein d'une tempête, un siècle nouveau s'annonce par la guerre.

Tous liens sont rompus entre les nations, et toutes les vieilles institutions s'écroulent... Le vaste Océan n'arrête point les fureurs de la guerre ; le dieu du Nil et le vieux Rhin ne peuvent rien contre elles.

Deux puissantes nations combattent pour l'empire du monde ; et, pour anéantir les libertés des peuples, le trident et la foudre s'agitent dans leurs mains.

Chaque contrée leur doit de l'or : et, comme Brennus, aux temps barbares, le Français jette son glaive d'airain dans la balance de la justice.

L'Anglais, tel que le polype aux cent bras, couvre la mer de ses flottes avides, et veut fermer, comme sa propre demeure, le royaume libre d'Amphitrite.

Les étoiles du sud, encore inaperçues, s'offrent à sa course infatigable ; il découvre les îles, les côtes les plus lointaines... mais le bonheur, jamais !

Hélas ! en vain chercherais-tu sur toute la surface de la terre un pays où la liberté fleurisse éternelle, où l'espèce humaine brille encore de tout l'éclat de la jeunesse.

Un monde sans fin s'ouvre à toi ; ton vaisseau peut à peine en mesurer l'espace ; et, dans toute cette étendue, il n'y a point de place pour dix hommes heureux !

Il faut fuir le tumulte de la vie et te recueillir dans ton cœur... La liberté n'habite plus que le pays des chimères ; le beau n'existe plus que dans la poésie.

––––––

LE DRAGON DE RHODES

Où court ce peuple ? qu'a-t-il à se précipiter en hurlant dans les rues ? Rhodes est-elle la proie des flammes ?... La foule semble encore s'accroître, et j'aperçois au milieu d'elle un guerrier à cheval. Derrière lui... ô surprise ! on traîne un animal dont le corps est d'un dragon et la gueule d'un crocodile, et tous les yeux se fixent avec étonnement, tantôt sur le monstre, tantôt sur le chevalier.

Et mille voix s'écrient: «Voilà le dragon!... venez le voir!...[a] Voilà le héros qui en a triomphé! Bien d'autres sont partis pour cette périlleuse entreprise, mais aucun n'en était revenu... Honneur au vaillant chevalier!» Et la foule se dirige vers le couvent où les chevaliers de Saint-Jean se sont à la hâte rassemblés au conseil.

Et le jeune homme pénètre avec peine dans la salle à travers les flots de peuple qui l'obstruaient, s'avance d'un air modeste vers le grand maître, et prend ainsi la parole: «J'ai rempli mon devoir de chevalier; le dragon qui dévastait le pays gît abattu par ma main; les chemins n'offrent plus de dangers aux voyageurs; le berger peut sans crainte faire paître ses troupeaux; le pèlerin peut aller paisiblement dans les rochers visiter la sainte chapelle.»

Le grand maître lui lance un regard sévère. «Tu as agi comme un héros, lui dit-il; la bravoure honore les chevaliers, et tu en as fait preuve... Dis-moi, cependant: quel est le premier devoir de celui qui combat pour le Christ et qui se pare d'une croix?» Tous les assistants pâlissent; mais le jeune homme s'incline en rougissant, et répond avec une noble contenance: «L'obéissance est son premier devoir, celui qui le rend digne d'une telle distinction. — Et ce devoir, mon fils, répond le grand maître, tu l'as violé, quand ta coupable audace attaqua le dragon, au mépris de mes ordres. — Seigneur, jugez-moi seulement d'après l'esprit de la loi, car j'ai cru l'accomplir; je n'ai pas entrepris sans réfléchir une telle expédition, et j'ai plutôt employé la ruse que la force pour vaincre le dragon.

» Cinq chevaliers, l'honneur de notre ordre et de la religion, avaient déjà péri victimes de leur courage, lorsque vous nous défendîtes de tenter le même combat. Cependant, ce désir me rongeait le cœur et me remplissait de mélancolie. La nuit, des songes m'en retraçaient l'image, et, quand le jour venait éclairer de nouvelles dévastations, une ardeur sauvage s'emparait de moi, au point que je résolus enfin d'y hasarder ma vie.

» Et je me disais à moi-même : "D'où naît la gloire, noble parure des hommes ? Qu'ont-ils fait, ces héros chantés des[b] poètes, et que l'antiquité élevait[c] au rang des dieux ? Ils ont purgé la terre de monstres, combattu des lions, lutté avec des minotaures, pour délivrer de faibles victimes, et jamais ils n'ont plaint leur sang.

» Les chevaliers ne peuvent-ils dont combattre que des Sarrasins, ou détrôner que des faux dieux ? N'ont-ils pas été envoyés à la terre comme libérateurs, pour l'affranchir de tous ses maux et de tous ses ennemis ? Cependant, la sagesse doit guider leur courage, et l'adresse suppléer[d] à la force." Ainsi me parlais-je souvent, et je cherchais seul à reconnaître les lieux habités par le monstre ; enfin mon esprit m'offrit un moyen de l'attaquer et je m'écriai, plein de joie : Je l'ai trouvé !

» Et, me présentant à vous, je vous témoignai le désir de revoir ma patrie ; vous accédâtes à ma prière ; je fis une heureuse traversée, et, de retour à peine dans mon pays, je fis exécuter par un habile ouvrier l'image fidèle du dragon. C'était bien lui : son long corps pesait sur des pieds courts et difformes ; son dos se recouvrait horriblement d'une cuirasse d'écailles.

» Son col était d'une longueur effrayante et sa gueule s'ouvrait pour saisir ses victimes, hideuse comme une porte de l'enfer, armée de dents qui éclataient blanches sur le gouffre sombre de son gosier et d'une langue aiguë comme la pointe d'une épée ; ses petits yeux lançaient d'affreux éclairs, et, au bout de cette masse gigantesque, s'agitait la longue queue en forme de serpent dont il entortille les chevaux et les hommes.

» Tout cela, exécuté en petit et peint d'une couleur sombre, figurait assez bien le monstre, moitié serpent, moitié dragon, au sein de son marais empoisonné ; et,

quand tout fut terminé, je choisis deux dogues vigou-
reux, agiles, accoutumés à chasser les bêtes sauvages ; je
les lançai contre le monstre, et ma voix les excitait à le
mordre avec fureur de leurs dents acérées.

» Il est un endroit où la poitrine de l'animal dégarnie
d'écailles ne se recouvre que d'un poil léger : c'est là sur-
tout que je dirige leurs morsures ; moi-même, armé d'un
trait, je monte mon coursier arabe et d'une noble ori-
gine, j'excite son ardeur en le pressant de mes éperons,
et je jette ma lance à cette vaine image, comme si je vou-
lais la percer.

» Mon cheval se cabre effrayé, hennit, blanchit son
mors d'écume, et mes dogues hurlent de crainte à cette
vue... Je ne prends point de repos qu'ils ne s'y soient
accoutumés. Trois mois s'écoulent, et, lorsque je les vois
bien dressés, je m'embarque avec eux sur un vaisseau
rapide. Arrivé ici depuis trois jours, j'ai pris à peine le
temps nécessaire pour reposer mes membres fatigués
jusqu'au moment de l'entreprise.

» Mon cœur fut vivement touché des nouveaux désastres
de ce pays, que j'appris à mon arrivée ; de la mort surtout
de ces bergers qui s'étaient égarés dans la forêt et qu'on
retrouva déchirés ; je ne pris plus dès lors conseil que de
mon courage, et je résolus de ne pas différer plus long-
temps. J'en instruisis soudain mes écuyers, je montai sur
mon bon cheval, et, accompagné de mes chiens fidèles, je
courus, par un chemin détourné et en évitant tous les
yeux, à la rencontre de l'ennemi.

» Vous connaissez, seigneur, cette chapelle élevée par
un de vos prédécesseurs sur le^e rocher d'où l'on découvre
toute l'île : son extérieur est humble^f et misérable, et
cependant elle renferme une merveille de l'art : la sainte
Vierge et son fils, adoré par les trois Rois. Le pèlerin, par-
venu au faîte du rocher par trois fois trente marches, se
repose enfin près de son Créateur, en contemplant avec
satisfaction l'espace qu'il a parcouru.

» Il est au pied du rocher une grotte profonde, baignée

des flots de la mer voisine, où jamais ne pénètre la lumière du ciel ; c'est là qu'habitait le reptile et qu'il était couché nuit et jour, attendant sa proie : ainsi veillait-il comme un dragon de l'enfer au pied de la maison de Dieu, et, si quelque pèlerin s'engageait dans ce chemin fatal, il se jetait sur lui et l'emportait dans son repaire.

» Avant de commencer l'effroyable combat, je gravis le rocher, je m'agenouille devant le Christ, et, ayant purifié mon cœur de toute souillure, je revêts dans le sanctuaire mes armes éclatantes : j'arme ma droite d'une lance, et je descends pour combattre. Puis, laissant en arrière mes écuyers, à qui je donne mes derniers ordres, je m'élance sur mon cheval en recommandant mon âme à Dieu.

» À peine suis-je en plaine, que mes chiens poussent des hurlements, et mon cheval commence à se cabrer d'effroi... C'est qu'ils ont vu tout près la forme gigantesque de l'ennemi, qui, ramassé en tas, se réchauffait à l'ardeur du soleil. Les dogues rapides fondent sur lui ; mais ils prennent bientôt la fuite, en le voyant ouvrir sa gueule haletante d'une vapeur empoisonnée, et pousser le cri du chacal.

» Cependant, je parviens à ranimer leur courage ; ils retournent au monstre avec une ardeur nouvelle, tandis que, d'une main hardie[g], je lui lance un trait dans le flanc. Mais, repoussée par les écailles, l'arme tombe à terre sans force, et j'allais redoubler, lorsque mon coursier, qu'épouvantait le regard de feu du reptile et son haleine empestée, se cabra de nouveau, et c'en était fait de moi...

» Si je ne me fusse jeté vite à bas de cheval. Mon épée est hors du fourreau ; mais tous mes coups sont impuissants contre le corselet d'acier du reptile. Un coup de queue m'a déjà jeté à terre, sa gueule s'ouvre pour me dévorer... quand mes chiens, s'élançant sur lui avec rage, le forcent à lâcher prise, et lui font pousser d'horribles hurlements, déchiré qu'il est par leurs morsures.

» Et, avant qu'il se soit débarrassé de leur attaque, je lui plonge dans la gorge mon glaive jusqu'à la poignée. Un fleuve de sang impur jaillit de sa plaie ; il tombe et m'entraîne avec lui, enveloppé dans les nœuds de son corps. — C'est alors que je perdis connaissance, et, lorsque je revins à la vie, mes écuyers m'entouraient, et le dragon gisait étendu dans son sang. »

À peine le chevalier eut-il achevé, que des cris d'admiration longtemps comprimés s'élancèrent de toutes les bouches, et que des applaudissements cent fois répétés éclatèrent longtemps sous les voûtes sonores : les guerriers de l'ordre demandèrent même à haute voix que l'on décernât une couronne au héros ; le peuple, reconnaissant, voulait le porter en triomphe... Mais le grand maître, sans dérider son front, commanda le silence :

« Tu as, dit-il, frappé d'une main courageuse le dragon qui dévastait ces campagnes ; tu es devenu un dieu pour le peuple... mais, pour notre ordre, un ennemi ! et tu as enfanté un monstre bien autrement fatal que n'était celui-ci... Un serpent qui souille le cœur, qui produit la discorde et la destruction, en un mot, la désobéissance ! Elle hait toute espèce de subordination, brise les liens sacrés de l'ordre, et fait le malheur de ce monde.

» Le Turc est brave comme nous... C'est l'obéissance qui doit nous distinguer de lui : c'est dans les mêmes lieux où le Seigneur a descendu de toute sa gloire à l'état abject d'un esclave, que les premiers de cet ordre l'ont fondé afin de perpétuer un tel exemple : l'abnégation de toutes nos volontés, devoir qui est le plus difficile de tous, a été la base de leur institution ! — Une vaine gloire t'a séduit... Ôte-toi de ma vue... Celui qui ne peut supporter le joug du Seigneur n'est pas digne de se parer de sa croix. »

La foule, à ces mots, s'agite en tumulte et remplit le palais d'impétueux murmures. Tous les chevaliers demandent en pleurant la grâce de leur frère... Mais celui-ci, les yeux baissés, dépouille en silence l'habit de l'ordre, baise la main sévère du grand maître, et s'éloigne. Le vieillard le suit quelque temps des yeux, puis, le rappelant du ton de l'amitié : « Embrasse-moi, mon fils ! tu viens de remporter un combat plus glorieux que le premier : prends

cette croix ; elle est la récompense de cette humilité qui
consiste à se vaincre soi-même. »

———

JEANNE D'ARC

Le démon de la raillerie t'a traînée dans la poussière
pour souiller la plus noble image de l'humanité. L'esprit
du monde est éternellement en guerre avec tout ce qu'il y
a de beau et de grand : il ne croit ni à Dieu ni aux esprits
célestes, il veut ravir au cœur tous ses trésors, il anéantit
toutes les croyances en attaquant toutes les illusions.

Mais la poésie, d'humble naissance comme toi, est aussi
une pieuse bergère ; elle te couvre de tous les privilèges
de sa divinité, elle t'environne d'un cortège d'étoiles, et
répand la gloire autour de toi... Ô toi que le cœur a faite
ce que tu es, tu vivras immortelle !

Le monde aime à obscurcir tout ce qui brille, à couvrir
de fange tout ce qui s'élève. Mais ne crains rien ! il y a
encore de bons cœurs qui tressaillent aux actions sublimes
et généreuses ; Momus fait les délices de la multitude ; un
noble esprit ne chérit que les nobles choses.

———

LE GANT

Le roi de France assistait à un combat de bêtes féroces,
entouré des grands de sa cour, et un cercle brillant de
femmes décorait les hautes galeries.

Le prince fait un signe : une porte s'ouvre, un lion sort d'un pas majestueux. Muet, il promène ses regards autour de lui, ouvre une large gueule, secoue sa crinière, allonge ses membres, et se couche à terre.

Et le prince fait un nouveau signe : une seconde porte s'ouvre aussitôt ; un tigre en sort en bondissant ; à la vue du lion, il jette un cri sauvage, agite sa queue en formidables anneaux, décrit un cercle autour de son ennemi, et vient enfin, grondant de colère, se coucher en face de lui.

Le[a] roi fait un signe encore : les deux portes se rouvrent et vomissent deux léopards. Enflammés de l'ardeur de combattre, ils se jettent sur le tigre, qui les saisit de ses griffes cruelles. Le lion lui-même se lève en rugissant, puis il se tait, et alors commence une lutte acharnée entre ces animaux avides de sang.

Tout à coup un gant tombe du haut des galeries, lancé par une belle main, entre le lion et le tigre, et la jeune Cunégonde, se tournant d'un air railleur vers le chevalier Delorge : « Sire chevalier, prouvez-moi donc ce profond amour que vous me jurez à toute heure en m'allant relever ce gant. »

Et le chevalier se précipite dans la formidable arène, et d'une main hardie va ramasser le gant au milieu des combattants.

Tous les yeux se promènent de la dame au chevalier avec étonnement, avec effroi... Celui-ci revient paisiblement vers Cunégonde, et de toutes les bouches sort un murmure d'admiration. La dame le reçoit avec un doux sourire, présage d'un bonheur assuré... Mais le chevalier, lui jetant le gant avec dédain : « Point de remerciements, madame ! » Et il la quitte toute confuse d'une telle leçon.

———

L'IDÉAL

Tu veux donc, infidèle, te séparer de moi, avec tes douces illusions, tes peines et tes plaisirs ? Rien ne peut arrêter ta fuite, ô temps doré de ma jeunesse ? C'est en vain que je te rappelle... Tu cours précipiter tes ondes dans la mer de l'éternité !

Ils ont pâli, ces gais rayons qui jadis éclairaient mes pas ; ces brillantes chimères se sont évanouies, qui remplissaient le vide de mon âme : je ne crois plus aux songes que mon sommeil m'offrait si beaux et si divins, la froide réalité les a frappés de mort !

Comme Pygmalion, dans son ardeur brûlante, embrassait un marbre glacé jusqu'à lui communiquer le sentiment et la vie, je pressais la nature avec tout le feu de la jeunesse, afin de l'animer de mon âme de poète.

Et, partageant ma flamme, elle trouvait une voix pour me répondre, elle me rendait mes caresses, et comprenait les battements de mon cœur : l'arbre, la rose, tout pour moi naissait à la vie, le murmure des ruisseaux me flattait comme un chant, mon souffle avait donné l'existence aux êtres les plus insensibles.

Alors, tout un monde se pressait dans ma poitrine, impatient à se produire au jour, par l'action, par la parole, par les images et par[a] les chants... Combien ce monde me parut grand tant qu'il resta caché comme la fleur dans son bouton. Mais que cette fleur s'est peu épanouie ! qu'elle m'a semblé depuis chétive et méprisable !

Comme il s'élançait, le jeune homme, insouciant et léger, dans la carrière de la vie ! Heureux de ses rêves superbes, libre encore d'inquiétudes, l'espérance l'emportait aux cieux ; il n'était pas de hauteur, pas de distance que ses ailes ne pussent franchir !

Rien n'apportait obstacle à cet heureux voyage, et

quelle foule aimable se pressait autour de son char! L'amour avec ses douces faveurs, le bonheur couronné d'or, la gloire le front ceint d'étoiles, et la vérité toute nue à l'éclat du jour.

Mais, hélas! au milieu de la route, il perdit ses[b] compagnons perfides; et, l'un après l'autre, ils s'étaient détournés de lui: le bonheur aux pieds légers avait disparu, la soif du savoir ne pouvait plus être apaisée, et les ténèbres du doute venaient ternir l'image de la vérité.

Je vis les palmes saintes de la gloire prodiguées à des fronts vulgaires; l'amour s'envola avec le printemps; le chemin que je suivais devint de jour en jour plus silencieux et plus désert; à peine si l'espérance y jetait encore quelques vagues clartés.

De toute cette suite bruyante, quelles sont les deux divinités qui me demeurèrent fidèles, qui me prodiguent encore leurs consolations, et m'accompagneront jusqu'à ma dernière demeure?... C'est toi, tendre amitié, dont la main guérit toutes les blessures, toi qui partages avec moi le fardeau de la vie, toi que j'ai cherchée de si bonne heure, et qu'enfin j'ai trouvée.

C'est toi aussi, bienfaisante étude, toi qui sérènes les orages de l'âme, qui crées difficilement, mais ne détruis jamais; toi qui n'ajoutes à l'édifice éternel qu'un grain de sable sur un grain de sable, mais qui sais dérober au temps avare des minutes, des jours et des années!

————

LA BATAILLE

Telle qu'un nuage épais et qui porte une tempête, la marche des troupes retentit parmi les vastes campagnes; une plaine immense s'offre à leurs yeux, c'est là qu'on va jeter les dés d'airain. Tous les regards sont baissés, le cœur des plus braves palpite, les visages sont pâles comme la mort; voilà le colonel qui parcourt les rangs: — Halte! — Cet ordre brusque enchaîne le régiment, qui présente un front immobile et silencieux.

Mais qui brille là-bas sur la montagne aux rayons pourprés du matin? Voyez-vous les drapeaux ennemis? — Nous les voyons! que Dieu soit avec nos femmes et nos enfants. — Entendez-vous ces chants, ces roulements de tambours, et ces fifres joyeux? Comme cette belle et sauvage harmonie pénètre tous nos membres et parcourt la moelle de nos os!

Frères, que Dieu nous protège... Nous nous reverrons dans un autre monde!

Déjà un éclair a lui le long de la ligne de bataille; un tonnerre sourd l'accompagne, l'action commence, les balles sifflent, les signaux se succèdent... Ah! l'on commence à respirer!

La mort plane, le sort se balance indécis... Les dés d'airain sont jetés au sein de la fumée ardente!

Voilà que les deux armées se rapprochent: — Garde à vous! crie-t-on de peloton en peloton. Le premier rang plie le genou et fait feu... il en est qui ne se relèveront pas. — La mitraille trace de longs vides; le second rang se trouve le premier... À droite, à gauche, partout la mort: que de légions elle couche à terre!

Le soleil s'éteint, mais la bataille est toute en feu; la nuit sombre descend enfin sur les armées. — Frères, que Dieu nous protège!... Nous nous reverrons dans un autre monde!

De toutes parts le sang jaillit; les vivants sont couchés avec les morts; le pied glisse sur les cadavres... — «Et toi aussi, Franz! — Mes adieux à ma Charlotte, ami! (La bataille s'anime de plus en plus.) — Je lui porterai... Oh! camarade, vois-tu derrière nous pétiller la mitraille? — Je lui porterai tes adieux. Repose ici... Je cours là-bas où il pleut des balles.»

Le sort de la journée est encore douteux; mais la nuit s'épaissit toujours... Frères, que Dieu nous protège!... Nous nous reverrons dans un autre monde!

Écoutez! les adjudants passent au galop... Les dragons s'élancent sur l'ennemi, et ses canons se taisent... — Victoire! camarades! la peur s'est emparée des lâches, et ils jettent leurs drapeaux!

La terrible bataille est enfin décidée: le jour triomphe aussi de la nuit; tambours bruyants, fifres joyeux, célébrez tous notre victoire! — Adieu, frères que nous laissons!... Nous nous reverrons dans un autre monde!

———

LA CAUTION

Méros cache un poignard sous son manteau, et se glisse chez Denys de Syracuse: les satellites l'arrêtent et le chargent de chaînes. «Qu'aurais-tu fait de ce poignard? lui demande le prince en fureur. — J'aurais délivré la ville d'un tyran! — Tu expieras ce désir sur la croix.

— Je suis prêt à mourir, et je ne demande point ma grâce; mais daigne[a] m'accorder une faveur: trois jours de délai pour unir ma sœur à son fiancé. Mon ami sera ma caution, et, si je manque à ma parole, tu pourras te venger sur lui.»

Le roi se mit à rire, et, après un instant de réflexion, répondit d'un ton moqueur: «Je t'accorde trois jours; mais songe que si tu n'as pas reparu, ce délai expiré, ton ami prend ta place, et je te tiens quitte.»

Méros court chez son ami: «Le roi veut que j'expie sur la croix ma malheureuse tentative; cependant, il m'accorde trois jours pour assister au mariage de ma sœur; sois ma caution auprès de lui jusqu'à mon retour.»

Son ami l'embrasse en silence et va se livrer au tyran
tandis que Méros s'éloigne. Avant la troisième aurore, il
avait uni sa sœur à son fiancé, et il revenait déjà en
grande hâte pour ne pas dépasser le délai fatal.

Mais une pluie continuelle attaque la rapidité de sa
marche ; les sources des montagnes se changent en tor-
rents, et des ruisseaux forment des fleuves. Appuyé sur
son bâton de voyage, Méros arrive au bord d'une rivière,
et voit soudain les grandes eaux rompre le pont qui joi-
gnait les deux rives, et en ruiner les arches avec le fracas
du tonnerre.

Désolé d'un tel obstacle, il s'agite en vain sur les bords,
jette au loin d'impatients regards : point de barque qui se
hasarde à quitter la rive pour le conduire où ses désirs
l'appellent ; point de batelier qui se dirige vers lui, et le
torrent s'enfle comme une mer.

Il tombe sur la rive et pleure en levant ses mains au
ciel : « Ô Jupiter, aplanis ces eaux mugissantes ! Le temps
fuit, le soleil parvient à son midi, s'il va plus loin, j'arri-
verai trop tard pour délivrer mon ami ! »

La fureur des vagues ne fait que s'accroître, les eaux
poussent les eaux, et les heures chassent les heures...
Méros n'hésite plus ; il se jette au milieu du fleuve irrité, il
lutte ardemment avec lui... Dieu lui accorde la victoire.

Il a gagné l'autre rive, il précipite sa marche en ren-
dant grâce au ciel... quand tout à coup, du plus épais de
la forêt, une bande de brigands se jette sur lui, avide
de meurtre, et lui ferme le passage avec des massues
menaçantes.

« Que me voulez-vous ? Je ne possède que ma vie, et je
la dois au roi, à mon ami que je cours sauver !... » Il dit,
saisit la massue du premier qui l'approche ; trois brigands
tombent sous ses coups, et les autres prennent la fuite.

Le soleil est brûlant, Méros sent ses genoux se dérober
sous lui, brisés par la fatigue : « Ô toi qui m'as sauvé de
la main des brigands et de la fureur du fleuve, me laisse-
ras-tu périr ici en trahissant celui qui m'aime ? »

«Qu'entends-je? serait-ce un ruisseau que m'annonce ce doux murmure?» Il s'arrête, il écoute; une source joyeuse et frétillante a jailli d'un rocher voisin: le voyageur se baisse, ivre de joie, et rafraîchit son corps brûlant.

Et déjà le soleil, en jetant ses regards à travers le feuillage, dessine le long du chemin les formes des arbres avec des ombres gigantesques: deux voyageurs passent, Méros les devance bientôt, mais les entend se dire entre eux: «À cette heure, on le met en croix!»

Le désespoir lui donne des ailes, la crainte l'aiguillonne encore... Enfin les tours lointaines de Syracuse apparaissent aux rayons du soleil couchant; il rencontre bientôt Philostrate, le fidèle gardien de la maison, qui le reconnaît et frémit.

«Fuis donc! Il n'est plus temps de sauver ton ami; sauve au moins ta propre vie... En ce moment, il expire: d'heure en heure, il t'attendait sans perdre l'espoir, et les railleries du tyran n'avaient pu ébranler sa confiance en toi.

— Eh bien, si je ne puis le sauver, je partagerai du moins son sort: que le sanguinaire tyran ne puisse pas dire qu'un ami a trahi son ami; qu'il frappe deux victimes, et croie encore à la vertu!»

Le soleil s'éteignait, quand Méros parvient aux portes de la ville; il aperçoit l'échafaud et la foule qui l'environne; on enlevait déjà son ami avec une corde pour le mettre en croix: «Arrête, bourreau! me voici! cet homme était ma caution!»

Le peuple admire... Les deux amis s'embrassent en pleurant, moitié douleur et moitié joie; nul ne peut être insensible à un tel spectacle; le roi lui-même apprend avec émotion l'étonnante nouvelle, et les fait amener devant son trône.

Longtemps il les considère avec surprise. «Votre conduite a subjugué mon cœur... La foi n'est donc pas un vain mot... J'ai à mon tour une prière à vous adres-

ser. Daignez m'admettre à votre union, et que nos trois
cœurs n'en forment plus qu'un seul.»

————

DÉSIR

Ah! s'il était une issue pour m'élancer hors de ce val-
lon où pèse un brouillard glacé, quelle serait ma joie!...
Là-bas, j'aperçois de riantes collines, décorées d'une jeu-
nesse et d'une verdure éternelles : oh! si j'étais oiseau, si
j'avais des ailes, je m'en irais là-bas sur ces collines!

D'étranges harmonies viennent parfois retentir à mon
oreille, échappées des concerts de ce monde enchanté :
les vents légers m'en apportent souvent de suaves par-
fums ; j'y vois briller des fruits d'or au travers de l'épais
feuillage, et des plantes fleuries qui ne craignent rien des
rigueurs de l'hiver.

Ah! que la vie doit s'écouler heureuse sur ces collines
dorées d'un soleil éternel! que l'air y doit être doux à
respirer! mais les vagues furieuses d'un torrent m'en
défendent l'accès, et leur vue pénètre mon âme d'effroi.

Une barque cependant se balance près du bord ; mais,
hélas! point de pilote pour la conduire! — N'importe,
entrons-y sans crainte, ses voiles sont déployées... il faut
espérer, il faut oser, car les dieux ne garantissent le suc-
cès d'aucune entreprise, et un prodige seul peut me faire
arriver dans ce beau pays des prodiges.

————

COLOMB

Courage, brave navigateur! la raillerie peut attaquer tes espérances, les bras de tes marins peuvent tomber de fatigue... Va toujours! toujours au couchant! Ce rivage que tu as deviné, il t'apparaîtra bientôt dans toute sa splendeur. Mets ta confiance dans le Dieu qui te guide, et avance sans crainte sur cette mer immense et silencieuse. — Si ce monde n'existe pas, il va jaillir des flots exprès pour toi, car il est un lien éternel entre la nature et le génie, qui fait que l'une tient toujours ce que l'autre promet.

———

LA GRANDEUR DU MONDE

Je veux parcourir avec l'aile des vents tout ce que l'Éternel a tiré du chaos, jusqu'à ce que j'atteigne aux limites de cette mer immense et que je jette l'ancre là où l'on cesse de respirer, où Dieu a posé les bornes de la création!

Je vois déjà de près les étoiles dans tout l'éclat de leur jeunesse, je les vois poursuivre leur course millénaire à travers le firmament, pour atteindre au but qui leur est assigné; je m'élance plus haut... Il n'y a plus d'étoiles!

Je me jette courageusement dans l'empire immense du vide; mon vol est rapide comme la lumière... Voici que m'apparaissent de nouveaux nuages, un nouvel univers, et des terres, et des fleuves...

Tout à coup, dans un chemin solitaire, un pèlerin vient

à moi : « — Arrête, voyageur, où vas-tu ? — Je marche aux limites du monde, là où l'on cesse de respirer, où Dieu a posé les bornes de la création !

— Arrête ! tu marcherais en vain : l'infini est devant toi. » — Ô ma pensée ! replie donc tes ailes d'aigle ! Et toi, audacieuse imagination, c'est ici, hélas ! ici qu'il faut jeter l'ancre !

ADIEUX AU LECTEUR

Ma muse se tait, et sent la rougeur monter à ses joues virginales ; elle s'avance vers toi pour entendre ton jugement, qu'elle recevra avec respect, mais sans crainte. Elle désire obtenir les suffrages de l'homme vertueux, que la vérité touche, et non un vain éclat ; celui qui porte un cœur capable de comprendre les impressions d'une poésie élevée, celui-là seul est digne de la couronner.

Ces chants auront assez vécu, si leur harmonie peut réjouir une âme sensible, l'environner d'aimables illusions et lui inspirer de hautes pensées ; ils n'aspirent point aux âges futurs ; ils ne résonnent qu'une fois sans laisser d'échos dans le temps ; le plaisir du moment les fait naître, et les heures vont les emporter dans leur cercle léger.

Ainsi le printemps se réveille : dans tous les champs que le soleil échauffe, il répand une existence jeune et joyeuse ; l'aubépine livre aux vents ses parfums ; le brillant concert des oiseaux monte jusqu'au ciel ; tous les sens, tous les êtres partagent la commune ivresse... Mais, dès que le printemps s'éloigne, les fleurs tombent à terre, fanées, et pas une ne demeure de toutes celles qu'il avait fait naître.

KLOPSTOCK

MA PATRIE

Comme un fils qui n'a vu s'écouler qu'un petit nombre de printemps, s'il veut fêter son père, vieillard à la chevelure argentée, et tout entouré des bonnes actions de sa vie, s'apprête à lui exprimer combien il l'aime avec un langage de feu ;

Il se lève précipitamment au milieu de la nuit ; son âme est brûlante : il vole sur les ailes du matin, arrive près du vieillard, et puis a perdu la parole.

C'est ce que j'ai éprouvé... J'allais te chanter, ô ma patrie ! et déjà j'obéissais au vol rapide de l'inspiration, déjà ma lyre avait résonné d'elle-même, lorsque la sévère Discrétion[a] m'a fait un signe avec son bras d'airain[1], et soudain mes doigts ont tremblé.

Mais je ne les retiens plus : il faut que je reprenne ma lyre, que je tente un essor plus audacieux, et que je cesse de taire les pensées qui consument mon âme.

Ô mon beau pays, ta tête se couronne d'une gloire de mille années ; tu marches du pas des immortels, et tu t'avances avec orgueil à la tête de plusieurs nations ! combien[b] je t'aime, mon pays, mon beau pays !

Ah ! j'ai trop entrepris, je le sens ; et la lyre échappe à ma faible main... Que tu es belle, ma patrie ! De quel éclat brille ta couronne! Comme tu t'avances du pas des immortels!

Mais tes traits s'animent d'un doux sourire qui réchauffe tout mon courage. Oh! avec quelle joie, quelle reconnaissance, je vais chanter que tu m'as souri!

Je me suis de bonne heure consacré à toi. À peine mon cœur eut-il senti les premiers battements de l'ambition, que j'entrepris de célébrer Henri[1], ton libérateur, au milieu des lances et des harnois guerriers.

Mais j'ai vu bientôt s'ouvrir à moi une plus haute carrière, et je m'y suis élancé, enflammé d'un autre désir que celui de la gloire... Elle conduit au ciel, patrie commune des mortels[2].

Je la poursuis toujours, et, si je viens à y succomber sous le poids de la faiblesse humaine, je me détournerai, je prendrai la harpe des bardes, et j'oserai t'entretenir[c] de ta gloire.

Tes nobles forêts bravent les coups du temps, et leur ombre protège une race nombreuse qui pense et qui agit.

Là se trouvent des hommes qui ont le coup d'œil du génie, qui font danser autour de toi des heures joyeuses, qui possèdent la baguette des fées; qui savent trouver de l'or pur et des pensées nouvelles.

Jusqu'où n'as-tu pas étendu tes rejetons nombreux? Tantôt dans les pays où coule le Rhône, tantôt aux bords de la Tamise, et partout on les a vus croître, partout s'entourer d'autres rejetons.

Et cependant ils sont sortis de toi: tu leur as envoyé des guerriers; tes armes leur ont porté un glorieux appel, et tel a été le monument de ta victoire: LES GAULOIS S'APPELAIENT FRANCS, ET LES BRETONS ANGLAIS[*]!

Tes triomphes ont encore brillé d'un plus grand éclat: l'orgueilleuse Rome avait puisé la soif des combats dans le sein d'une louve, sa mère; depuis longtemps, sa tyran-

---

[*] Allusion à l'origine allemande des Francs et des Anglais[d].

nie pesait sur le monde; mais tu la renversas, ô ma patrie, la grande Rome!... tu la renversas dans son sang[1]!

Jamais aucun pays n'a été juste comme toi envers le mérite étranger... Ne sois pas trop juste envers eux, ô ma patrie[2]! Ils ne sont pas capables de comprendre ce qu'il y a de grandeur dans un tel excès.

Tes mœurs sont simples et vertueuses; ton esprit est sage et profond; ta parole est puissante et ton glaive est tranchant. Cependant, tu le remets volontiers dans le fourreau, et, sois-en bénie, il ne dégoutte pas du sang des malheureux.

Mais la Discrétion me fait encore signe avec son bras d'airain: je me tais jusqu'à ce qu'elle me permette de chanter de nouveau. Je vais donc me recueillir en moi-même, et méditer la grande, la terrible pensée d'être digne de toi, ô ma patrie!

———

LES CONSTELLATIONS

Tout chante ses louanges, les champs, les forêts, la vallée et les montagnes: le rivage en retentit; la mer tonne sourdement le nom de l'Éternel, et l'hymne reconnaissant de la nature peut à peine monter jusqu'à lui.

Et sans cesse elle chante celui qui l'a créée, et, du ciel à la terre, partout sa voix résonne; parmi l'obscurité des nuages, le compagnon de l'éclair glorifie le Seigneur sur la cime des arbres et sur la crête des montagnes.

Son nom est célébré par le bocage qui frémit et par le ruisseau qui murmure; les vents l'emportent jusqu'à l'arc céleste, l'arc de grâce et de consolation que sa main tendit dans les nuages.

Et tu te tairais, toi que Dieu créa immortel! et tu resterais muet dans ce concert de louanges et d'admiration! Rends grâces au Dieu qui te fait partager son éternité!... quels que soient tes efforts, ils seront toujours indignes de lui.

Cependant chante encore, et glorifie ton bienfaiteur. Chœurs éclatants[a] qui m'entourez, je viens et je m'unis à vous, je veux partager votre ravissement et vos concerts!

Celui qui créa l'univers, qui créa là-haut le flambeau d'or qui nous éclaire, ici la poudre où s'agitent des millions de vers, quel est-il? C'est Dieu! c'est Dieu, notre père! nous l'appelons ainsi, et d'innombrables voix s'unissent à la nôtre.

Oui, il créa les mondes; et, là-bas, le Lion, qui verse de son sein des torrents de lumière. Bélier, Capricorne, Pléiades, Scorpion, Cancer, vous êtes son ouvrage; voyez la Balance s'élever ou descendre... Le Sagittaire vise, — un éclair part.

Il se tourne; comme ses flèches et son carquois résonnent! et vous, Gémeaux, de quelle pure lumière vous êtes enflammés! vos pieds rayonnants se lèvent pour une marche triomphante. Le Poisson joue et vomit des feux éclatants.

La rose jette un rayon de feu du centre de sa couronne; l'aigle au regard flamboyant plane au milieu de ses compagnons soumis; le cygne nage, orgueilleux, le col arrondi et les ailes au vent.

Qui t'a donné cette mélodie, ô lyre? qui donc a tendu tes cordes dorées et sonores? Tu te fais entendre, et les planètes, s'arrêtant dans leur danse circulaire, viennent en roulant sur leurs orbites la continuer autour de toi.

Voici la Vierge ailée en robe de fête, les mains pleines d'épis et de pampres joyeux. Voici le Verseau d'où se précipitent des flots de lumière; mais Orion contemple la ceinture et non le Verseau.

Oh! si la main de Dieu te répandait sur l'autel, vase céleste! toute la Création volerait en éclats, le cœur du Lion se briserait auprès de l'urne desséchée, la lyre ne rendrait plus que des accents de mort, et la couronne tomberait flétrie.

Dieu a créé ces signes dans les cieux ; il fit la lune plus près de notre poussière. Paisible compagne de la nuit, son doux éclat répand sur nous la sérénité ; elle revient veiller toujours sur le front de ceux qui sommeillent.

Je glorifie le Seigneur, celui qui ordonna à la nuit sainte du sommeil et de la mort d'avoir des voiles et des flambeaux. Terre, tombeau toujours ouvert pour nous, comme Dieu t'a parée de fleurs !

Lorsque Dieu se lèvera pour juger, il remuera le tombeau plein d'ossements et la terre pleine de semences ! Que tout ce qui dort se réveille ! La foudre environne le trône de Dieu ; l'heure du jugement sonne, et la mort a trouvé des oreilles pour l'entendre.

LES DEUX MUSES

J'ai vu... oh ! dis-moi[a], était-ce le présent que je voyais, ou l'avenir ?... j'ai vu dans la lice la muse allemande avec la muse anglaise s'élancer vers une couronne.

À peine distinguait-on deux buts à l'extrémité de la carrière ; des chênes ombrageaient l'un ; autour de l'autre des palmiers se dessinaient dans l'éclat du soir*.

Accoutumée à de semblables luttes, la muse d'Albion descendit fièrement dans l'arène, ainsi qu'elle y était venue ; elle avait[b] jadis concouru glorieusement avec le fils de Méon, le chantre du Capitole[1].

Elle jeta un coup d'œil à sa jeune rivale, tremblante,

---

* Le chêne est l'emblème de la poésie patriotique, et le palmier celui de la poésie religieuse qui vient de l'Orient. (*Staël.*)

mais avec une sorte de noblesse, dont l'ardeur de la victoire enflammait les joues et qui abandonnait aux vents sa chevelure d'or.

Déjà elle retient à peine le souffle resserré dans sa poitrine ardente, et se penche avidement vers le but... La trompette déjà résonne à ses oreilles, et ses yeux dévorent l'espace.

Fière de sa rivale, plus fière d'elle-même, l'altière Bretonne mesure encore des yeux la fille de Thuiskon[1] : «Je m'en souviens, dit-elle, je naquis avec toi chez les Bardes, dans la forêt sacrée;

» Mais le bruit était venu jusqu'à moi que tu n'existais plus; pardonne, ô muse, si tu es immortelle, pardonne-moi de l'apprendre si tard; mais au but j'en serai plus sûre.

» Le voici là-bas!... Le vois-tu dans le lointain avec sa couronne?... Oh! ce courage contenu, cet orgueilleux silence, ce regard qui se fixe à terre tout en feu... Je le connais!

» Cependant, réfléchis encore avant que retentisse la trompette du héraut... C'est moi, moi-même qui luttais[c] naguère avec la muse des Thermopyles, avec celle des sept collines!»

Elle dit; le moment suprême est venu, et le héraut s'approche : «Muse bretonne, s'écrie, les yeux ardents, la fille de la Germanie, je t'aime, oh! je t'aime en t'admirant...

» Mais moins que l'immortalité, moins que la palme de la victoire! Saisis-la avant moi, si ton génie le veut, mais que je puisse la partager et porter aussi une couronne.

» Et... quel frémissement m'agite! Dieux immortels!... Si j'y arrivais la première, à ce but éclatant,... alors, je sentirais ton haleine agiter de bien près mes cheveux épars!»

Le héraut donna le signal... Elles s'envolèrent, aigles rapides, et la poussière, comme un nuage, les eut bientôt enveloppées... Près du but, elle s'épaissit encore, et je finis par les perdre de vue.

————

LES HEURES DE L'INSPIRATION

Je vous salue, heures silencieuses, que l'étoile du soir balance autour de mon front pour l'inspirer ! Oh ! ne fuyez point sans me bénir, sans me laisser quelques pensées divines !

À la porte du ciel, un esprit a parlé ainsi : « Hâtez-vous, heures saintes, qui dépassez si rarement les portes dorées des cieux, allez vers ce jeune homme ;

» Qui chante à ses frères le Messie[1] ; protégez-le de l'ombre bienfaisante de vos ailes, afin que, solitaire, il rêve l'éternité.

» L'œuvre que vous allez lui[a] inspirer traversera tous les âges ; les hommes de tous les siècles l'entendront ; il élèvera leurs cœurs jusqu'à Dieu, et leur apprendra la vertu. »

Il dit : le retentissement de la voix de l'esprit a comme ébranlé tous mes os, et je me suis levé, comme si Dieu passait dans le tonnerre au-dessus de ma tête, et j'ai été saisi de surprise et de joie.

Que de ce lieu n'approche nul profane, nul chrétien même, s'il ne sent en lui le souffle prophétique ! Loin de moi, enfants de la poussière !

Pensées couronnées, qui trompez mille fous sans couronne, loin de moi : faites place à la vertu, noble, divine, à la meilleure amie des mortels !

Heures saintes, enveloppez des ombres de la nuit ma demeure silencieuse ; qu'elle soit impénétrable pour tous les hommes ; et si mes amis les plus chers s'en approchaient, faites-leur signe doucement de s'éloigner.

Seulement, si Schmidt, le favori des muses de Sion, vient pour me voir, qu'il entre... Mais, ô Schmidt, ne m'entretiens que du jugement dernier, ou de ta digne[b] sœur[1].

Elle est capable[c] de nous comprendre et de nous juger : que tout ce qui dans nos chants n'a pas ému son cœur ne soit plus !... que ce qui l'a ému vive éternel !

Cela seul est digne d'attendrir les cœurs des chrétiens, et de fixer l'attention des anges qui viennent parfois visiter la terre.

———

À SCHMIDT

Ode écrite pendant une maladie dangereuse*

Mon ami Schmidt, je vais mourir ; je vais rejoindre ces âmes sublimes, Pope, Adisson, le chantre d'Adam[2], réuni à celui qu'il a célébré, et couronné par la mère des hommes.

Je vais revoir notre chère Radikin, qui fut pieuse dans ses chants comme dans son cœur, et mon frère, dont la mort prématurée fit couler mes[a] premières larmes et nous apprit qu'il y avait des douleurs sur la terre...

Je m'approcherai du cercle des saints anges, de ce chœur céleste où retentit sans fin l'Hosanna, l'Hosanna !

Oh ! bienfaisant espoir ! comme il me saisit, comme il agite violemment mon cœur dans ma poitrine !... Ami, mets-y ta main... J'ai vécu... et j'ai vécu... Je ne le regrette point, pour toi, pour ceux qui nous[b] sont chers, pour celui qui va me juger.

* Klopstock a fait, depuis, quelques changements à cette pièce. Nous avons adopté la plus courte des deux versions.

Oh! j'entends déjà la voix du Dieu juste, le son de sa redoutable balance... Si mes bonnes actions pouvaient l'emporter sur mes fautes!

Il y a pourtant une noble pensée en qui je me confie davantage. J'ai chanté le Messie, et j'espère trouver pour moi, devant le trône de Dieu, une coupe d'or toute pleine de larmes chrétiennes!

Ah! le beau temps de mes travaux poétiques! Les beaux jours que j'ai passés près de toi!... Les premiers, inépuisables de joie, de paix et de liberté; les derniers, empreints d'une mélancolie qui eut bien aussi ses charmes.

Mais, dans tous les temps, je t'ai chéri plus que ma voix, que mon regard ne peuvent te l'exprimer... Sèche tes pleurs; laisse-moi mon courage; sois un homme, et reste dans le monde pour aimer nos amis[c].

Reste pour entretenir ta sœur, après ma mort, du tendre amour qui eût fait mon bonheur ici-bas, si mes vœux eussent pu s'accomplir.

Ne t'attriste pas cependant du récit de ces peines inconsolées qui ont troublé mes derniers jours, et qui les ont fait écouler comme un nuage obscur et rapide.

Ne lui dis point combien j'ai pleuré dans ton sein... Et grâces te soient rendues d'avoir eu pitié de ma tristesse et d'avoir gémi de mes chagrins!

[d]Aborde-la avec un visage calme, comme le mien l'est à l'instant suprême. Dis-lui que ma mort a été douce, que je m'entretenais d'elle, que tu as entendu de ma bouche et lu dans mes yeux presque éteints ces dernières pensées de mon cœur:

«Adieu, sœur d'un frère chéri! fille céleste, adieu! Combien je t'aime[e]! comme ma vie s'est écoulée dans la retraite, loin du vulgaire et toute pleine de toi!

» Ton ami mourant te bénit; nulle bénédiction ne s'élèvera pour toi d'un cœur aussi sincère!

» Puisse celui qui récompense répandre autour de toi la paix de la vertu et le bonheur de l'innocence.

» Que rien ne manque à l'heureuse destinée qu'annonçait ton visage riant en sortant des mains du Créateur, qui t'était encore inconnu, lorsqu'il nous réservait à tous deux[f] un avenir si différent... À toi les plaisirs de la vie, et à moi les larmes.

» Mais, au milieu de toutes tes joies, compatis aux douleurs des autres et ne désapprends pas de pleurer ;

» Daigne accorder un souvenir à cet homme qui avait une âme élevée, et qui, si souvent, par une douleur silencieuse, osa t'avertir humblement que le ciel t'avait faite pour lui.

» Bientôt emporté au pied du trône de Dieu, et tout ébloui de sa gloire, j'étendrai mes bras suppliants, en lui adressant des vœux pour toi.

» Et alors un pressentiment de la vie future, un souffle de l'esprit divin descendra sur toi et t'inondera de délices.

» Tu lèveras la tête avec surprise, et tes yeux souriants se fixeront au ciel... Oh ! viens... viens m'y joindre, revêtue du voile blanc des vierges et couronnée de rayons divins ! »

PSAUME

Les lunes roulent autour des terres, les terres autour des soleils, et des milliers de soleils autour du plus grand de tous : *Notre Père qui êtes aux cieux !*

Tous ces mondes, qui reçoivent et donnent la lumière, sont peuplés d'esprits plus ou moins forts, plus ou moins grands ; mais tous croient en Dieu, tous mettent en lui leur espérance : *Que votre nom soit sanctifié !*

C'est lui ! c'est l'Éternel, seul capable de se comprendre tout entier et de se complaire en lui-même ; c'est lui qui plaça au fond du cœur de toutes ses créatures le germe du bonheur éternel : *Que votre règne arrive !*

Heureuses créatures : lui seul s'est chargé d'ordonner leur présent et leur avenir ; qu'elles sont heureuses ! que nous le sommes tous ! *Que votre volonté soit faite sur la terre comme au ciel !*

Il fait croître et grandir la tige de l'épi, il dore la pomme et le raisin avec les rayons du soleil ; il nourrit l'agneau sur la colline et dans la forêt le chevreuil : mais il tient aussi le tonnerre, et la grêle n'épargne ni la tige ni la branche, ni l'animal de la colline, ni celui de la forêt : *Donnez-nous aujourd'hui notre pain quotidien !*

Au-dessus du tonnerre et de la tempête, y a-t-il aussi des pécheurs et des mortels ?... Là-haut aussi, l'ami devient-il ennemi, la mort sépare-t-elle ceux qui s'aiment ? *Pardonnez-nous nos offenses comme nous les pardonnons à ceux qui nous ont offensés !*

On ne monte au ciel, but sublime, que par des chemins difficiles : quelques-uns serpentent dans d'affreux déserts ; mais, là aussi, de temps en temps, le plaisir a semé quelques fruits pour rafraîchir le voyageur... *Ne nous induisez pas en tentation, mais délivrez-nous du mal !*

Adorons Dieu ! adorons celui qui fait rouler autour du soleil d'autres soleils, des terres et des lunes ; qui a créé les esprits et préparé leur bonheur ; qui sème l'épi, commande à la mort et soulage le voyageur du désert tout en le conduisant au but sublime. Oui, Seigneur, nous vous adorons, car à vous est l'empire, la puissance et la gloire. *Amen.*

MON ERREUR

J'ai voulu longtemps les juger sur des faits et non sur des paroles ; et, feuilletant les pages de l'histoire, j'y suivais attentivement les Français.

Ô toi qui venges l'humanité des peuples et des rois qui l'outragent, véridique histoire, tu m'avais fait quelquefois de ce peuple une peinture bien effrayante.

Cependant, je croyais, et cette pensée était douce comme ces rêves dorés que l'on fait par une belle matinée, comme une espérance d'amour et de délices ;

Je croyais, ô liberté ! mère de tous les biens, que tu serais pour ce peuple une nouvelle providence, et que tu étais envoyée vers lui pour le régénérer.

N'es-tu plus une puissance créatrice ? ou si c'est que tu n'as pu parvenir à changer ces hommes ? leur cœur est-il de pierre, et leurs yeux sont-ils assez aveuglés pour te méconnaître ?

Ton âme, c'est l'ordre ; mais eux dont le cœur est de feu s'animent et se précipitent au premier signe de la licence.

Oh ! ils ne connaissent qu'elle, ils la chérissent... et pourtant ils ne parlent que de toi, quand leur fer tombe sur la tête des innocents : oh ! ton nom alors est dans toutes les bouches.

Liberté, mère de tous les biens ! n'est-ce pas encore en ton nom qu'ils ont rompu de saints traités en commençant la guerre des conquêtes.

Hélas ! beau rêve doré du matin, ton éclat ne m'éblouit plus ; il ne m'a laissé qu'une douleur, une douleur comme celle de l'amour trompé.

Mais quelquefois, dans un désert aride, il se présente tout à coup un doux ombrage où se délasse le voyageur : telle a été pour moi Corday l'héroïne, la femme-homme.

Des juges infâmes avaient absous le monstre[1] ; elle a

cassé leur jugement ; elle a fait ce qu'aimeront à raconter nos neveux, le visage enflammé et baigné de larmes d'admiration.

––––––––

HERMANN ET TRUSNELDA

TRUSNELDA

Ah ! le voici qui revient tout couvert de sueur, du sang des Romains et de la poussière du combat ! Jamais Hermann ne m'a paru si beau, jamais tant de flamme n'a jailli de ses yeux !

Viens ! je frémis de plaisir ; donne-moi cette aigle et cette épée victorieuse ! Viens, respire plus doucement et repose-toi dans mes bras du tumulte de la bataille !

Viens ! que j'essuie ton front couvert de sueur, et tes joues toutes sanglantes ! Comme elles brillent, tes joues ! Hermann ! Hermann ! jamais Trusnelda n'eut tant d'amour pour toi !

Non, pas même le jour que, dans ta demeure sauvage, tu me serras pour la première fois dans[a] tes bras indomptés ; je t'appartins désormais, et je pressentis dès lors que tu serais immortel un jour.

Tu l'es maintenant : qu'Auguste, dans son palais superbe, embrasse en vain l'autel de ses dieux !... Hermann, mon Hermann est immortel !

HERMANN

Pourquoi tresses-tu mes cheveux ? Notre père est étendu mort, là, près de nous ; ah ! si Auguste ne se dérobait à notre vengeance, il serait déjà tombé, plus sanglant encore!

TRUSNELDA

Laisse-moi, mon Hermann, laisse-moi tresser ta flottante chevelure, et la réunir en anneaux sous ta couronne... Siegmar est maintenant chez les dieux; il ne faut point le pleurer, mais l'y suivre!

———

HERMANN CHANTÉ PAR LES BARDES

Werdomar, Kerding et Darmont

WERDOMAR

Asseyons-nous, ô Bardes, sur ce rocher couvert de mousse antique, et célébrons Hermann: qu'aucun ne s'approche d'ici et ne regarde sous ce feuillage, qui recouvre le plus noble fils de la patrie.

Car il gît là dans son sang, lui, l'effroi secret de Rome, alors même qu'elle entraînait sa Trusnelda captive[1], avec des danses guerrières et des concerts victorieux!

Non, ne le regardez pas, vous pleureriez de le voir étendu dans son sang; et la lyre ne doit point résonner plaintive, mais chanter la gloire de l'immortel.

KERDING

Ma jeune chevelure est blonde encore; ce n'est que de ce jour que je porte l'épée, de ce jour que j'ai saisi la lyre et la lance... et il faut que je chante Hermann!

Ô pères, n'exigez pas trop d'un jeune homme : je veux essuyer mes joues humides avec ma blonde chevelure, avant d'oser chanter le plus noble des fils de Mana[1].

DARMONT

Oh ! je verse des pleurs de rage ; et je ne les essuierai pas : coulez, inondez mes joues, larmes de la colère !

Vous n'êtes pas muettes ; amis, écoutez leur langage : Malédiction sur les Romains ! Écoute, Héla[2]* : Que nul des traîtres qui l'ont égorgé ne périsse dans les combats !

WERDOMAR

Voyez-vous le torrent sauvage se précipiter sur les rochers ? il roule parmi ses eaux des pins déracinés et les apporte au bûcher du héros.

Bientôt Hermann ne sera que poussière, il reposera dans un tombeau d'argile, et à sa cendre nous joindrons l'épée sur laquelle il jura la perte du conquérant.

Arrête, esprit du mort, toi qui vas rejoindre Siegmar[3], et vois comme le cœur de ton peuple n'est rempli que de toi.

KERDING

Oh ! que Trusnelda ignore que son Hermann est étendu là dans son sang ! Ne dites pas à cette noble femme, à cette mère infortunée que le père de son Trumeliko[a4] n'est plus.

Celui qui l'apprendrait à cette femme, qui marcha un jour enchaînée devant le char de triomphe du vainqueur, celui-là aurait un cœur de Romain !

* Divinité des enfers.

DARMONT

Et quel père t'a engendrée, malheureuse fille! Un Segestes, qui aiguisait dans l'ombre le glaive de la trahison! Ne le maudissez pas... Héla déjà l'a condamné.

WERDOMAR

Segestes est un nom qui doit être banni de vos chants; que l'oubli descende sur lui : qu'il reploie ses lourdes ailes et sommeille sur sa poussière!

Les cordes qui frémissent du nom d'Hermann seraient souillées si elles répétaient le nom du traître, même pour l'accuser.

Hermann! Hermann! Les bardes font retentir de ton nom l'écho des forêts mystérieuses; toi, si cher à tous les nobles cœurs! toi, le chef des braves, le libérateur de la patrie!

Ô bataille de Winsfeld, sœur de la bataille de Cannes[1], je t'ai vue les cheveux épars et sanglants, le feu de la vengeance dans les yeux, apparaître parmi les harpes du Walhalla[2]!

Le fils de Drusus[3] voulait en vain effacer les traces de ton passage en cachant dans la vallée de la mort les blancs ossements des vaincus...

Nous ne l'avons pas voulu, et nous avons bouleversé leurs sépulcres, afin que ces débris témoignassent d'un si grand jour, et qu'aux fêtes du printemps ils entendissent nos chants de victoire!

Il voulait, notre héros, donner encore des sœurs à Cannes, à Varus des compagnons de mort! sans les princes et leur lenteur jalouse, Cæcina[4] eût déjà rejoint son chef Varus.

Il y avait dans l'âme d'Hermann une pensée plus grande encore... Près de l'autel de Thor[5], à minuit, environné de chants de guerre, il se recueillit dans son âme et résolut de l'accomplir.

Et il y pensait parmi vos divertissements, pendant cette danse hardie des épées dont notre jeunesse se fait un jeu.

Le nocher vainqueur des tempêtes raconte qu'il est une montagne dans l'Océan du Nord qui annonce longtemps, par des tourbillons de fumée, qu'elle vomira de hautes flammes et d'immenses rochers!...

Ainsi Hermann préludait par ses premiers combats à franchir les Alpes neigeuses, et à s'en aller descendre dans les plaines de Rome;

Pour mourir là!... ou pour monter à cet orgueilleux Capitole, jusqu'au tribunal de Jupiter, et demander compte à Tibère et aux ombres de ses ancêtres de l'injustice de leurs guerres!

Mais, pour accomplir tout cela, il fallait qu'il portât l'épée de commandement à la tête des princes ses rivaux... C'est pourquoi ils ont conspiré sa perte... Et le voici étendu dans son sang, celui dont le cœur renfermait une pensée si patriotique!

DARMONT

As-tu compris, Héla! mes pleurs de rage? As-tu écouté leurs prières, Héla! vengeresse Héla?

KERDING

Dans les campagnes dorées du Walhalla, Siegmar rajeuni recevra son jeune Hermann, une palme à la main, et accompagné de Thuiskon et de Mana...

WERDOMAR

Siegmar accueillera son fils avec tristesse; car Hermann ne pourra plus aller au tribunal de Jupiter accuser Tibère et les ombres de ses ancêtres!

BÜRGER

LÉNORE

Lénore se lève au point du jour, elle échappe à de tristes rêves : « Wilhelm, mon époux ! es-tu mort ? es-tu parjure ? Tarderas-tu longtemps encore ? » Le soir même de ses noces, il était parti pour la bataille de Prague, à la suite du roi Frédéric, il n'avait depuis donné aucune nouvelle de sa santé[a].

Mais[b] le roi et l'impératrice, las de leurs querelles sanglantes, s'apaisant peu à peu, conclurent enfin la paix ; et cling ! et clang ! au son des fanfares et des cymbales[c], chaque armée, se couronnant de joyeux feuillages, retourna dans ses foyers.

Et partout et sans cesse, sur les chemins, sur les ponts, jeunes et vieux fourmillaient à leur rencontre. « Dieu soit loué ! » s'écriaient maint enfant, mainte épouse. « Sois le bienvenu ! » s'écriait mainte fiancée. Mais, hélas ! Lénore seule attendait en vain le baiser du retour[d].

Elle parcourt les rangs dans tous les sens ; partout elle interroge. De tous ceux qui sont revenus, aucun ne peut lui donner de nouvelles de son époux bien-aimé[e]. Les voilà déjà loin : alors, arrachant ses cheveux, elle se jette à terre et s'y roule avec délire.

Sa mère accourt : « Ah ! Dieu t'assiste ! Qu'est-ce donc,

ma pauvre enfant?» Et elle la serre dans ses bras. «Oh!
ma mère, il est mort! mort[f]! que périsse le monde et
tout! Dieu n'a point de pitié! Malheur! malheur à moi!

— [g]Dieu nous aide et nous fasse grâce! Ma fille,
implore notre Père: ce qu'il fait est bien fait, et jamais il
ne nous refuse son secours. — Oh! ma mère, ma mère!
vous vous trompez... Dieu m'a abandonnée: à quoi
m'ont servi mes prières? à quoi me serviront-elles?

— Mon Dieu! ayez pitié de nous! Celui qui connaît le
Père sait bien qu'il n'abandonne pas ses enfants: le Très-
Saint-Sacrement calmera toutes tes peines! — Oh! ma
mère, ma mère![h]... aucun sacrement ne peut rendre la
vie aux morts!...

— Écoute[i], mon enfant, qui sait si le perfide n'a point
formé d'autres nœuds avec une fille étrangère?... Oublie-
le, va! Il ne fera pas une bonne fin, et les flammes d'enfer
l'attendront à sa mort.

— Oh! ma mère, ma mère! les morts sont morts; ce
qui est perdu est perdu, et le trépas est ma seule res-
source. Oh! que ne suis-je jamais née! Flambeau de ma
vie, éteins-toi, éteins-toi dans l'horreur des ténèbres!
Dieu n'a point de pitié... Oh! malheureuse que je suis!

— Mon Dieu! ayez pitié de nous. N'entrez point en
jugement avec ma pauvre enfant; elle ne sait pas la valeur
de ses paroles; ne les lui comptez pas pour des péchés!
Ma fille, oublie les chagrins de la terre; pense à Dieu et
au bonheur céleste, car il te reste un époux dans le ciel!

— Oh! ma mère, qu'est-ce que le bonheur? Ma mère,
qu'est-ce que l'enfer?... Le bonheur est avec Wilhelm, et
l'enfer sans lui! Éteins-toi, flambeau de ma vie, éteins-
toi dans l'horreur des ténèbres! Dieu n'a point de pitié...
Oh! malheureuse que je suis!»

Ainsi le fougueux désespoir déchirait son cœur et son
âme, et lui faisait insulter à la Providence de Dieu. Elle
se meurtrit le sein, elle se tordit les bras jusqu'au cou-
cher du soleil, jusqu'à l'heure où les étoiles dorées glis-
sent sur la voûte des cieux.

Mais au dehors quel bruit se fait entendre ? Trap ! trap ! trap !... C'est comme le pas d'un cheval. Et puis il semble qu'un cavalier en descende avec un cliquetis d'armures ; il monte les degrés... Écoutez ! écoutez !... La sonnette a tinté doucement... Klinglingling ! et, à travers la porte, une douce voix parle ainsi :

« Holà ! holà ! ouvre-moi, mon enfant ! Veilles-tu ?[j] ou dors-tu ?[k] Es-tu dans la joie ou dans les pleurs ? — Ah ! Wilhelm ! c'est donc toi ! si tard dans la nuit ! Je veillais et je pleurais... Hélas ! j'ai cruellement souffert... D'où viens-tu donc[l] sur ton cheval ?

— Nous ne montons à cheval qu'à minuit ; et j'arrive du fond de la Bohême : c'est pourquoi je suis venu tard, pour te remmener avec moi. — Ah ! Wilhelm, entre ici d'abord, car j'entends le vent siffler dans la forêt[m]...

— Laisse le vent siffler dans la forêt, enfant : qu'importe que le vent siffle ? Le cheval gratte la terre, les éperons résonnent ; je ne puis pas rester ici. Viens, Lénore[n], chausse-toi, saute en croupe sur mon cheval ; car nous avons cent lieues à faire pour atteindre à notre demeure[o].

— Hélas ! comment veux-tu que nous fassions aujourd'hui cent lieues pour atteindre à notre demeure[o] ? Écoute ! la cloche de minuit[p] vibre encore. — Tiens ! tiens ! comme la lune est claire ![q]... Nous et les morts, nous allons vite ; je gage que je t'y conduirai aujourd'hui même[r].

— Dis-moi donc où est ta demeure, et comment est ton lit de noce. — Loin, bien loin d'ici... silencieux, humide et étroit, six planches et deux planchettes[s]. — Y a-t-il place pour moi ? — Pour nous deux. Viens, Lénore[n], saute en croupe : le banquet de noces est préparé, et les conviés nous attendent. »

La jeune fille se chausse, s'élance, saute en croupe sur le cheval ; elle enlace ses mains de lis autour du cavalier qu'elle aime[t] ; et puis en avant ! hop ! hop ! hop ! Ainsi retentit le galop... Cheval et cavalier respiraient à peine ; et, sous leurs pas, les cailloux étincelaient.

Oh! comme à droite, à gauche, s'envolaient, à leur passage, les prés, les bois et les campagnes! comme sous eux les ponts retentissaient! «A-t-elle peur, ma mie? La lune est claire[q]... Hurra! les morts vont vite... A-t-elle peur des morts? — Non... Mais laisse les morts en paix!

«Qu'est-ce donc là-bas que ce bruit et ces chants? Où volent ces nuées de corbeaux? Écoute... c'est le bruit d'une cloche; ce sont les chants des funérailles: "Nous avons un mort à ensevelir." Et le convoi s'approche, accompagné de chants qui semblent les rauques accents des hôtes des marécages.

— Après minuit, vous ensevelirez ce corps avec tout votre concert de plaintes et de chants sinistres: moi, je conduis mon épousée, et je vous invite au banquet de mes noces. Viens, chantre, avance avec le chœur, et nous entonne l'hymne du mariage. Viens, prêtre, tu nous béniras[u].»

Plaintes et chants, tout a cessé... La bière a disparu... Obéissant[v] à son invitation, voilà le convoi qui les suit... Hurra! hurra! Ils serrent[w] le cheval de près; et puis en avant! hop! hop! hop! Ainsi retentit le galop... Cheval et cavalier respiraient à peine; et, sous leurs pas, les cailloux étincelaient.

Oh! comme à droite, à gauche, s'envolaient à leur passage les prés, les bois et les campagnes! et comme à gauche, à droite, s'envolaient les villages, les bourgs et les villes! «A-t-elle peur, ma mie? La lune est claire[q]... Hurra! les morts vont vite... A-t-elle peur des morts? — Ah! laisse donc les morts en paix!

— Tiens! tiens! vois-tu s'agiter, auprès de ces potences, des fantômes aériens, que la lune argente et rend visibles? Ils dansent autour de la roue. Çà! coquins, approchez; qu'on me suive et qu'on danse au bal de mes noces[x]!... Nous partons pour le banquet joyeux[y].»

Husch! husch! husch! toute la bande s'élance après eux, avec le bruit du vent parmi les feuilles desséchées; et puis en avant! hop! hop! hop! Ainsi retentit le galop...

Cheval et cavalier respiraient à peine; et, sous leurs pas, les cailloux étincelaient.

Oh! comme s'envolait, comme s'envolait au loin tout ce que la lune éclairait autour d'eux!... Comme le ciel et les étoiles fuyaient sur[z] leurs têtes! «A-t-elle peur, ma mie? La lune brille... Hurra! les morts vont vite... — Oh! mon Dieu! laisse en paix les morts!

— Courage, mon cheval noir! Je crois que le coq chante: le sablier bientôt sera tout écoulé... Je sens l'air du matin... Mon cheval, hâte-toi!... Finie, finie est notre course[α]! Le lit nuptial va s'ouvrir[β]... Les morts vont vite... Nous voici!»

Il s'élance à bride abattue contre une grille en fer, la frappe légèrement d'un coup de cravache... Les verrous se brisent, les deux battants se retirent en gémissant. L'élan du cheval l'emporte parmi des tombes qui, à l'éclat de la lune, apparaissent de tous côtés.

Ah! voyez!... au même instant s'opère un effrayant prodige: hou! hou! le manteau du cavalier tombe pièce à pièce comme de l'amadou brûlé; sa tête n'est plus qu'une tête de mort décharnée, et son corps devient un squelette qui tient une faux et un sablier.

Le cheval noir se cabre furieux, vomit des étincelles et soudain... hui! s'abîme et disparaît dans les profondeurs de la terre: des hurlements, des hurlements descendent des espaces de l'air, des gémissements s'élèvent des tombes souterraines... Et le cœur de Lénore palpitait de la vie à la mort.

Et les esprits, à la clarté de la lune, se formèrent en ronde autour d'elle, et dansèrent, chantant ainsi: «Patience! patience! quand la peine brise ton cœur, ne blasphème jamais le Dieu du ciel! Voici ton corps délivré... Que Dieu fasse grâce à ton âme!»

———

LA MERVEILLE DES FLEURS

Dans une vallée silencieuse brille une belle petite fleur; sa vue flatte l'œil et le cœur, comme les feux du soleil couchant; elle a bien plus de prix que l'or, que les perles et les diamants, et c'est à juste titre qu'on l'appelle la merveille des fleurs.

Il faudrait chanter bien longtemps pour célébrer toute la vertu de ma petite fleur et les miracles qu'elle opère sur le corps et sur l'esprit; car il n'est pas d'élixir qui puisse égaler les effets qu'elle produit, et rien qu'à la voir on ne le croirait pas.

Celui qui porte cette merveille dans son cœur devient aussi beau que les anges; c'est ce que j'ai remarqué avec une profonde émotion dans les hommes comme dans les femmes: aux vieux et aux jeunes, elle attire les hommages des plus belles âmes, telle qu'un talisman irrésistible.

Non, il n'est rien de beau dans une tête orgueilleuse, fixe sur un cou tendu, qui croit dominer tout ce qui l'entoure: si l'orgueil du rang ou de l'or t'a roidi le cou, ma fleur merveilleuse te le rendra flexible, et te contraindra à baisser la tête.

Elle répandra sur ton visage l'aimable couleur de la rose; elle adoucira le feu de tes yeux en abaissant leurs paupières; si ta voix est rude et criarde, elle lui donnera le doux son de la flûte; si ta marche est lourde et arrogante, elle la rendra légère comme le zéphyr.

Le cœur de l'homme est comme un luth fait pour le chant et l'harmonie; mais souvent le plaisir et la peine en tirent des sons aigus et discordants: la peine, quand les honneurs, le pouvoir et la richesse échappent à ses vœux; le plaisir, lorsque, ornés de couronnes victorieuses, ils viennent se mettre à ses ordres.

Oh! comme la fleur merveilleuse remplit alors les

cœurs d'une ravissante harmonie! comme elle entoure
d'un prestige enchanteur la gravité et la gaieté même[a]!
Rien dans les actions alors, rien dans les paroles qui
puisse blesser personne au monde; point d'orgueil, point
d'arrogance, point de prétentions!

Oh! que la vie est alors douce et paisible! Quel bien-
faisant sommeil plane autour du lit où l'on repose! La
merveilleuse fleur préserve de toute morsure, de tout
poison; le serpent aurait beau vouloir te piquer, il ne le
pourrait pas!

Mais, croyez-moi, ce que je chante n'est pas une fic-
tion, quelque peine qu'on puisse avoir à supposer de tels
prodiges. Mes chants ne sont qu'un reflet de cette grâce
céleste que la merveille des fleurs répand sur les actions
et sur la vie des petits et des grands.

Oh! si vous aviez connu celle qui fit jadis toute ma
joie! la mort l'arracha de mes bras sur l'autel même de
l'hymen; vous auriez aisément compris ce que peut la
divine fleur, et la vérité vous serait apparue comme dans
le jour le plus pur.

Que de fois je lui dus la conservation de cette mer-
veille! elle la remettait doucement sur mon sein quand je
l'avais perdue; maintenant, un esprit d'impatience l'en
arrache souvent, et, toutes les fois que le sort m'en punit,
je regrette amèrement ma perte.

Oh! toutes les perfections que la fleur avait répandues
sur le corps et dans l'esprit de mon épouse chérie, les
chants les plus longs ne pourraient les énumérer; et,
comme elle ajoute plus de charmes à la beauté que la
soie, les perles et l'or, je la nomme la merveille des fleurs;
d'autres l'appellent la modestie.

———

LA CHANSON DU BRAVE HOMME

Que la chanson du brave homme retentisse au loin comme le son des orgues et le bruit des cloches ! L'or n'a pu payer son courage, qu'une chanson en soit la récompense. Je remercie Dieu de m'avoir accordé le don de louer et de chanter, pour chanter et louer le brave homme.

Un vent impétueux vint un jour de la mer et tourbillonna dans nos plaines : les nuages fuyaient devant lui, comme devant le loup les troupeaux ; il balayait les champs, couchait les forêts à terre, et chassait de leur lit les fleuves et les lacs.

Il fondit les neiges des montagnes et les précipita en torrents dans les plaines ; les rivières s'enflèrent encore, et bientôt tout le plat pays n'offrit plus que l'aspect d'une mer, dont les vagues effrayantes roulaient des rocs déracinés.

Il y avait dans la vallée un pont jeté entre deux rochers, soutenu sur d'immenses arcades, et au milieu une petite maison que le gardien habitait avec sa femme et ses enfants. Gardien du pont, sauve-toi vite !

L'inondation menaçante monte toujours ; l'ouragan et les vagues hurlaient déjà plus fort autour de la maison ; le gardien monta sur le toit, jeta en bas un regard de désespoir : « Dieu de miséricorde ! au secours ! nous sommes perdus !... au secours ! »

Les glaçons roulaient les uns sur les autres, les vagues jetaient sur les rives des piliers arrachés au pont, dont elles ruinaient à grand bruit les arches de pierre ; mais le gardien tremblant, avec ses enfants et sa femme, criait plus haut que les vagues et l'ouragan.

Les glaçons roulaient les uns sur les autres, çà et là vers les rives, et aussi les débris du pont ruiné par les vagues, et dont la destruction totale s'approchait : « Ciel miséricordieux, au secours ! »

Le rivage éloigné était couvert d'une foule de spectateurs grands et petits ; et chacun criait et tendait les mains, mais personne ne voulait se dévouer pour secourir ces malheureux ; et le gardien tremblant, avec ses enfants et sa femme, criait plus haut que les vagues et l'ouragan.

Quand donc retentiras-tu, chanson du brave homme, aussi haut que le son des orgues et le bruit des cloches ? Dis enfin son nom, répète-le, ô le plus beau de tous mes chants !... La destruction totale du pont s'approche... Brave homme, brave homme, montre-toi !

Voici un comte qui vient au galop, un noble comte sur son grand cheval : qu'élève-t-il avec la main ? Une bourse bien pleine et bien ronde : « Deux cents pistoles sont promises à qui sauvera ces malheureux ! »

Qui est le brave homme ? est-ce le comte ? Dis-le, mon noble chant, dis-le. Le comte, par Dieu ! était brave ; mais j'en sais un plus brave que lui. Ô brave homme, brave homme, montre-toi ! De plus en plus la mort menace !

Et l'inondation croissait toujours, et l'ouragan sifflait plus fort, et le dernier rayon d'espoir s'éteignait. Sauveur ! sauveur ! montre-toi ! L'eau entraîne toujours des piliers du pont, et en ruine les arches à grand bruit.

« Halloh ! halloh ! vite au secours ! » Et le comte montre de nouveau la récompense ; chacun entend, chacun a peur, et nul ne sort de l'immense foule ; en vain le gardien du pont, avec ses enfants et sa femme, criait plus haut que les vagues et l'ouragan.

Tout à coup passe un paysan, portant le bâton du voyage, couvert d'un habit grossier, mais d'une taille et d'un aspect imposants ; il entend le comte, voit ce dont il s'agit, et comprend l'imminence du danger.

Invoquant le secours du ciel, il se jette dans la plus proche nacelle, brave les tourbillons, l'orage et le choc des vagues, et parvient heureusement auprès de ceux qu'il veut sauver! Mais, hélas! l'embarcation est trop petite pour les recevoir tous.

Trois fois il fit le trajet malgré les tourbillons, l'orage et le choc des vagues, et trois fois il ramena au bord sa nacelle jusqu'à ce qu'il les eût sauvés tous; à peine les derniers y arrivaient-ils, que les restes du pont achevèrent de s'écrouler.

Quel est donc, quel est ce brave homme? Dis-le, mon noble chant, dis-le!... Mais peut-être est-ce au son de l'or qu'il vient de hasarder sa vie; car il était sûr que le comte tiendrait sa promesse, et il n'était pas sûr que ce paysan perdît la vie.

«Viens ici, s'écria le comte, viens ici, mon brave ami! Voici la récompense promise; viens, et reçois-la!» Dites que le comte n'était pas un brave homme! — Pardieu! c'était un noble cœur! — Mais, certes, un cœur plus noble encore et plus brave battait sous l'habit grossier du paysan!

«Ma vie n'est pas à vendre pour de l'or; je suis pauvre, mais je puis vivre; donnez votre or au gardien du pont, car il a tout perdu.» Il dit ces mots d'un ton franc et modeste à la fois, ramassa son bâton, et s'en alla.

Retentis, chanson du brave homme, retentis au loin, plus haut que le son des orgues et le bruit des cloches. L'or n'a pu payer un tel courage; qu'une chanson en soit la récompense! Je remercie Dieu de m'avoir accordé le don de louer et de chanter, pour célébrer à jamais le brave homme!

——————

LE FÉROCE CHASSEUR

Le comte a donné le signal avec son cor de chasse: «Halloh! halloh! dit-il; à pied et à cheval!» Son coursier s'élance en hennissant; derrière lui se précipitent et les piqueurs ardents, et les chiens qui aboient, détachés de leur laisse, parmi les ronces et les buissons, les champs et les prairies.

Le beau soleil du dimanche dorait déjà le haut clocher, tandis que les cloches annonçaient leur réveil avec des sons harmonieux, et que les chants pieux des fidèles retentissaient au loin dans la campagne.

Le comte traversait des chemins en croix, et les cris des chasseurs redoublaient plus gais et plus bruyants... Tout à coup un cavalier accourt se placer à sa droite et un autre à sa gauche. Le cheval du premier était blanc comme de l'argent, celui du second était de couleur de feu.

Quels étaient ces cavaliers venus à sa droite et à sa gauche? Je le soupçonne bien, mais je ne l'affirmerais pas! Le premier, beau comme le printemps, brillait de tout l'éclat du jour; le second, d'une pâleur effrayante, lançait des éclairs de ses yeux comme un nuage qui porte la tempête.

«Vous voici à propos, cavaliers; soyez les bienvenus à cette noble chasse. Il n'est point de plus doux plaisir sur la terre comme dans les cieux.» Ainsi parlait le comte, se frappant gaiement sur les hanches et lançant en l'air son chapeau.

— Le son du cor, dit avec douceur le cavalier de droite, s'accorde mal avec les cloches et les chants des fidèles; retourne chez toi; ta chasse ne peut être heureuse aujourd'hui; écoute la voix de ton bon ange, et ne te laisse point guider par le mauvais.

— En avant! en avant! mon noble seigneur, s'écria aussitôt le cavalier de gauche; que vient-on nous parler de cloches et de chants d'église? La chasse est plus divertissante; laissez-moi vous conseiller ce qui convient à un prince, et n'écoutez point ce trouble-fête.

— Ah! bien parlé! mon compagnon de gauche; tu es un homme selon mon cœur. Ceux qui n'aiment pas courir le cerf peuvent s'en aller dire leurs patenôtres; pour toi, mon dévot compagnon, agis à ta fantaisie, et laisse-moi faire de même. »

Harry ! hurra ! Le comte s'élance à travers champs, à travers monts... Les deux cavaliers de droite et de gauche le serrent toujours de près... Tout à coup un cerf dix cors tout blanc vient à se montrer dans le lointain.

Le comte donne du cor ; piétons et cavaliers se précipitent sur ses pas. Oh ! oh ! en voilà qui tombent et qui sont tués dans cette course rapide : « Laissez-les, laissez-les rouler, jusqu'à l'enfer ! cela ne doit point interrompre les plaisirs du prince. »

Le cerf se cache dans un champ cultivé, et s'y croit bien en sûreté ; soudain un vieux laboureur se jette aux pieds du comte en le suppliant : « Miséricorde ! bon seigneur, miséricorde ! ne détruisez point le fruit des sueurs du pauvre ! »

Le cavalier de droite se rapproche et fait avec douceur quelques représentations au comte ; mais celui de gauche l'excite, au contraire, à s'inquiéter peu du dommage, pourvu qu'il satisfasse ses plaisirs. Le comte, méprisant les avis du premier, s'abandonne à ceux du second.

« Arrière, chien que tu es ! crie le comte furieux au pauvre laboureur, ou je te vais aussi donner la chasse, par le diable ! En avant, compagnons ! et, pour appuyer mes paroles, faites claquer vos fouets aux oreilles de ce misérable ! »

Aussitôt fait que dit ; il franchit le premier les barrières, et sur ses pas, hommes, chiens et chevaux, menant grand bruit, bouleversent tout le champ et foulent aux pieds la moisson.

Le cerf, effrayé, reprend sa course à travers champs et bois, et, toujours poursuivi sans jamais être atteint, il parvient dans une vaste plaine, où il se mêle, pour échapper à la mort, à un troupeau qui paissait tranquillement.

Cependant, de toutes parts, à travers bois et champs, la meute ardente se précipite sur ses traces, qu'elle reconnaît. Le berger, qui craint pour son troupeau, va se jeter aux pieds du comte :

« Miséricorde ! seigneur ! miséricorde ! Faites grâce à mon pauvre troupeau : songez, digne seigneur, qu'il y a là telle vache qui fait l'unique richesse de quelque pauvre veuve. Ne détruisez pas le bien du pauvre... Miséricorde ! seigneur ! miséricorde ! »

Le cavalier de droite se rapproche encore et fait avec douceur quelques représentations au comte ; mais celui de gauche l'excite, au contraire, à s'inquiéter peu du dommage, pourvu qu'il satisfasse ses plaisirs. Le comte, méprisant les avis du premier, s'abandonne à ceux du second.

« Vil animal ! oses-tu m'arrêter ? Je voudrais te voir changer aussi en bœuf, toi et tes sorcières de veuves : je vous chasserais jusqu'aux nuages du ciel !

» Halloh ! en avant, compagnons, doho ! hussassah !... »

Et la meute ardente chasse tout devant elle... Le berger tombe à terre déchiré, et tout son troupeau est mis en pièces.

Le cerf s'échappe encore dans la bagarre ; mais déjà sa vigueur est affaiblie : tout couvert d'écume et de sang, il s'enfonce dans la forêt sombre, et va se cacher dans la chapelle d'un ermite.

La troupe ardente des chasseurs se précipite sur ses traces avec un grand bruit de fouets, de cris et de cors. Le saint ermite sort aussitôt de sa chapelle, et parle au comte avec douceur :

« Abandonne ta poursuite, et respecte l'asile de Dieu ! les angoisses d'une pauvre créature t'accusent déjà devant sa justice... Pour la dernière fois, suis mon conseil, ou tu cours à ta perte. »

Le cavalier de droite s'approche de nouveau, et fait avec douceur des représentations au comte ; mais celui de gauche l'excite, au contraire, à s'inquiéter peu du dommage, pourvu qu'il satisfasse ses plaisirs. Le comte, méprisant les avis du premier, s'abandonne à ceux du second.

« Toutes ces menaces, dit-il, me causent peu d'effroi. Le cerf s'enlevât-il[a] au troisième ciel, je ne lui ferais pas encore grâce; que cela déplaise à Dieu ou à toi, vieux fou, peu m'importe, et j'en passerai mon envie.»

Il fait retentir son fouet, et souffle dans son cor de chasse. «En avant, compagnons, en avant!...» L'ermite et la chapelle s'évanouissent devant lui... et, derrière, hommes et chevaux ont disparu... Tout l'appareil, tout le fracas de la chasse, s'est enseveli dans l'éternel silence.

Le comte, épouvanté, regarde autour de lui... Il embouche son cor, et aucun son n'en peut sortir... Il appelle et n'entend plus sa propre voix; ... son fouet, qu'il agite, est muet... son cheval, qu'il excite, ne bouge pas.

Et autour de lui tout est sombre... tout est sombre comme un tombeau!... Un bruit sourd se rapproche, tel que la voix d'une mer agitée, puis gronde sur sa tête avec le fracas de la tempête, et prononce cette effroyable sentence:

«Monstre produit par l'enfer! toi qui n'épargnes ni l'homme, ni l'animal, ni Dieu même, le cri de tes victimes t'accuse devant ce tribunal, où brûle le flambeau de la vengeance!

»Fuis, monstre! fuis! car de cet instant le démon et sa meute infernale te poursuivront dans l'éternité: ton exemple sera l'effroi des princes qui, pour satisfaire un plaisir cruel, ne ménagent ni Dieu ni les hommes.»

La forêt s'éclaire soudain d'une lueur pâle et blafarde... Le comte frissonne... l'horreur parcourt tous ses membres, et une tempête glacée tourbillonne autour de lui.

Pendant l'affreux orage, une main noire sort de terre, s'élève, s'appuie sur sa tête, se referme, et lui tourne le visage sur le dos.

Une flamme bleue, verte et rouge éclate et tournoie autour de lui... Il est dans un océan de feu; il voit se dessiner à travers la vapeur tous les hôtes du sombre abîme... des milliers de figures effrayantes s'en élèvent et se mettent à sa poursuite.

À travers bois, à travers champs, il fuit, jetant des cris douloureux; mais la meute infernale le poursuit sans relâche, le jour dans le sein de la terre, la nuit dans l'espace des airs.

Son visage demeure tourné vers son dos: ainsi il voit toujours dans sa fuite les monstres que l'esprit du mal ameute contre lui; il les voit grincer des dents et s'élancer prêts à l'atteindre.

C'est la grande chasse infernale qui durera jusqu'au dernier jour, et qui souvent cause tant d'effroi au voyageur de nuit. Maint chasseur pourrait en faire de terribles récits, s'il osait ouvrir la bouche sur de pareils mystères[b].

*Morceaux choisis
de divers poètes allemands*

SCHUBART

LA MORT DU JUIF ERRANT

Rapsodie lyrique

Ahasver se traîne hors d'une sombre caverne du Carmel... Il y a bientôt deux mille ans qu'il erre sans repos de pays en pays. Le jour que Jésus portait le fardeau de la croix, il voulut se reposer un moment devant la porte d'Ahasver... Hélas! celui-ci s'y opposa, et chassa durement le Messie. Jésus chancelle et tombe sous le faix; mais il ne se plaint pas.

Alors, l'ange de la mort entra chez Ahasver, et lui dit d'un ton courroucé: «Tu as refusé le repos au Fils de l'Homme... eh bien! monstre, plus de repos pour toi jusqu'au jour où le Christ reviendra!»

Un noir démon s'échappa soudain de l'abîme et se mit à te poursuivre, Ahasver, de pays en pays... Les douceurs de la mort, le repos de la tombe, tout cela depuis t'est refusé!

Ahasver se traîne hors d'une sombre caverne du Carmel... Il secoue la poussière de sa barbe, saisit un des crânes entassés là, et le lance du haut de la montagne; le crâne saute, rebondit, et se brise en éclats... «C'était mon père! s'écria le Juif. Encore un!... Ah!... six encore s'en vont bondir de roche en roche... et ceux-ci... et ceux-ci!

rugit-il, les yeux ardents de rage; ceux-ci! ce sont mes femmes. Ah! les crânes roulent toujours... Ceux-ci, et ceux-ci, ce sont les crânes de mes enfants. Hélas! ils ont pu mourir! mais, moi, maudit, je ne le peux pas[a]! l'effroyable sentence pèse sur moi pour l'éternité!

» Jérusalem tomba... J'écrasai l'enfant à la mamelle; je me jetai parmi les flammes; je maudis le Romain dans sa victoire... Hélas! hélas! l'infatigable malédiction me protégea toujours... et je ne mourus pas! — Rome, la géante, s'écroulait en ruines; j'allai me placer sous elle; elle tomba... sans m'écraser! Sur ces débris, des nations s'élevèrent et puis[b] finirent à mes yeux... moi, je restai, et je ne puis[c] finir!

» Du haut d'un rocher qui régnait parmi les nuages, je me précipitai dans l'abîme des mers; mais bientôt les vagues frémissantes me roulèrent au bord, et le trait de feu de l'existence me perça de nouveau. Je mesurai des yeux le sombre cratère de l'Etna, et je m'y jetai avec fureur... Là, je hurlai dix mois parmi les géants, et mes soupirs fatiguèrent le gouffre sulfureux... hélas! dix mois entiers! Cependant, l'Etna fermenta, et puis me revomit parmi des flots de lave; je palpitai sous la cendre, et je me mis[d] à vivre.

» Une forêt était en feu; je m'y élançai bien vite... toute sa chevelure dégoutta sur moi en flammèches, mais l'incendie effleura mon corps et ne put pas le consumer. Alors, je me mêlai aux destructeurs d'hommes, je me précipitai dans la tempête des combats... Je défiai le Gaulois, le Germain... mais ma chair émoussait les lances et les dards; le glaive d'un Sarrasin se brisa en éclats sur ma tête: je vis longtemps les balles pleuvoir sur mes vêtements comme des pois lancés contre une cuirasse d'airain. Les tonnerres guerriers serpentèrent sans force autour de mes reins, comme autour du roc crénelé qui s'élève au-dessus des nuages.

» En vain l'éléphant me foula sous lui, en vain le cheval de guerre irrité m'assaillit de ses pieds armés de fer!... Une mine chargée de poudre éclata et me lança dans les nues : je retombai tout étourdi et à demi brûlé, et je me relevai parmi le sang, la cervelle et les membres mutilés de mes compagnons d'armes.

» La masse d'acier d'un géant se brisa sur moi, le poing du bourreau se paralysa en voulant me saisir, le tigre émoussa ses dents sur ma chair ; jamais lion affamé ne put me déchirer dans le cirque. Je me couchai sur des serpents venimeux, je tirai le dragon par sa crinière sanglante… le serpent me piqua, et je ne mourus pas ! le dragon s'enlaça autour de moi, et je ne mourus pas !

» J'ai bravé les tyrans sur leurs trônes ; j'ai dit à Néron : "Tu es un chien ivre de sang !" à Christiern[1] : "Tu es un chien ivre de sang !" à Mulei-Ismaël[2] : "Tu es un chien ivre de sang !" Les tyrans ont inventé les plus horribles supplices, tout fut impuissant contre moi.

» Hélas ! ne pouvoir mourir ! ne pouvoir mourir !… ne pouvoir reposer ce corps épuisé de fatigues ! traîner sans fin cet amas de poussière, avec sa couleur de cadavre et son odeur de pourriture ! contempler des milliers d'années l'Uniformité, ce monstre à la gueule béante, le Temps fécond et affamé, qui produit sans cesse et sans cesse dévore ses créatures !

» Hélas ! ne pouvoir mourir ! ne pouvoir mourir !… Ô colère de Dieu ! pouvais-tu prononcer un plus effroyable anathème ? Eh bien ! tombe enfin sur moi comme la foudre, précipite-moi des rochers du Carmel, que je roule à ses pieds, que je m'agite convulsivement, et que je meure ! » Et Ahasver tomba. Les oreilles lui tintèrent, et la nuit descendit sur ses yeux aux cils hérissés. Un ange le reporta dans la caverne. Dors maintenant, Ahasver, dors d'un paisible sommeil ; la colère de Dieu n'est pas éternelle ! À ton réveil, il sera là, celui dont à Golgotha tu vis couler le sang, et dont la miséricorde s'étend sur toi comme sur tous les hommes.

———

PFEFFEL

LA PIPE

Chanson

— Bonjour, mon vieux! Eh bien, comment trouvez-vous la pipe[a]? — Montrez donc: un pot de fleurs, en terre rouge, avec des cercles d'or!... Que voulez-vous pour cette tête de pipe?

— Oh! monsieur, je ne puis m'en défaire; elle me vient du plus brave des hommes, qui, Dieu le sait, la conquit sur un Bassa à Belgrade.

C'est là, monsieur, que nous fîmes un riche butin!... Vive le prince Eugène[1]! On vit nos gens faucher les membres des Turcs comme du regain.

— Nous reviendrons sur ce chapitre une autre fois, mon vieux camarade: maintenant, soyez raisonnable. Voici un double ducat pour votre tête de pipe.

— Je suis un pauvre diable, et je vis de ma solde de retraite; mais, monsieur, je ne donnerais pas cette tête de pipe pour tout l'or de la terre.

Écoutez seulement: Un jour, nous autres hussards, nous chassions l'ennemi à cœur joie; voilà qu'un chien de janissaire atteint le capitaine à la poitrine.

Je mis le capitaine sur mon cheval... Il en eût fait

autant pour moi, et je l'amenai doucement loin de la mêlée, chez un gentilhomme.

Je pris soin de sa blessure; mais, quand il se vit près de sa fin, il me donna tout son argent, avec cette tête de pipe; il me serra la main, et mourut comme un brave.

Il faut, pensai-je, que tu donnes cet argent à l'hôte, qui a trois fois souffert le pillage; — mais je gardai cette pipe en souvenir du capitaine.

Dans toutes mes campagnes, je la portais[b] sur moi comme une relique: nous fûmes tantôt vaincus, tantôt vainqueurs! je la conservai toujours dans ma botte.

Devant Prague, un coup de feu[c] me cassa la jambe: je portai la main à ma pipe et ensuite à mon pied.

— Je me suis ému en vous écoutant, bon vieillard, ému jusqu'aux larmes. Oh! dites-moi comment s'appelait votre capitaine, afin que je l'honore, moi aussi, et que j'envie sa destinée.

— On l'appelait le brave Walter; son bien est là-bas près du Rhin. — C'était mon aïeul, et ce bien est à moi.

— Venez, mon ami, vous vivrez désormais dans ma maison! Oubliez votre indigence! venez boire avec moi le vin de Walter, et manger le pain de Walter avec moi.

— Bien, monsieur, vous êtes son digne héritier! J'irai demain chez vous, et, en reconnaissance, vous aurez cette pipe après ma mort.

———

KÖRNER

CHANT DE L'ÉPÉE

Épée suspendue à ma gauche, pourquoi donc brilles-tu si belle ? Oh ! ta joie excite la mienne... Hurra !

— J'accompagne un brave guerrier, je défends un homme libre, et c'est ce qui fait ma joie... Hurra !

— Ma belle épée, je suis libre, et je t'aime... oh ! je t'aime comme une épouse... Hurra !

— À toi, ma brillante vie d'acier ; ah ! ah ! quand saisiras-tu ton épouse ?... Hurra !

— Déjà la trompette joyeuse annonce le matin vermeil... Lorsque tonnera le canon, je saisirai ma bien-aimée... Hurra !

— Oh ! douce étreinte, avec quel désir je t'implore ! oh ! prends-moi, cher époux, ma petite couronne t'appartient... Hurra !

— Comme tu t'agites dans ton fourreau, épée ! ta joie de sang est bien bruyante... Hurra !

— Je m'agite impatiente du fourreau, parce que j'aime la bataille... Hurra !

— Reste encore dans ta retraite, ma bien-aimée, reste ! bientôt je t'en ferai sortir... Hurra !

— Ne me faites pas longtemps languir... Oh ! que

j'aime mon jardin d'amour, tout plein de beau sang rouge et de blessures épanouies!... Hurra!

— Sors donc de ton fourreau, toi qui réjouis l'œil du brave; sors, que je te conduise dans ton domaine... Hurra!

— Vive la liberté, au milieu de tout cet éclat!... l'épée brille aux feux du soleil, ainsi qu'une blanche épousée... Hurra!

— Braves cavaliers allemands, votre cœur ne se réchauffe-t-il pas?... Saisissez votre bien-aimée... Hurra!

— Qu'à votre droite Dieu la bénisse, et malheur à qui l'abandonne!... Hurra!

— Que la joie de l'épousée éclate à tous les yeux, qu'elle resplendisse d'étincelles... Hurra!

———

APPEL

(1813)

En avant, mon peuple! la fumée annonce la flamme, la lumière de la liberté s'élance du nord vive et brûlante; il faut tremper le fer avec le sang des ennemis: en avant, mon peuple! la fumée annonce la flamme. La moisson est grande, que les faucheurs se préparent! Dans l'épée seule est l'espoir du salut, le dernier espoir! Jette-toi bravement dans les rangs ennemis, et fraie une route à la liberté! Lave la terre avec ton sang; c'est alors seulement qu'elle reprendra son innocence et sa splendeur.

Ce n'est point ici une guerre de rois et de couronnes[a]; c'est une croisade, c'est une guerre sacrée: droits, mœurs, vertu[b], foi, conscience, le tyran a tout arraché de ton cœur, le triomphe de la liberté te les rendra. La voix des vieux Allemands te crie: Peuple, réveille-toi!

Les ruines de tes chaumières maudissent les ravisseurs; le déshonneur de tes filles crie vengeance; le meurtre de tes fils demande du sang.

Brise les socs, jette à terre le burin, laisse dormir la harpe, reposer la navette agile; abandonne tes cours et tes portiques!... Que tes étendards se déploient, et que la liberté[c] trouve son peuple sous les armes; car il faut élever un autel en l'honneur de son glorieux avènement: les pierres en seront taillées avec le glaive, et ses fondements s'appuieront sur la cendre des braves.

Filles, que pleurez-vous? Qu'avez-vous à gémir, femmes, pour qui le Seigneur n'a point fait les épées? Quand nous nous jetons bravement dans les rangs ennemis, pleurez-vous de ne pouvoir goûter aussi la volupté des combats? Mais Dieu, dont vous embrassez les autels, vous donne le pouvoir d'adoucir par vos soins les maux et les blessures des guerriers, et souvent il accorde la plus pure des victoires à la ferveur de vos prières.

Priez donc! priez pour le réveil de l'antique vertu; priez que nous nous relevions, un grand peuple comme autrefois[d]; évoquez les martyrs de notre sainte liberté; évoquez-les comme les génies de la vengeance et les protecteurs d'une cause sacrée! Louise[1], viens autour de nos drapeaux pour les bénir; marche devant nous, esprit de notre Ferdinand; et vous, ombres des vieux Germains, voltigez sur nos rangs comme des étendards.

À nous le ciel, l'enfer cédera! En avant, peuple de braves!... en avant! Ton cœur palpite et tes chênes grandissent[e]. Qu'importe qu'il s'entasse des montagnes de tes morts!... il faut planter à leur sommet le drapeau de l'indépendance! Mais, ô mon peuple! quand la victoire t'aura rendu ta couronne des anciens jours, n'oublie pas que nous te sommes morts fidèles, et honore aussi nos urnes d'une couronne de chêne!

———

UHLAND

L'OMBRE DE KÖRNER

(1816)

Si tout à coup une ombre se levait, une ombre de poète et de guerrier, l'ombre de celui qui succomba vainqueur dans la guerre de l'indépendance*[a], alors retentirait en Allemagne un nouveau chant, franc et acéré comme l'épée... non pas tel que je le dis ici, mais fort comme le ciel et menaçant comme la foudre.

On parlait autrefois d'une fête délirante et d'un incendie vengeur... ici, c'est une fête: et nous, ombres vengeresses des héros, nous y descendrons, nous y étalerons nos plaies encore saignantes, afin que vous y mettiez le doigt!

Princes! comparaissez les premiers. Avez-vous oublié déjà ce jour de bataille où vous vous traîniez à genoux devant un homme, pour lui faire hommage de vos trônes?... Si les peuples[b] ont lavé votre honte avec leur sang, pourquoi les bercer toujours d'un vain espoir, pourquoi dans le calme renier les serments de la terreur? Et vous, peuples froissés tant de fois par la guerre, ces jours

* Körner fut tué, en 1813, dans une bataille contre les Français.

brûlants vous semblent-ils déjà assez vieux pour être oubliés? Comment la conquête du bien le plus précieux ne vous a-t-elle produit nul avantage? Vous avez repoussé l'étranger, et pourtant tout est resté chez vous désordre et pillage, et jamais vous n'y ramènerez la liberté, si vous n'y respectez la justice.

Sages politiques, qui prétendez tout savoir, faut-il vous répéter combien les innocents et les simples ont dépensé de sang pour des droits légitimes? De l'incendie qui les dévore surgira-t-il un phénix dont vous aurez aidé la renaissance?

Ministres et maréchaux, vous dont une étoile terne décore la poitrine glacée, ce retentissement de la bataille de Leipzig[1] n'est-il pas venu jusqu'à vous?... Eh bien! c'est là que Dieu a tenu son audience solennelle... Mais vous ne pouvez m'entendre, vous ne croyez pas à la voix des esprits.

J'ai parlé comme je l'ai dû, et je vais reprendre mon essor; je vais dire au ciel ce qui a choqué mes regards ici-bas. Je ne puis ni louer ni punir, mais tout a un aspect déplorable... pourtant je vois ici bien des yeux qui s'allument, et j'entends bien des cœurs qui battent de colère.

———

JEAN PAUL RICHTER*

LA NUIT DU NOUVEL AN
D'UN MALHEUREUX

Un vieil homme était assis devant sa fenêtre à minuit ;
le nouvel an commençait. D'un œil où se peignaient l'in-
quiétude et le désespoir, il contempla longtemps le ciel
immuable, paré d'un éclat immortel, et aussi la terre,
blanche, pure et tranquille ; et personne n'était autant
que lui privé de joie et de sommeil, car son tombeau
était là... non plus caché sous la verdure du jeune âge,
mais nu et tout environné des neiges de la vieillesse.
Il ne lui restait, au vieillard, de toute sa vie, riche et
joyeuse, que des erreurs, des péchés et des maladies, un
corps usé, une âme gâtée, et un vieux cœur empoisonné
de repentirs.
Voici que les heureux jours de sa jeunesse repassèrent
devant lui comme des fantômes, et lui rappelèrent l'écla-
tante matinée où son père l'avait conduit à l'embranche-
ment de deux sentiers : à droite, le sentier glorieux de la
vertu, large, clair, entouré de riantes contrées où volti-
geaient des nuées d'anges ; à gauche, le chemin rapide

* Nous avons cru devoir donner ces deux morceaux parmi les
poésies bien qu'ils soient en prose dans l'original.

du vice, et, au bout, une gueule béante qui dégouttait de poisons, qui fourmillait de serpents, demi-voilée d'une vapeur étouffante et noire.

Hélas! maintenant, les reptiles se pendaient à son cou, le poison tombait goutte à goutte sur sa langue, et il voyait enfin où il en était venu.

Dans le transport d'une impérissable douleur, il s'écria ainsi vers le ciel: «Rends-moi ma jeunesse!... ô mon père, reconduis-moi à l'embranchement des deux sentiers, afin que je choisisse encore!»

Mais son père était loin, et sa jeunesse aussi. Il vit des follets danser sur la surface d'un marais, puis aller s'éteindre dans un cimetière, et il dit: «Ce sont mes jours de folie!» Il vit encore une étoile se détacher du ciel, tracer un sillon de feu, et s'évanouir dans la terre: «C'est moi!» s'écria son cœur, qui saignait... Et le serpent du repentir se mit à le ronger plus profondément, et enfonça sa tête dans la plaie.

Son imagination délirante lui montre alors des somnambules voltigeant sur les toits, un moulin à vent qui veut l'écraser avec ses grands bras menaçants, et, dans le fond d'un cercueil, un spectre solitaire qui se revêt insensiblement de tous ses traits... Ô terreur! mais voici que tout à coup le son des cloches qui célèbrent la nouvelle année parvient à ses oreilles comme l'écho d'un céleste cantique. Une douce émotion redescend en lui... ses yeux se reportent vers l'horizon et vers la surface paisible de la terre... Il songe aux amis de son enfance, qui, meilleurs et plus heureux, sont devenus de bons pères de famille, de grands modèles parmi les hommes, et il dit amèrement: «Oh! si j'avais voulu, je pourrais comme vous passer dans les bras du sommeil cette première nuit de l'année! je pourrais vivre heureux, mes bons parents, si j'avais accompli toujours vos vœux de nouvel an et suivi vos sages conseils!»

Dans ces souvenirs d'agitation et de fièvre qui le reportaient à des temps plus fortunés, il croit voir soudain le

fantôme qui portait ses traits se lever de sa couche gla-
cée... et bientôt, singulier effet du pouvoir des génies de
l'avenir, dans cette nuit de nouvelle année, le spectre
s'avançait à lui sous ses traits de jeune homme.

C'en est trop pour l'infortuné!... il cache son visage
dans ses mains, des torrents de larmes en ruissellent;
quelques faibles soupirs peuvent à peine s'exhaler de son
âme désespérée. «Reviens, dit-il, ô jeunesse, reviens!»

Et la jeunesse revint, car tout cela n'était qu'un rêve
de nouvel an: il était dans la fleur de l'âge, et ses erreurs
seules avaient été réelles. Mais il rendit grâces à Dieu de
ce qu'il était temps encore pour lui de quitter le sentier
du vice et de suivre le chemin glorieux de la vertu, qui
seul conduit au bonheur.

Fais comme lui, jeune homme, si comme lui tu t'es
trompé de voie, ou ce rêve affreux sera désormais ton
juge; mais, si tu devais un jour t'écrier douloureusement:
«Reviens, jeunesse, reviens!...» elle ne reviendrait pas.

———

L'ÉCLIPSE DE LUNE

Épisode fantastique

Aux plaines de la Lune éclatante de lys, habite la mère
des hommes, avec ses filles innombrables, dans la paix
de l'éternel amour. Le bleu céleste qui flotte si loin de la
terre repose étendu sur ce globe, que la poussière des
fleurs semble couvrir d'une neige odorante. Là, règne un
pur éther que ne trouble jamais le plus léger nuage.
Là, demeurent de tendres âmes que la haine n'a jamais
effleurées. Comme on voit s'entrelacer les arcs-en-ciel
d'une cascade, ainsi l'amour et la paix les confondent

toutes en une même étreinte. Mais, quand dans le silence des nuits notre globe vient à se montrer étincelant et suspendu sous les étoiles, alors toutes les âmes qui déjà l'ont habité dans la douleur et dans la joie, pénétrées d'un tendre regret et d'un doux souvenir, abaissent leurs regards vers ce séjour, où des objets chéris vivent encore, où gisent les dépouilles qu'elles ont naguère animées; et si, dans le sommeil, l'image radieuse de la terre vient s'offrir encore de plus près à leurs yeux charmés, des rêves délicieux leur retracent les doux printemps qu'elles y ont passés, et leur paupière se rouvre baignée d'une fraîche rosée de larmes.

Mais, dès que l'ombre du cadran de l'éternité approche d'un siècle nouveau, alors, l'éclair soudain d'une vive douleur traverse le cœur de la mère des hommes; car celles d'entre ses filles chéries qui n'ont point encore habité la terre, quittent la lune pour aller vêtir leurs corps, aussitôt qu'elles ont ressenti le froid engourdissement que projette l'ombre terrestre; et la mère pleure en les voyant partir, parce que celles qui seront restées sans tache reviendront seules à la céleste patrie... Ainsi chaque siècle lui coûte quelques-uns de ses enfants, et elle tremble, lorsqu'en plein jour notre globe ravisseur vient comme un lourd nuage masquer la face du soleil.

L'ombre de l'éternel cadran approchait du dix-huitième siècle, notre terre allait passer, toute sombre, entre le soleil et la lune; et déjà la mère des hommes, interdite et profondément affligée, pressait contre son cœur celles de ses filles qui n'avaient point encore porté le vêtement terrestre; et elle leur répétait en gémissant: «Oh! ne succombez pas, mes enfants chéris! conservez-vous purs comme des anges, et revenez à moi!» Ici, l'ombre marqua le siècle, et la terre couvrit le soleil entier; un coup de tonnerre sonna l'heure; une comète à l'épée flamboyante traversa l'obscurité des cieux, et, du sein de la voie lactée, qui tremblait, une voix s'écria: «Parais, tentateur des

hommes! car l'Éternel envoie à chaque siècle un mauvais
génie pour le tenter. »

À cet appel terrible, la mère et toutes ses filles frémi-
rent à la fois, et ces âmes tendres fondaient en larmes,
même celles qui avaient déjà habité la terre et en étaient
revenues avec gloire. Soudain le tentateur, du sein de
l'obscurité, se dressa sur notre globe ainsi qu'un arbre
immense, puis, sous la forme d'un serpent gigantesque,
leva sa tête jusqu'à la lune, et dit : « Je veux vous séduire. »

C'était le mauvais génie du dix-huitième siècle.

Les lys de la lune inclinèrent leurs corolles, dont toutes
les feuilles flétries se répandirent à l'instant ; l'épée de la
comète flamboya en tous sens, comme le glaive de la jus-
tice s'agite de lui-même en signe qu'il va juger ; le ser-
pent, avec ses yeux cruels, dont le trait tue les âmes, avec
sa crête sanglante, avec ses lèvres qu'il lèche et qu'il
ronge sans cesse, abattit sa tête sur le délicieux Éden, tan-
dis que sa queue, avide de dommage, fouillait sur la terre
le fond d'un tombeau. Au même instant, un tremblement
de notre globe fait tournoyer ses anneaux fugitifs, et des
vapeurs empoisonnées transpirent de son corps, cha-
toyantes et lourdes comme un nuage qui porte la tem-
pête. Oh! c'était celui-là qui longtemps auparavant avait
séduit la mère elle-même. Elle détourna les yeux ; mais le
serpent lui dit : « Ève, ne reconnais-tu pas le serpent ? Je
veux t'enlever tes filles, Ève ; je rassemblerai tes blancs
papillons sur la fange des marais. Sœurs, regardez-moi,
n'ai-je pas tout ce qu'il faut pour vous séduire ? » Et des
figures d'hommes se peignaient dans ses yeux de vipère,
des bagues nuptiales éclataient dans ses anneaux, et des
pièces d'or dans ses jaunes écailles. « C'est avec tout cela
que je vous ravirai la vertu et le divin séjour de la lune. Je
vous prendrai dans des filets de soie et dans des toiles
d'étoffe brillante ; ma rouge couronne aura pour vous
des attraits, et vous voudrez vous en parer ; j'irai d'abord
m'établir dans vos cœurs, je vous parlerai, je vous loue-
rai ; puis je me glisserai dans une bouche d'homme, et

j'affermirai mon ouvrage ; puis je darderai ma langue sur la vôtre, et elle sera tranchante et pleine de poison. Enfin, c'est quand vous serez malheureuses ou sur le point de mourir, que j'abandonnerai votre cœur aux traits acérés et brûlants d'un remords inutile. Ève, reçois encore mon adieu ; tout ce que j'ai dit, elles l'oublieront heureusement avant leur naissance. »

Les âmes qui n'étaient pas nées, effrayées de voir si près d'elles l'épouvantable arbre du mal et ses vapeurs empoisonnées, se cachaient, se pressaient en frissonnant les unes contre les autres ; et les âmes qui étaient remontées de la terre pures comme le parfum des fleurs, agitées d'une douce joie, d'un frémissement qui n'était pas sans charme, au souvenir des dangers qu'elles avaient vaincus, s'embrassaient toutes en tremblant. Ève pressait étroitement sur son cœur Marie, la plus chère de ses filles, et, s'agenouillant, elles levèrent au ciel des yeux suppliants et baignés de larmes : « Dieu de l'éternel amour, prends pitié d'elles ! » Cependant, le monstre dardait sur la lune sa langue, effilée et divisée en deux aiguillons, comme les pinces d'un crabe ; il déchirait les lys, il avait déjà fait une tache noire sur la surface de la lune, et il répétait toujours : « Je veux les séduire. »

Tout à coup, un premier rayon du soleil s'élança derrière la terre qui se retirait, et vint colorer d'un éclat céleste le front d'un grand et beau jeune homme qui était demeuré inaperçu au milieu des âmes tremblantes. Un lys couvrait son cœur, une branche de laurier verdissait sur son front, entrelacée de boutons de rose, et sa robe était bleue comme le ciel ; de ses paupières, mouillées de douces larmes, il jeta un regard d'amour sur les âmes troublées, comme le soleil abaisse sur l'arc-en-ciel un rayon de flamme, et dit : « Je veux vous protéger. » C'était le génie de la religion. Les anneaux ondoyants du monstre se déroulèrent à sa vue, et il demeura pétrifié, tendu de la terre à la lune, immobile, tel qu'une sombre poudrière, silencieux asile de la mort.

Et le soleil rayonna d'un éclat plus vif sur le visage du jeune homme, qui leva les yeux à la voûte étoilée et dit à l'Éternel:

«Ô mon père! je descends avec mes sœurs au séjour de la vie, et je protégerai toutes celles qui me resteront fidèles. Couvre d'un beau temple cette flamme divine: elle y brûlera sans le dévaster et sans le détruire. Orne cette belle âme du feuillage des grâces terrestres; il en protégera les fruits sans leur nuire par son ombre. Accorde à mes sœurs de beaux yeux; je leur donnerai le mouvement et les larmes. Place dans leur sein un cœur tendre; il ne périra pas sans avoir palpité pour la vertu et pour toi. La fleur que mes soins auront conservée pure et sans tache se changera en un beau fruit que je rapporterai de la terre; car je voltigerai sur les montagnes, sur le soleil et parmi les étoiles, afin qu'elles se souviennent de toi et pensent qu'il y a un autre monde que celui qu'elles vont habiter. Je changerai les lys de mon sein en une blanche lumière, celle de la lune; je changerai les roses de ma couronne en une couleur rose, celle des soirées du printemps; et tout cela leur rappellera leur frère; dans les accords de la musique, je les appellerai, et je parlerai du ciel où tu habites à tous les cœurs sensibles à l'harmonie; je les attirerai vers moi avec les bras de leurs parents; je cacherai ma voix dans les accents de la poésie, et je m'embellirai des attraits de leurs bien-aimés. Oui, elles me reconnaîtront dans les orages de l'infortune, et je dirigerai vers leurs yeux la pluie lumineuse, et j'élèverai leurs regards vers le ciel d'où elles viennent et vers leur famille. Ô mes sœurs chéries, vous ne pourrez méconnaître votre frère, quand, après une belle action, après une victoire difficile, un désir inexplicable viendra dilater votre cœur; lorsque, durant une nuit étoilée, ou à l'aspect de la rougeur éclatante du soir, votre œil se noiera dans les torrents de délices, et que tout votre être se sentira élevé, transporté... et que vous tendrez les bras au ciel, en pleurant de joie et d'amour. Alors je serai dans vos cœurs tout entier, et je vous prouverai que je vous aime et que vous êtes mes sœurs. Et, quand, après un sommeil et un rêve bien court, je briserai l'enveloppe terrestre, j'en détacherai le diamant divin, et je le laisserai tomber comme une goutte éclatante de rosée sur les lys de la lune.

» Ô tendre mère des hommes, porte sur tes filles des regards plus calmes et quitte-les moins tristement ; la plupart reviendront à toi ! »

Le soleil avait reparu tout entier : les âmes qui n'étaient pas nées se dirigèrent vers la terre, et le génie les y suivit. Et, à mesure qu'elles approchaient de notre globe, un long flot d'harmonie traversait l'espace azuré. Ainsi, lorsque, pendant les nuits d'hiver, les blancs cygnes voyagent vers des climats plus doux, ils ne laissent sur leur passage qu'un murmure mélodieux.

Le monstrueux serpent, tel que l'immense courbe que trace une bombe enflammée, retira à lui ses anneaux en se repliant sur la terre ; ce ne fut plus bientôt dans l'espace qu'une couronne foudroyante ; puis, ainsi qu'une trombe va se briser sur le vaisseau qu'elle menaçait, il s'abattit avec bruit, déroula de toutes parts ses mille orbes et ses mille plis, et en enveloppa à la fois tous les peuples du monde. Et le glaive du jugement s'agita de nouveau ; mais l'écho du voyage harmonieux des âmes vibrait encore dans les airs.

———

Autres poésies allemandes

BÜRGER

LÉNORE
Traductions en vers

PREMIÈRE VERSION
Lénore

Ballade allemande
imitée de Bürger
(*La Psyché*, mai 1829)

Le point du jour brillait à peine, que Lénore
Saute du lit : — Guillaume, es-tu fidèle encore,
Dit-elle, ou n'es-tu plus ? — C'était un officier
Jeune et beau, qui devait l'épouser ; mais la veille
Du mariage, hélas ! le tambour le réveille
De grand matin ; il s'arme et part sur son coursier.

Depuis, pas de nouvelle..., et cependant la guerre,
Aux deux partis fatale, avait cessé naguère,
Les soldats revenaient, avec joie accueillis :
« Mon mari ! mon amant ! mon fils !... Dieu vous ren-
                                        [voie !... »

Tout cela s'embrassait, sautait, mourait de joie...
Lénore seule en vain parcourait le pays.

L'avez-vous vu?... — Non. — Non. — Chacun a sa famille,
Ses affaires... chacun passe. — La pauvre fille
Pleure, pleure... et sa mère accourt, lui prend la main:
— Qu'as-tu, Lénore? — Il est mort, et je dois le suivre;
Nous nous sommes promis de ne pas nous survivre...
— Patience! sans doute il reviendra demain.

— Quelque chose l'aura retardé. — Viens, ma fille,
Il est nuit. — Elle rentre, elle se déshabille,
Et dort, ou croit dormir... Mais tout à coup voilà
Qu'un galop de cheval au loin se fait entendre,
Puis éclate plus près... Enfin une voix tendre: —
Lénore! mon amour... ouvre-moi... je suis là!

Elle n'est pas levée encore, que Guillaume
Est près d'elle. — Ah! c'est toi! D'où viens-tu? — D'un
                                              [royaume
Où je dois retourner cette nuit: me suis-tu?
— Oh! jusqu'à la mort! — Bien. — Est-ce loin? — À cent
                                              [lieues.
— Partons. — La lune luit... les montagnes sont bleues...
À cheval!... D'ici là le chemin est battu.

> Ils partent... sous les pas agiles
> Du coursier les cailloux brûlaient,
> Et les monts, les forêts, les villes,
> À droite, à gauche, s'envolaient.

> — Le glas tinte, le corbeau crie,
> Le lit nuptial nous attend...
Presse-toi contre moi, mon épouse chérie.
> — Guillaume, ton lit est-il grand?
— Non, mais nous y tiendrons..., six planches, deux
                                              [planchettes.

Voilà tout... pas de luxe. — Oh! l'amour n'en veut pas. —
Ils passaient, ils passaient, et des ombres muettes
    Venaient se ranger sur leurs pas.

    — Hourra! hourra! je vous invite
    À ma noce... les morts vont vite...
    Ma belle amie en as-tu peur?
— Ne parle pas des morts... cela porte malheur. —

    Hop! hop! hop!... sous les pas agiles
    Du coursier les cailloux brûlaient,
    Et les monts, les forêts, les villes
    À droite, à gauche, s'envolaient.

    — Mais d'où partent ces chants funèbres,
    Où vont ces gens en longs manteaux?
— Hourra! que faites-vous là-bas dans les ténèbres
    Avec vos chants et vos flambeaux?
— Nous conduisons un mort. — Et moi, ma fiancée:
Mais votre mort pourra bien attendre à demain;
Suivez-moi tous, la nuit n'est pas très avancée...
    Vous célébrerez mon hymen.

    Hourra! hourra! je vous invite
    À ma noce... les morts vont vite...
    Ma belle amie, en as-tu peur?
— Ne parle pas des morts... cela porte malheur. —

    Hop! hop! hop! sous les pas agiles
    Du coursier les cailloux brûlaient,
    Et les monts, les forêts, les villes
    À droite, à gauche, s'envolaient.

    — Tiens! vois-tu ces ombres sans tête
    Se presser autour d'un tréteau,
Là, du supplice encor tout l'attirail s'apprête...
    Pour exécuter un bourreau.

Hourra! dépêchez-vous... hourra! troupe féroce.
Faites aussi cortège autour de mon cheval!
Vous seriez déplacés au banquet de ma noce.
  Mais vous pourrez danser au bal.

  Hourra! Mais j'aperçois le gîte
  Sombre, où nous sommes attendus...
  Les morts au but arrivent vite;
  Hourra! nous y voici rendus! —

Contre une grille en fer le cavalier arrive,
Y passe sans l'ouvrir... et d'un élan soudain,
  Transporte Lénore craintive
  Au milieu d'un triste jardin...
C'était un cimetière. — Est-ce là ta demeure?
  — Oui, Lénore: mais voici l'heure,
  Voici l'heure de notre hymen;
Descendons de cheval... Femme, prenez ma main! —

  — Ah! seigneur Dieu! — Plus de prestige...
  Le cheval, vomissant des feux
  S'abîme. Et de l'homme (ô prodige!)
  Un vent souffle les noirs cheveux
  Et la chair qui s'envole en poudre...
  Puis, à la lueur de la foudre
  Découvre un squelette hideux!

  — Hourra! qu'on commence la fête!
  Hourra! — Tout s'agite, tout sort,
  Et pour la ronde qui s'apprête
  Chaque tombeau vomit un mort.
  . . . .
  — Tout est fini! — Par Notre-Dame!
Reprend la même voix, chaque chose a son tour:
  Après la gloire vient l'amour!
  Maintenant j'embrasse ma femme.

— Jamais! — Elle s'agite... et tout s'évanouit!
— Jamais? dit son amant, est-ce bien vrai, cruelle? —
(Il était près du lit.) — Ah! Guillaume, dit-elle,
  Quel rêve j'ai fait cette nuit!

DERNIÈRE VERSION

Lénore

Ballade
(*L'Artiste*, 15 juin 1848)

Lénore au point du jour se lève,
L'œil en pleur, le cœur oppressé;
Elle a vu passer dans un rêve,
Pâle et mourant, son fiancé[a]!
Wilhelm était parti naguère
Pour Prague, où le roi Frédéric
Soutenait une rude guerre,
Si l'on en croit le bruit public.

Enfin, ce prince et la czarine,
Las de batailler sans succès,
Ont calmé leur humeur chagrine
Et depuis peu conclu la paix;
Et cling! et clang! les deux armées,
Au bruit des instruments guerriers,
Mais joyeuses et désarmées,
Rentrent gaîment dans leurs foyers.

Ah! partout, partout quelle joie!
Jeunes et vieux, filles, garçons,
La foule court et se déploie
Sur les chemins et sur les ponts.
Quel moment d'espoir pour l'amante,
Et pour l'épouse quel beau jour[b]!

Seule, hélas! Lénore tremblante
Attend le baiser du retour.

Elle s'informe, crie, appelle,
Parcourt en vain les rangs pressés.
De son amant point de nouvelle...
Et tous les soldats sont passés!
Mais sur la route solitaire,
Lénore en proie au désespoir
Tombe échevelée... et sa mère
L'y retrouva quand vint le soir.

— Ah! le Seigneur nous fasse grâce!
Qu'as-tu? qu'as-tu, ma pauvre enfant?...
Elle la relève, l'embrasse,
Contre son cœur la réchauffant;
— *Que le monde et que tout périsse,*
Ma mère! Il est mort! il est mort!
Il n'est plus au ciel de justice
Mais je veux partager son sort[c].

— Mon Dieu! mon Dieu! quelle démence!
Enfant, rétracte un tel souhait;
Du ciel implore la clémence,
Le bon Dieu fait bien ce qu'il fait.
— Vain espoir! ma mère! ma mère!
Dieu n'entend rien, le ciel est loin...
À quoi servira ma prière,
Si Wilhelm n'en a plus besoin?

— Qui connaît le père, d'avance
Sait qu'il aidera son enfant:
Va, Dieu guérira ta souffrance
Avec le très saint sacrement!
— Ma mère! pour calmer ma peine,
Nul remède n'est assez fort,

Nul sacrement, j'en suis certaine,
Ne peut rendre à la vie un mort[d]!

— Ces mots à ma fille chérie
Par la douleur sont arrachés...
Mon Dieu, ne va pas, je t'en prie,
Les lui compter pour des péchés!
Enfant, ta peine est passagère,
Mais songe au bonheur éternel;
Tu perds un fiancé sur terre,
Il te reste un époux au ciel.

— Qu'est-ce que le bonheur céleste
Ma mère? qu'est-ce que l'enfer?
Avec lui le bonheur céleste,
Et sans lui, sans Wilhelm, l'enfer;
Que ton éclat s'évanouisse,
Flambeau de ma vie, éteins-toi!
Le jour me serait un supplice,
Puisqu'il n'est plus d'espoir pour moi[e]!

Ainsi, dans son cœur, dans son âme,
Se ruait un chagrin mortel:
Longtemps encore elle se pâme,
Se tord les mains, maudit le ciel[f],
Jusqu'à l'heure où de sombres voiles
Le soleil obscurcit ses feux[g],
À l'heure où les blanches étoiles
Glissent en paix sur l'arc des cieux.

Tout à coup, trap! trap! trap! Lénore
Reconnaît le pas d'un coursier,
Bientôt une armure sonore
En grinçant monte l'escalier...
Et puis, écoutez! la sonnette,
Klinglingling! tinte doucement...

Par la porte de la chambrette
Ces mots pénètrent sourdement :

— Holà ! holà ! c'est moi, Lénore !
Veilles-tu, petite, ou dors-tu ?
Me gardes-tu ton cœur encore,
Es-tu joyeuse ou pleures-tu ?
— Ah ! Wilhelm, Wilhelm, à cette heure !
Ton retard m'a fait bien du mal,
Je t'attends, je veille, et je pleure...
Mais d'où viens-tu sur ton cheval ?

— Je viens du fond de la Bohême,
Je ne suis parti qu'à minuit,
Et je veux si Lénore m'aime
Qu'elle m'y suive cette nuit.
— Entre ici d'abord, ma chère âme,
J'entends le vent siffler dehors,
Dans mes bras, sur mon sein de flamme,
Viens que je réchauffe ton corps[h].

— Laisse le vent siffler, ma chère,
Qu'importe à moi le mauvais temps,
Mon cheval noir gratte la terre,
Je ne puis rester plus longtemps :
Allons ! chausse tes pieds agiles,
Saute en croupe sur mon cheval,
Nous avons à faire cent milles
Pour gagner le lit nuptial.

— Quoi ! cent milles à faire encore
Avant la fin de cette nuit ?
Wilhelm, la cloche vibre encore
Du douzième coup de minuit...
— Vois la lune briller, petite,
La lune éclairera nos pas ;

Nous et les morts, nous allons vite,
Et bientôt nous serons là-bas.

Mais où sont et comment sont faites
Ta demeure et ta couche? — Loin:
Le lit est fait de deux planchettes
Et de six planches..., dans un coin
Étroit, silencieux, humide.
— Y tiendrons-nous bien? — Oui, tous deux;
Mais viens, que le cheval rapide
Nous emporte au festin joyeux!

Lénore se chausse et prend place
Sur la croupe du noir coursier,
De ses mains de lys elle embrasse
Le corps svelte du cavalier...
Hop! hop! hop! ainsi dans la plaine
Toujours le galop redoublait;
Les amants respiraient à peine,
Et sous eux le chemin brûlait.

Comme ils voyaient, devant, derrière,
À droite, à gauche, s'envoler
Steppes, forêts, champs de bruyère,
Et les cailloux étinceler!
— Hourrah! hourrah! la lune est claire[i],
Les morts vont vite par le frais,
En as-tu peur, des morts, ma chère[j]?
— Non!... Mais laisse les morts en paix!

— Pourquoi ce bruit, ces chants, ces plaintes,
Ces prêtres?... — C'est le chant des morts,
Le convoi, les prières saintes;
Et nous portons en terre un corps. —
Tout se rapproche: enfin la bière
Se montre à l'éclat des flambeaux...

Et les prêtres chantaient derrière
Avec une voix de corbeaux.

— Votre tâche n'est pas pressée,
Vous finirez demain matin ;
Moi j'emmène ma fiancée,
Et je vous invite au festin :
Viens, chantre, que du mariage
L'hymne joyeux nous soit chanté ;
Prêtre, il faut au bout du voyage
Nous unir pour l'éternité ! —

Ils obéissent en silence
Au mystérieux cavalier :
— Hourrah ! — Tout le convoi s'élance,
Sur les pas ardents du coursier...
Hop ! hop ! hop ! ainsi dans la plaine
Toujours le galop redoublait ;
Les amants respiraient à peine,
Et sous eux le chemin brûlait.

Ô comme champs, forêts, herbages,
Devant et derrière filaient !
Ô comme villes et villages
À droite, à gauche, s'envolaient ! —
Hourrah ! hourrah ! les morts vont vite,
La lune brille sur leurs pas...
En as-tu peur, des morts, petite ?
— Ah ! Wilhelm, ne m'en parle pas !

Tiens, tiens ! aperçois-tu la roue ?
Comme on y court de tous côtés !
Sur l'échafaud on danse, on joue,
Vois-tu ces spectres argentés[k] ? —
Ici, compagnons, je vous prie,
Suivez les pas de mon cheval ;

Bientôt, bientôt je me marie,
Et vous danserez à mon bal. —

Housch! housch! housch! les spectres en foule
À ces mots se sont rapprochés
Avec le bruit du vent qui roule
Dans les feuillages desséchés:
Hop! hop! hop! ainsi dans la plaine
Toujours le galop redoublait;
Les amants respiraient à peine,
Et sous eux le chemin brûlait[1].

— Mon cheval! Mon noir!... Le coq chante,
Mon noir! Nous arrivons enfin,
Et déjà ma poitrine ardente
Hume le vent frais du matin...
Au but! au but! Mon cœur palpite,
Le lit nuptial est ici;
Au but! au but! Les morts vont vite,
Les morts vont vite. Nous voici! —

Une grille en fer les arrête:
Le cavalier frappe trois coups
Avec sa légère baguette. —
Les serrures et les verrous
Craquent... Les deux battants gémissent,
Se retirent. — Ils sont entrés;
Des tombeaux autour d'eux surgissent
Par la lune blanche éclairés.

Le cavalier près d'une tombe
S'arrête en ce lieu désolé: —
Pièce à pièce son manteau tombe
Comme de l'amadou brûlé...
Hou! hou!... Voici sa chair encore
Qui s'envole, avec ses cheveux,

Et de tout ce qu'aimait Lénore
Ne laisse qu'un squelette affreux.

Le cheval disparaît en cendre
Avec de longs hennissements...,
Du ciel en feu semblent descendre
Des hurlements! des hurlements!
Lénore entend des cris de plainte
Percer la terre sous ses pas...,
Et son cœur, glacé par la crainte,
Flotte de la vie au trépas[m].

C'est le bal des morts qui commence,
La lune brille... les voici!
Ils se forment en ronde immense,
Puis ils dansent, chantant ceci:
— Dans sa douleur la plus profonde,
Malheur à qui blasphémera!... —
Ce corps vient de mourir au monde...
Dieu sait où l'âme s'en ira!

Traductions de Bürger présentes dans les *Poésies allemandes* de 1830 et supprimées dans le *Choix* de 1840

SONNET

composé par Bürger après
la mort de sa seconde femme

Ma tendresse comme la colombe longtemps poursuivie par le faucon, se vantait d'avoir enfin trouvé un asile dans le silence d'un bois sacré.

Pauvre colombe! que ta confiance est trompée! Sort fatal et inattendu! Sa retraite, que l'œil ne pouvait pénétrer, est incendiée soudain par la foudre!

Hélas! et la voici encore errante! La malheureuse est réduite à voltiger du ciel à la terre, sans but, sans espoir de reposer jamais son aile fatiguée.

Car où trouver un cœur qui prenne pitié du sien, près de qui elle puisse encore se réchauffer comme autrefois?... Un tel cœur ne bat plus pour elle sur la terre!

———

SONNET

Mes amis, il vous est arrivé peut-être de fixer sur le soleil un regard, soudain abaissé; mais il restait dans votre œil comme une tache livide, qui longtemps vous suivait partout.

C'est ce que j'ai éprouvé : j'ai vu briller la gloire, et je l'ai contemplée d'un regard trop avide... Une tache noire m'est restée depuis dans les yeux.

Et elle ne me quitte plus, et, sur quelque objet que je fixe ma vue, je la vois s'y poser soudain, comme un oiseau de deuil.

Elle voltigera donc sans cesse entre le bonheur et moi?... — Ô mes amis, c'est qu'il faut être un aigle pour contempler impunément le soleil et la gloire!

GOETHE

LE ROI DE THULÉ

(Traduction du *Faust* de 1827)

Autrefois un roi de Thulé
Qui jusqu'au tombeau fut fidèle
Reçut, à la mort de sa belle,
Une coupe d'or ciselé.

Comme elle ne le quittait guère,
Dans les festins les plus joyeux,
Toujours une larme légère
À sa vue humectait ses yeux.

Ce prince, à la fin de sa vie,
Lègue tout, ses villes, son or,
Excepté la coupe chérie
Qu'à la main il conserve encor.

Il fait à sa table royale
Asseoir ses barons et ses pairs,
Au milieu de l'antique salle
D'un château que baignaient les mers.

Le buveur se lève et s'avance
Auprès d'un vieux balcon doré ;
Il boit, et soudain sa main lance
Dans les flots, le vase sacré.

Il tombe, tourne, l'eau bouillonne,
Puis se calme bientôt après ;
Le vieillard pâlit et frissonne...
Il ne boira plus désormais.

————

LE ROI DE THULÉ

Ballade

(Poésies allemandes, 1830)

Il était un roi de Thulé qui fut fidèle jusqu'au tombeau, et à qui son amie mourante fit présent d'une coupe d'or.

Cette coupe ne le quitta plus ; il s'en servait à tous ses repas, et, chaque fois qu'il y buvait, ses yeux s'humectaient de larmes.

Et, lorsqu'il sentit son heure approcher, il compta ses villes, ses trésors, et les abandonna à ses héritiers, mais il garda sa coupe chérie.

Il s'assit à sa table royale, entouré de ses chevaliers, dans la salle antique d'un palais que baignait la mer.

Ensuite il se leva, vida le vase sacré pour la dernière fois, et puis le lança dans les ondes.

Il le vit tomber, s'emplir, disparaître, et ses yeux s'éteignirent soudain... Et, depuis, il ne but plus une goutte !

————

LE ROI DE THULÉ

(Traduction du *Faust* de 1835)

Autrefois, un roi de Thulé
Qui jusqu'au tombeau fut fidèle,
Reçut à la mort de sa belle
Une coupe d'or ciselé.

Comme elle ne le quittait guère
Dans les festins les plus joyeux,
Toujours une larme légère
À sa vue humectait ses yeux.

Ce prince, à la fin de sa vie,
Lègue tout, ses villes, son or,
Excepté la coupe chérie,
Qu'à la main il conserve encor.

Il fait à sa table royale
Asseoir ses barons et ses pairs
Au milieu de l'antique salle
D'un château que baignaient les mers.

Alors le vieux buveur s'avance
Auprès d'un vieux balcon doré ;
Il boit lentement, et puis lance
Dans les flots le vase sacré.

Le vase tourne, l'eau bouillonne,
Les flots repassent par-dessus ;
Le vieillard pâlit et frissonne...
Désormais il ne boira plus.

————

LE ROI DE THULÉ

(Traduction du *Faust* de 1840,
«Morceaux choisis de divers poètes allemands»)

Il était un Roi de Thulé,
À qui son amante fidèle
Légua, comme un souvenir d'elle,
Une coupe d'or ciselé.

C'était un trésor plein de charmes
Où son amour se conservait;
À chaque fois qu'il y buvait,
Ses yeux se remplissaient de larmes.

Voyant ses derniers jours venir,
Il divisa son héritage,
Mais il excepta du partage
La coupe, son cher souvenir!

Il fit à la table royale
Asseoir les barons dans sa tour;
Debout et rangée à l'entour
Brillait sa noblesse loyale.

Sous le balcon grondait la mer:
Le vieux roi se lève en silence,
Il boit, et soudain sa main lance
La coupe d'or au flot amer.

Il la vit tourner dans l'eau noire,
La vague en s'ouvrant fit un pli,

Le roi pencha son front pâli...
Jamais on ne le vit plus boire!

———

MARGUERITE AU ROUET

(Traduction du *Faust* de 1827)

Une amoureuse flamme
Consume mes beaux jours;
Ah! la paix de mon âme
A donc fui pour toujours!

Son départ, son absence,
Sont pour moi le cercueil;
Et loin de sa présence
Tout me paraît en deuil.

Alors, ma pauvre tête
Se dérange bientôt;
Mon faible esprit s'arrête,
Puis se glace aussitôt.

Une amoureuse flamme
Consume mes beaux jours;
Ah! la paix de mon âme
A donc fui pour toujours!

Je suis à ma fenêtre,
Ou dehors, tout le jour,
C'est pour le voir paraître,
Ou hâter son retour.

Sa marche que j'admire,
Son port si gracieux,
Sa bouche au doux sourire,
Le charme de ses yeux;

La voix enchanteresse,
Dont il sait m'embraser.
De sa main la caresse,
Hélas! et son baiser...

D'une amoureuse flamme
Consument mes beaux jours;
Ah! la paix de mon âme
A donc fui pour toujours!

Mon cœur bat et se presse,
Dès qu'il le sent venir;
Au gré de ma tendresse
Puis-je le retenir?

Ô caresses de flamme!
Que je voudrais un jour
Voir s'exhaler mon âme
Dans ses baisers d'amour!

———

MARGUERITE AU ROUET

(Traduction du *Faust* de 1835, 1840, 1850)

Le repos m'a fuie ! hélas ! la paix de mon cœur malade,
je ne la trouve plus, et plus jamais !

Partout où je ne le vois pas, c'est la tombe ! Le monde
entier se voile de deuil !

Ma pauvre tête se brise, mon pauvre esprit s'anéantit !

Le repos m'a fuie ! hélas ! la paix de mon cœur malade,
je ne la trouve plus, et plus jamais !

Je suis tout le jour à la fenêtre, ou devant la maison,
pour l'apercevoir de loin, ou pour voler à sa rencontre !

Sa démarche fière, son port majestueux, le sourire de
sa bouche, le pouvoir de ses yeux,

Et le charme de sa parole, et le serrement de sa main !
et puis, ah ! son baiser !

Le repos m'a fuie ! hélas ! la paix de mon cœur malade,
je ne la trouve plus, et plus jamais !

Mon cœur se serre à son approche ! ah ! que ne puis-je
le saisir et le retenir pour toujours !

Et l'embrasser à mon envie ! et finir mes jours sous ses
baisers !

———

TIEDGE

ROBERT ET CLAIRETTE

Ballade

Un vent frais parcourait la plaine, mais il faisait lourd sous le feuillage. Les rayons du soleil couchant éclataient rouges parmi les rameaux, et le chant du grillon interrompait seul le religieux silence du soir.

La nature s'endormait ainsi dans son repos, quand Robert et Clairette dirigèrent leur promenade vers la source de la forêt, où ils avaient naguère échangé de tendres serments : c'était pour eux un lieu sacré.

Combien il s'était embelli depuis le jour de leur union ! Mille plantes y avaient fleuri, et la source s'en éloignait à regret, toute couverte de feuilles odorantes : douce retraite pour le voyageur qui venait parfois s'y reposer avec délices.

Et le rossignol chanta, et l'écho après lui, quand les époux entrèrent dans le bocage ; la pleine lune leur sourit à travers les branches des ormeaux, et la source les salua d'un murmure joyeux.

Clairette cueillit deux fleurs pareilles ; puis, les livrant au cours de l'onde, les suivit des yeux avec crainte ; mais, bientôt, l'une se sépara de l'autre, et elles ne se rejoignirent plus.

«Oh! soupira Clairette tremblante, vois-tu, mon bien-aimé, les deux fleurs qui cessent de nager ensemble, et puis l'une qui disparaît? — Là-bas, dit Robert, elles vont se réunir sans doute.»

La jeune fille cacha de ses mains son beau visage; et la lune sembla la regarder tristement, et le grillon chanta comme s'il gémissait. «Ma Clairette, dit Robert, oh! ne pleure donc pas; le voile de l'avenir est impénétrable.»

Six mois s'étaient écoulés, lorsque la guerre éclata et appela aux armes le jeune époux. «Ma bien-aimée, s'écria-t-il, je te serai toujours fidèle.» Et il se prépara au départ.

Mais elle, versait des torrents de larmes. «Bons soldats, s'écriait-elle, mon Robert sait aimer et ne sait pas tuer; ayez pitié de lui et de moi!» Vaines prières! Le devoir est de fer pour ces hommes, et ils ont brusquement séparé les deux époux.

La jeune fille abandonnée gémit bien douloureusement; elle suivit des yeux son ami, qui, près de disparaître, agitait un mouchoir blanc, l'appelant encore, d'une voix pleurante; et elle ne le vit plus.

Tous les soirs, elle quitte la maison de sa mère, et, traversant les ombres de la nuit, elle va s'asseoir sur la montagne; là, sans cesse, elle étend les bras vers le chemin qu'il a suivi, mais ne le voit point revenir.

La source du bocage coule et coule toujours; l'été n'est plus, l'automne commence; le soleil se lève, se couche; les nuages et les vents passent sur la montagne... Le bien-aimé ne revient pas.

La pauvre fille se fanait comme une rose; elle retourna un jour à la source de la forêt. «C'est ici, dit-elle, ici que j'ai vu la fleur disparaître... Où donc est l'autre, maintenant? En quel lieu Robert et Clairette se réuniront-ils?»

Et, succombant aux chagrins de son cœur, elle tomba mourante sur la rive; mais des images célestes l'environnèrent à son dernier moment; le baiser d'un ange lui ravit son âme, et la purifia des peines de ce monde.

Un vent léger murmure seul autour de son tombeau, où deux tilleuls jettent leur ombre; c'est là qu'elle dort saintement sous un tapis de violettes.

Un an écoulé, Robert revint avec des yeux où la vie s'éteignait, et des blessures, fruits d'une guerre sanglante: sa bien-aimée n'est plus, il l'apprend et s'en va reposer auprès d'elle.

Tous les soirs, une blanche vapeur s'élève de leur tombe; une jeune bergère la vit une fois lentement s'entrouvrir, et crut y distinguer deux ombres dont la vue ne l'effraya pas.

UHLAND

LA SÉRÉNADE

— Oh! quel doux chant m'éveille?
— Près de ton lit je veille,
Ma fille! et n'entends rien...
Rendors-toi, c'est chimère!
— J'entends dehors, ma mère,
Un chœur aérien!...

— Ta[a] fièvre va renaître.
— Ces chants de la[b] fenêtre
Semblent s'être approchés.
— Dors, pauvre enfant malade,
Qui rêves sérénade[c]...
Les galants[d] sont couchés!

— Les hommes[e]! que m'importe?
Un nuage m'emporte...
Adieu le monde, adieu!
Mère[f], ces sons étranges
C'est le concert des anges
Qui m'appellent à Dieu!

KÖRNER

LA CHASSE DE LÜTZOW

Qui brille là-bas au fond des forêts ?
De plus en plus le bruit augmente.
Pour qui ces fers, ces bataillons épais,
Ces cors dont le son frappe les guérets
Et remplit l'âme d'épouvante ?

Le noir chasseur répond en ces mots :
Hurra !
Hurra !
C'est la chasse… c'est la chasse de Lützow !

D'où viennent ces cris, ces rugissements ?
Voilà le fracas des batailles !
Les cavaliers croisent leurs fers sanglants,
L'honneur se réveille à ces sons bruyants
Et brille sur leurs funérailles !

Le noir chasseur répond en ces mots :
Hurra !
Hurra !
C'est la chasse… c'est la chasse de Lützow !

Qui vole ainsi de sommets en sommets?
    Des monts ils quittent la clairière.
Les voilà cachés dans ces bois épais;
Le hurra se mêle au bruit des mousquets,
    Les tyrans mordent la poussière!

Le noir chasseur répond en ces mots:
        Hurra!
        Hurra!
C'est la chasse... c'est la chasse de Lützow!

Qui meurt entouré de ces cris d'horreur?
    Qui meurt sans regretter la vie?
Déjà du trépas ils ont la pâleur:
Mais leur noble cœur s'éteint sans terreur,
    Car ils ont sauvé la patrie?

Le noir chasseur répond en ces mots:
        Hurra!
        Hurra!
C'est la chasse... c'est la chasse de Lützow!

(Traduction insérée dans *Léo Burckart*,
Seconde journée, scènes IX et X)

BARDIT

traduit du haut allemand

Silvius Scaurus, l'un de ces Romains orgueilleux qui se sont partagé la Germanie et les Germains, manda un jour ses affranchis et leur fit déposer la vipère à tête étoilée dont ils nous meurtrissaient[a] la chair ; il nous permit d'entrer dans la forêt des chênes, et de nous y enivrer de cervoise écumante.

Car, ce jour-là, Silvius épousait la fille blonde d'un de nos princes dégénérés, de ceux à qui les Romains ont laissé leurs richesses pour prix de leurs trahisons ; et nous, misérables serfs, savourant à la hâte notre bonheur d'un jour, nous nous gorgions de marrons cuits, nous chantions et nous dansions avec nos sayes bleues.

Or, il y avait là plus de trois mille hommes, et quelques affranchis qui nous surveillaient ; et, quand la nuit commença à tomber, et que les chênes répandaient une odeur enivrante, nous criâmes tous à Hédic-le-Barde que nous voulions un chant joyeux qui terminât dignement cette journée.

Hédic n'avait pas coutume de nous faire attendre longtemps ses chants ; et quand nous les entendions, les chaînes pesaient moins et le travail allait mieux ; Hédic monta sur un tronc d'arbre coupé à trois pieds du sol, et commença.

Il ne sortit de sa bouche rien de joyeux comme on s'y attendait, mais un chant tel qu'on n'en sait plus faire de nos jours ; et, pour le langage, ce n'était pas de ce germain bâtard, mêlé de mots latins, qui vous affadit le cœur en passant, comme si l'on buvait de l'huile ;

Mais de ce haut allemand, de ce pur saxon si dur et si fort, qu'à l'entendre on croirait que c'est le marteau d'une forge qui bondit et rebondit incessamment sur son enclume de fer.

Il chanta les temps passés et les exploits des hommes vaillants dont nous prétendons descendre. Il chanta la liberté des bois et le bonheur des cavernes ; et l'éclair de la joie s'éteignit dans nos yeux tout d'un coup, et nos poitrines s'affaissèrent comme des outres vidées.

Un affranchi, voyant cela, poussa Hédic à bas du tronc d'arbre et lui détacha la langue avec son poignard ; puis, le rejetant à la même place : « Continue ! » cria-t-il en riant comme une nuée de ramiers qui retourne au nid le soir.

Hédic, sans témoigner qu'il ressentît aucune douleur, se leva lentement, puis promena des yeux de feu sur la foule qui l'entourait : elle ondulait comme un champ de blé, stupéfaite et incertaine...

Hédic ouvrit la bouche, et il arriva (nos dieux le permirent) une chose prodigieuse et effrayante : il s'élança de ses lèvres une sorte de vapeur épaisse et enflammée où l'œil croyait distinguer des figures bizarres et confuses.

Cette vapeur allait s'élargissant derrière la tête du barde, et eut bientôt envahi tout l'horizon ; puis, telle qu'un tableau immense, elle nous retraça les batailles de nos pères, nos forêts incendiées, nos femmes ravies par les armées romaines.

Et, à mesure que la vapeur merveilleuse s'exhalait de la bouche d'Hédic, des images nouvelles se formaient, et nous pûmes admirer longtemps les traits divins d'Arminius et de Trusnelda[1], sa vaillante épouse.

Pendant tout cela, on dansait au palais de Silvius Scaurus; un festin bruyant réunissait les seigneurs voisins, et les cymbales et les flûtes dispersaient au loin de ravissants accords.

Mais, avant la fin de la nuit, plus doux et plus mélodieux à nos oreilles, des cris et des gémissements retentirent dans le palais, la flamme joyeuse se prit à danser aussi dans les salles dorées.

Et la nouvelle épouse posséda, cette nuit-là, plus d'amants qu'aucune Romaine n'en eut jamais..., tandis que, non loin d'elle, Silvius Scaurus vomissait son repas de noces par vingt bouches sanglantes.

Les Poésies de Henri Heine
(1848)

Dans un moment où l'Europe est en feu[1], il y a peut-être quelque courage à s'occuper de simple poésie, à traduire un écrivain qui a été le chef de la jeune Allemagne[2] et a exercé une grande influence sur le mouvement des esprits, non pas pour ses chants révolutionnaires, mais pour ses ballades les plus détachées, ses stances les plus sereines. Nous aurions pu, dans l'œuvre d'Henri Heine, vous former un faisceau de baguettes républicaines auquel n'aurait pas même manqué la hache du licteur. Nous préférons vous offrir un simple bouquet de fleurs de fantaisie, aux parfums pénétrants, aux couleurs éclatantes[3]. Il faut bien que quelque fidèle, en ce temps de tumulte où les cris enroués de la place publique ne se taisent jamais, vienne réciter tout bas sa prière à l'autel de la poésie[4].

On a pu apprécier ici même le talent d'Henri Heine dans ses poèmes satiriques. *Atta-Troll* et *Le Voyage d'Hiver* sont encore dans toutes les mémoires[5]. Cette fois nous donnons comme une anthologie tirée de ses divers recueils du *Buch der Lieder* (Livre des chants). Avant de citer ces pièces, qui perdent nécessairement beaucoup, privées des grâces du style et du rythme, nous voudrions tenter une appréciation du talent poétique d'Henri Heine, ce Byron de l'Allemagne à qui il n'a manqué, pour être aussi populaire en France, que le titre de lord, la mise en scène de son génie, — et une traduction complète.

Henri Heine est, si ces mots peuvent s'accoupler, un Voltaire pittoresque et sentimental, un sceptique du xviiie siècle, argenté par les doux rayons bleus du clair de lune allemand. Rien n'est plus singulier et plus inattendu que ce mélange involontaire d'où résulte l'originalité du poète. À l'opposé de beaucoup de ses compatriotes, farouches Teutons et *gallophages*, qui ne jurent que par Hermann[1], Henri Heine a toujours beaucoup aimé les Français; si la Prusse est la patrie de son corps, la France est la patrie de son esprit. Le Rhin ne sépare pas si profondément qu'on veut bien le dire les deux pays[2], et souvent la brise de France, franchissant les eaux vertes où gémit la Lurley sur son rocher[3], balaie, de l'autre côté, l'épaisse brume du Nord et apporte quelque gai refrain de liberté et d'incrédulité joyeuse, que l'on ne peut s'empêcher de retenir. Heine en a retenu plus que tout autre, de ces chansons aimablement impies et férocement légères, et il est devenu un terrible railleur, ayant toujours son carquois plein de flèches sarcastiques, qui vont loin, ne manquent jamais leur but et pénètrent avant. Ah! plus d'un qui n'en dit rien, et tâche de faire bonne contenance, quoiqu'il soit mort depuis longtemps de sa blessure, a dans le flanc le fer de l'un de ces dards empennés de métaphores brillantes. Tous ont été criblés, les dieux anciens et les dieux nouveaux, les potentats et les conseillers auliques, les poètes barbares ou sentimentaux, les tartufes et les cuistres de toute robe et de tout plumage. Nul tireur, fût-il aussi adroit qu'un chasseur tyrolien, n'a abattu un pareil nombre des noirs corbeaux qui tournent et croissent[4] au-dessus du Kyffhauser, la montagne sous laquelle dort l'empereur Frédéric Barberousse[5], et si l'Épiménide couronné ne se réveille point, certes, ce n'est pas la faute du brave Henri; dans son ardeur de viser et d'atteindre, il a même lancé à travers sa sarbacane, sur la patrie allemande, sur la *vieille femme de là-bas*, comme il l'appelle, quelques pois et quelques houppes de laine rouge, cachant une fine pointe, qui ont dû réveiller parfois, dans son fauteuil d'ancêtre, la pauvre grand-mère rêvassant et radotant[1].

Il n'a pas manqué jusqu'à présent de ces esprits secs, haineux, d'une lucidité impitoyable, qui ont manié l'ironie, cette hache luisante et glacée, avec l'adresse froide et l'impassibilité joviale du bourreau ; mais Henri Heine, quoiqu'il soit aussi cruellement habile que pas un d'eux, en diffère essentiellement au fond. Avec la haine, il possède l'amour, un amour aussi brûlant que la haine est féroce ; il adore ceux qu'il tue ; il met le dictame sur les blessures qu'il a faites et des baisers sur ses morsures. Avec quel profond étonnement il voit jaillir le sang de ses victimes, et comme il éponge bien vite les filets pourprés et les lave de ses larmes !

Ce n'est pas un vain cliquetis d'antithèses de dire littéralement d'Henri Heine qu'il est cruel et tendre, naïf et perfide, sceptique et crédule, lyrique et prosaïque, sentimental et railleur, passionné et glacial, spirituel et pittoresque, antique et moderne, *Moyen Âge* et révolutionnaire. Il a toutes les qualités et même, si vous voulez, tous les défauts qui s'excluent ; c'est l'homme des contraires, et cela sans effort, sans parti pris, par le fait d'une nature panthéiste qui éprouve toutes les émotions et perçoit toutes les images. Jamais Protée n'a pris plus de formes, jamais dieu de l'Inde n'a promené son âme divine dans une si longue série d'avatars. Ce qui suit le poète à travers ces mutations perpétuelles et ce qui le fait reconnaître, c'est son incomparable perfection plastique. Il taille comme un bloc de marbre grec les troncs noueux et difformes de cette vieille forêt inextricable et touffue du langage allemand à travers laquelle on n'avançait jadis qu'avec la hache et le feu ; grâce à lui, l'on peut marcher maintenant dans cet idiome sans être arrêté à chaque pas par les lianes, les racines tortueuses et les chicots mal déracinés des arbres centenaires ; — dans le vieux chêne teutonique, où l'on n'avait pu si longtemps qu'ébaucher à coups de serpe l'idole informe d'Irmensul[1], il a sculpté la statue harmonieuse d'Apollon; il a transformé en langue universelle ce dialecte que les Allemands seuls pouvaient écrire et parler sans cependant toujours se comprendre eux-mêmes[2].

Apparu dans le ciel littéraire un peu plus tard, mais avec non moins d'éclat que la brillante pléiade où brillaient Wieland, Klopstock, Schiller et Goethe, il a pu éviter plusieurs défauts de ses prédécesseurs. On peut reprocher à Klopstock une fatigante profondeur, à Wieland une légèreté outrée, à Schiller un idéalisme parfois absurde; enfin, Goethe, affectant de réunir la sensation, le sentiment et l'esprit, pèche souvent par une froideur glaciale. Comme nous l'avons dit, Henri Heine est naturellement sensible, idéal, plastique, et avant tout spirituel. Il n'est rien entré de Klopstock dans la formation de son talent, parce que sa nature répugne à tout ce qui est ennuyeux; il a de Wieland la sensualité, de Schiller le sentiment, de Goethe la spiritualité panthéistique; il ne tient que de lui-même son incroyable puissance de réalisation. Chez lui, l'idée et la forme s'identifient complètement; personne n'a poussé aussi loin le relief et la couleur. Chacune de ses phrases est un microcosme animé et brillant; ses images semblent vues dans la chambre noire; ses figures se détachent du fond et vous causent par l'intensité de l'illusion la même surprise craintive que des portraits qui descendraient de leur cadre pour vous dire bonjour. Les mots chez lui ne désignent pas les objets, ils les évoquent. Ce n'est plus une lecture qu'on fait, c'est une scène magique à laquelle on assiste; vous vous sentez enfermé dans le cercle avec le poète, et alors autour de vous se pressent avec un tumulte silencieux des êtres fantastiques d'une vérité saisissante; il passe devant vos yeux des tableaux si impossiblement réels, que vous éprouvez une sorte de vertige[3].

Rien n'est plus singulier pour nous que cet esprit à la fois si français et si allemand. Telle page étincelante d'ironie et qu'on croirait arrachée à Candide a pour

verso une légende digne de figurer dans la collection des
frères Grimm, et souvent, dans la même strophe, le doc-
teur Pangloss philosophe avec un *elfe* ou une *nixe*. Au rire
strident de Voltaire, l'enfant au cor merveilleux[1] mêle
une note mélancolique où revivent les poésies secrètes
de la forêt et les fraîches inspirations du printemps ; le
railleur s'installe familièrement dans un donjon gothique
ou se promène sous les arceaux d'une cathédrale ;
il commence par se moquer des hauts barons et des
prêtres, mais bientôt le sentiment du passé le pénètre,
les armures bruissent le long des murailles ; les couleurs
des blasons se ravivent, les roses des vitraux étincellent,
l'orgue murmure ; le paladin sort de son château féodal
sur son coursier caparaçonné ; le prêtre, la chasuble au
dos, monte les marches de l'autel, et jamais poète épris
de chevalerie et d'art catholique, ni Uhland, ni Tieck,
ni Schlegel, dont il a tant de fois tourné le romantisme
en ridicule[2], n'ont si fidèlement dépeint et si bien com-
pris le Moyen Âge. La force des images et le sentiment
de la beauté ont rendu pour quelques strophes notre
ricaneur sérieux ; mais voilà qu'il se moque de sa propre
émotion et passe sur ses yeux remplis de larmes sa
manche bariolée de bouffon, et fait sonner bien fort ses
grelots et vous éclate de rire au nez[3]. Vous avez été sa
dupe ; il vous a tendu un piège sentimental où vous êtes
tombé comme un simple Philistin[4]. — Il le dit, mais il
ment ; il a été attendri en effet, car tout est sincère dans
cette nature multiple. Ne l'écoutez pas, quand il vous dit
de ne croire ni à son rire ni à ses pleurs ; rire d'hyène,
larmes de crocodile ; — pleurs et rires ne s'imitent pas
ainsi !

Le *Buch der Lieder* (Livre des chants) contient plu-
sieurs ballades où, malgré l'accent railleur, palpite la vie
intime des temps passés. «Le Chevalier Olaf» se fait
remarquer par le plus habile mélange de grâce et de ter-
reur. Cela est charmant et cela donne froid dans le dos.
— Olaf a séduit la fille du roi ; il faut qu'il l'épouse pour

légitimer sa faute, mais il doit payer, la noce achevée, sa
hardiesse de sa tête! La princesse est pâle comme une
morte, le roi sombre et soucieux, le bourreau attendri; le
chevalier Olaf seul salue d'un air gai son beau-père et
sourit de ses lèvres vermeilles; il ne regrette pas ce qu'il
a fait et ne trouve pas son bonheur acheté trop cher. Il
envoie un adieu plein de reconnaissance à tout ce qui
l'entoure, à la nature, à la providence, aux beaux yeux
couleur de violette qui lui ont été si fatals et si doux!
— Quel tableau grandiose et fantastique que celui du roi
Harald Harfagar endormi au fond de la mer dans les
bras d'une ondine amoureuse, et qui tressaille lorsque
les vaisseaux des pirates normands passent au-dessus de
sa tête! — Et dans la ballade d'Almanzor, qui, voyant
dans la mosquée de Cordoue les colonnes de porphyre
continuer à soutenir les voûtes de l'église du dieu des
chrétiens comme elles avaient porté la coupole du temple
d'Allah, courbe sa tête sous l'eau du baptême et trouve le
moyen de rester le dernier à la fête d'une galante châte-
laine, si bien que les colonnes indignées se rompent
et croulent en débris, faisant hurler de douleur anges et
saints sous leurs décombres, — quelle verve sceptique!
quelle haute philosophie à travers le luxe éblouissant
des images et l'enchantement oriental de la poésie! Le
Romancero morisco n'a rien de plus vif, de plus éclatant,
de plus arabe; mais à quoi bon donner un échantillon,
quand on peut ouvrir l'écrin lui-même?

LE CHEVALIER OLAF

I

Devant le dôme se tiennent deux hommes, portant tous deux des manteaux rouges ; l'un est le roi, l'autre est le bourreau.

Et le roi dit au bourreau : — Au chant des prêtres, je vois que la cérémonie va finir ; tiens prête ta bonne hache.

Les cloches sonnent, les orgues ronflent, et le peuple s'écoule de l'église. Au milieu du cortège bigarré sont les nouveaux époux en costume d'apparat.

L'une est la fille du roi ; elle est triste, inquiète, pâle comme une morte ; l'autre est sire Olaf, qui marche avec assurance et sérénité : sa bouche vermeille sourit.

Et, avec le sourire sur ses lèvres vermeilles, il dit au roi, sombre, et soucieux : « Je te salue, beau-père ; c'est aujourd'hui que je dois te livrer ma tête.

» Je dois mourir aujourd'hui... Oh ! laisse-moi vivre seulement jusqu'à minuit, afin que je fête mes noces par un festin et par des danses.

» Laisse-moi vivre, laisse-moi vivre jusqu'à ce que le dernier verre soit vidé, jusqu'à ce que la dernière danse soit dansée... Laisse-moi vivre jusqu'à minuit. »

Et le roi dit au bourreau : « Nous octroyons à notre gendre la prolongation de sa vie jusqu'à minuit... Tiens prête ta bonne hache. »

II

Sire Olaf est assis au banquet de ses noces, il vide son dernier verre ; l'épousée s'appuie sur son épaule et gémit. — Le bourreau se tient devant la porte.

Le bal commence, et sire Olaf étreint sa jeune femme, et, dans une valse emportée, ils dansent à la lueur des flambeaux la dernière danse. — Le bourreau se tient devant la porte.

Les violons jettent des sons joyeux, les flûtes soupirent tristes et inquiètes ; les spectateurs ont le cœur serré en voyant danser les deux époux. — Le bourreau se tient devant la porte.

Et, tandis qu'ils dansent dans la salle resplendissante, sire Olaf murmure à l'oreille de sa femme : « Tu ne sais pas combien je t'aime ! Il fera si froid dans le tombeau ! » — Le bourreau se tient devant la porte.

III

« Sire Olaf, il est minuit ; ta vie est écoulée ! Tu la perds en expiation d'avoir suborné une fille de roi. »

Les moines murmurent les prières des agonisants ; l'homme au manteau rouge attend, armé de sa hache brillante, auprès du noir billot.

Sire Olaf descend le perron de la cour, où luisent des torches et des épées.

Un sourire voltige sur les lèvres vermeilles du chevalier, et, de sa bouche souriante, il dit :

« Je bénis le soleil, je bénis la lune et les astres qui étoilent le ciel. Je bénis aussi les petits oiseaux qui gazouillent dans l'air.

» Je bénis la mer, je bénis la terre et les fleurs qui émaillent les prés ; je bénis les violettes, elles sont aussi douces que les yeux de mon épousée.

» Ô les doux yeux de mon épousée, les yeux couleur de violettes, c'est par eux que je meurs !... Je bénis aussi le feuillage embaumé du sureau sous lequel tu t'es donnée à moi. »

HARALD HARFAGAR

Le roi Harald Harfagar habite les profondeurs de l'Océan avec une belle fée de la mer; les années viennent et s'écoulent.

Retenu par le charme et les enchantements de l'ondine, il ne peut ni vivre ni mourir; voilà déjà deux cents ans que dure son bienheureux martyre.

La tête du roi repose sur le sein de la douce enchanteresse, dont il regarde les yeux avec une amoureuse langueur; il ne peut jamais les regarder assez.

Sa chevelure d'or est devenue gris d'argent; les pommettes de ses joues saillissent sous sa peau jaunie; son corps est flétri et cassé.

Parfois il s'arrache tout à coup à son rêve d'amour, quand les flots bruissent violemment au-dessus de sa tête et que le palais de cristal tremble.

Parfois il croit entendre au-dessus des vagues, dans le vent qui passe, un cri de guerre normand; il se lève en sursaut, il tressaille de joie, il étend ses bras, mais ses bras retombent lourdement.

Parfois il croit entendre au-dessus de lui des marins qui chantent et célèbrent dans leurs chansons guerrières les exploits du roi Harald Harfagar.

Alors le roi gémit, sanglote et pleure du fond de son cœur. La fée de la mer se penche vivement sur lui et lui donne un baiser de sa bouche rieuse.

––––––

ALMANZOR

I

Dans le dôme de Cordoue s'élèvent treize cents colonnes, treize cents colonnes gigantesques soutiennent la vaste coupole.

Et colonnes, coupole et murailles sont couvertes depuis le haut jusqu'en bas de sentences du Coran, arabesques charmantes artistement enlacées.

Les rois mores, jadis, bâtirent cette maison à la gloire d'Allah, mais les temps ont changé, et avec les temps l'aspect des choses.

Sur la tour où le muezzin appelait à la prière bourdonne maintenant le glas mélancolique des cloches chrétiennes.

Sur les degrés où les croyants chantaient la parole du prophète, les moines tonsurés célèbrent maintenant la lugubre facétie de leur messe.

Et ce sont des génuflexions et des contorsions devant des poupées de bois peint, et tout cela beugle et mugit, et de sottes bougies jettent leurs lueurs sur des nuages d'encens.

Dans le dôme de Cordoue se tient debout Almanzor-ben-Abdullah, qui regarde tranquillement les colonnes et murmure ces mots :

« Ô vous, colonnes, fortes et puissantes autrefois, vous embellissiez la maison d'Allah, maintenant vous rendez servilement hommage à l'odieux culte du Christ !

» Vous vous accommodez aux temps, et vous portez patiemment votre fardeau. Hélas ! et moi qui suis d'une matière plus faible, ne dois-je encore plus patiemment accepter ma charge ? »

Et le visage serein, Almanzor-ben-Abdullah courba sa tête sur le splendide baptistère du dôme de Cordoue.

II

Il sort vivement du dôme et s'élance au galop de son coursier arabe; les boucles de ses cheveux encore trempées d'eau bénite et les plumes de son chapeau flottent au vent.

Sur la route d'Alkoléa, où coule le Guadalquivir, où fleurissent les amandiers blancs, où les oranges d'or répandent leurs senteurs,

Sur cette route, le joyeux chevalier chevauche, siffle et chante de plaisir, et sa voix se mêle au gazouillement des oiseaux et au bruissement du fleuve.

Au château d'Alkoléa demeure Clara d'Alvarès, et, pendant que son père se bat en Navarre, elle se réjouit sans contrainte.

Et Almanzor entend au loin retentir les cymbales et les tambours de la fête, et il voit les lumières du château scintiller à travers l'épais feuillage des arbres.

Au château d'Alkoléa dansent douze dames parées; douze chevaliers parés dansent avec elles. Cependant Almanzor est le plus brillant de ces paladins.

Comme il papillonne dans la salle, en belle humeur, sachant dire à toutes les dames les flatteries les plus charmantes!

Il baise vivement la belle main d'Isabelle et s'échappe aussitôt, puis il s'assied devant Elvire et la regarde hardiment dans les yeux.

Il demande en riant à Lénore s'il lui plaît aujourd'hui, et il montre la croix d'or brodée sur son pourpoint.

Il jure à chaque dame qu'elle règne seule dans son cœur, et «aussi vrai que je suis chrétien!» jure-t-il trente fois dans la même soirée.

III

Au château d'Alkoléa, le plaisir et le bruit ont cessé. Dames et chevaliers ont disparu, et les lumières sont éteintes.

Dona Clara et Almanzor sont restés seuls dans la salle; la dernière lampe verse sur eux sa lueur solitaire.

La dame est assise sur un fauteuil, le chevalier est placé sur un escabeau et sa tête, alourdie par le sommeil, repose sur les genoux de sa bien-aimée.

La dame, affectueuse et attentive, verse d'un flacon d'or de l'essence de rose sur les boucles brunes d'Almanzor, et il soupire du plus profond de son cœur.

De ses lèvres suaves, la dame, affectueuse et attentive, dépose un doux baiser sur les boucles brunes d'Almanzor, et un nuage assombrit le front du chevalier endormi.

La dame, affectueuse et attentive, pleure, et un flot de larmes tombe de ses yeux brillants sur les boucles brunes d'Almanzor, et les lèvres du chevalier frémissent.

Et il rêve: il se retrouve la tête profondément courbée et mouillée par l'eau du baptême dans le dôme de Cordoue, et il entend beaucoup de voix confuses.

Il entend murmurer toutes les colonnes gigantesques; — elles ne veulent plus porter leur fardeau, et tremblent de colère et chancellent.

Et elles se brisent violemment; le peuple et les prêtres blêmissent, la coupole s'écroule avec fracas, et les dieux chrétiens se lamentent sous les décombres.

———

L'ÉVOCATION

Le jeune franciscain est assis solitaire dans sa cellule, il lit dans le vieux grimoire intitulé : *La Contrainte de l'Enfer.*

Et comme minuit sonne, il n'y tient plus, et, les lèvres blêmies par la peur, il appelle les esprits infernaux : Esprits ! tirez-moi de la tombe le corps de la plus belle femme, prêtez-lui la vie pour cette nuit ; — je veux m'édifier sur ses charmes.

Il prononce la terrible formule d'évocation, et aussitôt sa fatale volonté s'accomplit ; la pauvre beauté morte arrive enveloppée de blancs tissus.

Son regard est triste. De sa froide poitrine s'élèvent de douloureux soupirs. La morte s'assied près du moine ; — ils se regardent et se taisent.

———

LES ONDINES

Les flots battent la plage solitaire ; la lune est levée ; le chevalier repose étendu sur la dune blanche, et se laisse aller aux mille rêveries de sa pensée.

Les belles ondines, vêtues de voiles blancs, quittent les profondeurs des eaux. Elles s'approchent à pas légers du jeune homme, qu'elles croient réellement endormi.

L'une touche avec curiosité les plumes de sa barrette ; l'autre examine son baudrier et son heaume.

La troisième sourit, et son œil étincelle ; elle tire l'épée du fourreau, et, appuyée sur l'acier brillant, elle contemple le chevalier avec ravissement.

La quatrième sautille çà et là autour de lui, et chantonne tout bas : «Oh! que ne suis-je ta maîtresse, chère fleur de chevalerie!»

La cinquième baise la main du chevalier avec une ardeur voluptueuse ; la sixième hésite, et s'enhardit enfin à lui baiser les lèvres et les joues.

Le chevalier n'est pas un sot ; il se garde bien d'ouvrir les yeux, et se laisse tranquillement embrasser par les belles ondines au clair de lune.

———

LE TAMBOUR-MAJOR

C'est le tambour-major. Comme il est déchu! Du temps de l'empire, il florissait, il était pimpant et joyeux.

Il balançait sa grande canne avec le sourire du contentement ; les tresses d'argent de son habit resplendissaient aux rayons du soleil.

Lorsqu'aux roulements du tambour il entrait dans les villes et les villages, il trouvait de l'écho dans le cœur des femmes et des filles.

Il venait, voyait — et triomphait de toutes les belles ; sa noire moustache était trempée des larmes sentimentales de nos Allemandes.

Il nous fallait bien le souffrir! Dans chaque pays où passaient les conquérants étrangers, l'empereur subjuguait les hommes, le tambour-major les femmes.

Nous avons longtemps supporté cette affliction, patients comme des chênes allemands, jusqu'au jour où nos gouvernants légitimes nous insinuèrent l'ordre de nous affranchir.

Comme le taureau dans l'arène du combat, nous avons

levé les cornes, secoué le joug français et entonné les dithyrambes de Körner.

Ô les terribles vers ! Ils firent un effroyable mal aux oreilles des tyrans ! L'empereur et le tambour-major s'enfuirent terrifiés par ces accents.

Tous les deux ils reçurent le châtiment de leurs péchés, et ils firent une misérable fin. L'empereur Napoléon tomba aux mains des Anglais.

Sur le rocher de Sainte-Hélène, ils lui infligèrent un infâme supplice. Il mourut à la fin d'un cancer à l'estomac.

Le tambour-major fut également destitué de sa position. Pour ne pas mourir de faim, il est réduit à servir comme portier dans notre hôtel.

Il allume les poêles, frotte les parquets, porte le bois et l'eau. Avec sa tête grise et branlante, il monte haletant les escaliers.

Chaque fois que mon ami Fritz vient me faire visite, il ne se refuse jamais le plaisir de railler et de tourmenter ce pauvre homme au corps si maigre et si long.

Laisse là la raillerie, ô Fritz ! Il ne sied pas aux fils de la Germanie d'accabler de sottes plaisanteries la grandeur déchue.

Tu dois, il me semble, traiter avec respect des gens de cette espèce ; — il se peut bien que ce vieux soit ton père du côté maternel !

———

Nous ne pouvons que mentionner ici quelques autres ballades déjà connues en France. « Les Deux Grenadiers [1] », par exemple, où se trouve l'idée de la *Revue nocturne* de Zedlitz [2], qui ne parut que longtemps après. « Dona Clara [3] » est pour ainsi dire le pendant d'« Almanzor ». Là, c'est un musulman qui trahit sa foi pour l'amour d'une chrétienne ; ici, un juif prend le costume d'un chevalier pour séduire la fille d'un alcade. La scène se passe dans des jardins délicieux ; c'est une longue causerie amoureuse où la jeune fille laisse échapper çà et là des railleries contre les juifs sans savoir qu'elles vont frapper douloureusement au cœur de l'amant. La conclusion est que le faux chevalier, après avoir pressé dans ses bras la jeune Espagnole, lui avoue qu'il est le fils du grand rabbin de Saragosse. Le trait railleur manque rarement, chez Heine, au dénouement des ballades les plus colorées et les plus amoureuses. Pourtant le «Pèlerinage à Kevlaar[1]» est une légende toute catholique, dont rien ne dérange le sentiment religieux. Il s'agit d'un pèlerinage vers une certaine chapelle où la Sainte-Vierge guérit tous les malades. L'un lui présente un pied, l'autre une main de cire, selon l'usage, pour indiquer la partie de son corps qui souffre. Un jeune homme apporte à la Vierge un petit cœur de cire, car il est malade d'amour. — La nuit suivante, le jeune homme est endormi ; sa mère, en le veillant, s'est endormie aussi ; mais elle voit en rêve la mère de Dieu qui entre dans la chambre sur la pointe du pied. Marie se penche sur le malade, appuie doucement la main sur son cœur et disparaît. — Les chiens aboyaient si fort dans la cour, que la vieille femme se réveilla. Son fils était mort, «les lueurs rouges du matin se jouaient sur ses joues blanches».

«La mère joignit pieusement les mains, et pieusement, à voix basse, elle chanta : Gloire à toi, Marie ! »

Mais il faudrait en citer bien d'autres ; — achevons plutôt d'apprécier encore les caractères généraux du talent d'Henri Heine. Il a, entre autres qualités, le sentiment le plus profond de la poésie du Nord, quoique méridional par tempérament, comme lord Byron, qui, né dans la brumeuse Angleterre, n'en est pas moins un fils du soleil ; — il comprend à merveille ces légendes de la Baltique, ces tours où sont enfermées des filles de rois, ces femmes au plumage de cygne, ces héros aux cuirasses d'azur, ces dieux à qui les corbeaux parlent à l'oreille, ces luttes

géantes sur un frêle esquif ou sur une banquise à la
dérive. Un reflet de l'Edda[1] colore ses ballades comme
une aurore boréale; ces scènes de carnage et d'amour, de
voluptés fatales et d'influences mystérieuses, convien-
nent à sa manière contrastée. Mais, ce à quoi il excelle,
c'est à la peinture de tous les êtres charmants et perfides,
ondines, elfes, nixes, wilis, dont la séduction cache un
piège, et dont les bras blancs et glacés vous entraînent au
fond des eaux dans la noire vase, sous les larges feuilles
des nénuphars. Il faut dire que, malgré les galanteries ita-
liennes de ses terzines, les hyperboles et les concetti de
ses sonnets, toute femme est pour Heine quelque peu nixe
ou wili[2], et lorsque dans un de ses livres il s'écrie, à pro-
pos de Lusignan, amant de Mélusine: «Heureux homme
dont la maîtresse n'était serpent qu'à moitié[3]!» il livre en
une phrase le secret intime de sa théorie de l'amour.

Henri Heine, dans ses poésies les plus amoureuses et
les plus abandonnées, a toujours quelque chose de soup-
çonneux et d'inquiet; l'amour est pour lui un jardin plein
de fleurs et d'ombrages, mais de fleurs vénéneuses et
d'ombrages mortifères; des sphinx au visage de vierge,
à la gorge de femme, à la croupe de lionne, aiguisent
leurs griffes tout en souriant du haut de leurs socles de
marbre; au milieu de l'étang jouent avec les cygnes
de belles nymphes nues qui ont leurs raisons pour ne pas
se montrer plus bas que la ceinture; dans ce dangereux
paradis, les chants sont des incantations, le regard fas-
cine, les parfums causent le vertige, les couleurs éblouis-
sent, la grâce est perfide, la beauté fatale; les bouches
froides donnent des baisers brûlants, les bouches brû-
lantes des baisers de glace; toute séduction trompe, tout
charme est un danger, l'idée de la trahison et de la
mort se reproduit à chaque instant; le poète a l'air d'un
homme qui caresse un tigre, joue avec le serpent cobra-
capello, ou fait vis-à-vis à quelque charmante morte dans
un bal de fantômes; cependant ce péril lui plaît et l'attire;
il vient comme l'oiseau, au sifflement de la vipère, et il

aime à cueillir le *vergiss mein nicht* au bord des rives glissantes.

Dans la *Nord-See* (Mer du Nord), le poète a peint des marines bien supérieures à celles de Backhuysen, de Van de Velde et de Joseph Vernet[1]; ses strophes ont la grandeur de l'Océan, et son rythme se balance comme les vagues. Il rend à merveille les splendides écroulements des nuages, les volutes de la houle brodant le rivage d'une frange argentée, tous les aspects du ciel et de l'eau dans le calme et dans l'orage. Shelley et Byron seuls ont possédé à ce degré l'amour et le sentiment de la mer; mais, par un caprice singulier, au bord de cette Baltique, devant ces flots glacés qui viennent du pôle, notre Allemand se fait Grec[2]. C'est Poseidon qui lève sa tête au-dessus de cette eau bleue et froide, gonflée par la fonte des glaciers polaires. Au lieu des *évêques de mer*[3] et des ondines, il fait jouer dans l'écume des tritons classiques, par un anachronisme et une transposition volontaires, comme s'en sont permis de tout temps les grands coloristes, Rubens et Paul Véronèse entre autres; il introduit dans la cabane de la fille du pêcheur un dieu d'Homère déguisé, — et lui-même ne représente pas mal Phébus-Apollon, avec une chemise rouge de matelot, des braies goudronnées, et condamné, non plus à garder les troupeaux chez Admète, mais à pêcher le hareng dans la mer du Nord.

Ceci est pour le côté purement pittoresque et descriptif; mais à la contemplation de la nature se mêlent des rêveries philosophiques et des souvenirs d'amour. L'immensité rend sérieux; la bouche du poète, cet arc rouge qui décochait tant de sarcasmes, se détend. Éloigné du danger, c'est-à-dire de la femme, Henri Heine se tient moins sur ses gardes; la mer interposée le rassure; l'idéal chaste et noble se reforme; l'ange pur succède au monstre gracieux, et, en se penchant sur la mer, le poète aperçoit au fond de l'abîme et dans la transparence des eaux la ville engloutie et vivante où s'accoude à la fenêtre la belle jeune fille qu'il aimerait sans crainte et sans jalousie.

Nous regrettons de ne pouvoir citer l'ensemble de ce poème étrange, où se déroulent tant d'impressions poétiques, rêveries, amours, souffrances, fantaisie, enthousiasme, ivresse. C'est l'analyse entière de l'âme du poète, avec ses contrastes les plus variés. Dans cette courte traversée de Hambourg à Héligoland, puis de cette île à Brême probablement, sur quelque mauvais paquebot chargé de grossiers matelots et de passagers ennuyeux, la pensée du rêveur s'isole et se fait grande comme l'infini. Quel est cet amour qui l'oppresse cependant, et qui, çà et là, traverse comme un éclair ces vagues idées, parfois imprégnées des brumes du Nord, parfois affectant une précision classique ? C'est dans un autre de ses poèmes, intitulé *Intermezzo*, qu'on trouverait peut-être le secret de ces aspirations, de ces souffrances. Là se découpe plus nettement la forme adorée, la beauté à la fois idéale et réelle qui fut pour Heine ce qu'est Laure pour Pétrarque, Béatrice pour Dante. Mais c'est assez d'avoir osé rendre quelques pages du *Livre des Chants*. La traduction n'est peut-être qu'un tableau menteur, qui ne peut fixer d'aussi vagues images, merveilleuses et fugitives comme les brumes colorées du soir[1].

———

COURONNEMENT

Chansons ! mes bonnes chansons ! debout, debout, et prenez vos armes ! Faites sonner les trompettes et élevez-moi sur le pavois cette jeune belle qui désormais doit régner sur mon cœur en souveraine.

Salut à toi, jeune reine !

Du soleil qui luit là-haut j'arracherai l'or rutilant et radieux, et j'en formerai un diadème pour ton front sacré. — Du satin azuré qui flotte à la voûte du ciel, et où scintillent les diamants de la nuit, je veux arracher un magnifique lambeau, et j'en ferai un manteau de parade pour tes royales épaules. Je te donnerai une cour de pimpants sonnets, de fières terzines et de stances élégantes ; mon esprit te servira de coureur, ma fantaisie de bouffon, et mon *humour* sera ton héraut blasonné. Mais, moi-même, je me jetterai à tes pieds, reine, et, agenouillé sur un coussin de velours rouge, je te ferai hommage du reste de raison qu'a daigné me laisser l'auguste princesse qui t'a précédée dans mon cœur.

————

LE CRÉPUSCULE

Sur le pâle rivage de la mer je m'assis rêveur et solitaire. Le soleil déclinait et jetait des rayons ardents sur l'eau, et les blanches, larges vagues, poussées par le reflux, s'avançaient écumeuses et mugissantes. C'était un fracas étrange, un chuchotement et un sifflement, des rires et des murmures, des soupirs et des râles, entremêlés de sons caressants comme des chants de berceuses. — Il me semblait ouïr les récits du vieux temps, les charmants contes des féeries qu'autrefois, tout petit encore, j'entendais raconter aux enfants du voisinage alors que, par une soirée d'été, accroupis sur les degrés de pierre de la porte, nous écoutions en silence le narrateur, avec nos jeunes cœurs attentifs et nos yeux tout ouverts par la curiosité, pendant que les grandes filles, assises à la fenêtre au-dessus de nous, près des pots de fleurs odorantes, et semblables à des roses, souriaient aux lueurs du clair de lune.

LA NUIT SUR LA PLAGE

La nuit est froide et sans étoiles ; la mer fermente, et sur la mer, à plat ventre étendu, l'informe vent du nord, comme un vieillard grognon, babille d'une voix gémissante et mystérieuse, et raconte de folles histoires, des contes de géants, de vieilles légendes islandaises remplies de combats et de bouffonneries historiques, et, par intervalles, il rit et hurle les incantations de l'Edda, les évocations runiques, et tout cela avec tant de gaieté féroce, avec tant de rage burlesque, que les blancs enfants de la mer bondissent en l'air et poussent des cris d'allégresse.

Cependant sur la plage, sur le sable où la marée a laissé son humidité, s'avance un étranger dont le cœur est encore plus agité que le vent et les vagues. Partout où il marche, ses pieds font jaillir des étincelles et craquer des coquillages ; il s'enveloppe dans un manteau gris, et va, d'un pas rapide, à travers la nuit et le vent, guidé par une petite lumière qui luit douce et séduisante dans la cabane solitaire du pêcheur.

Le père et le frère sont sur la mer, et, toute seule dans la cabane, est restée la fille du pêcheur, la fille du pêcheur belle à ravir. Elle est assise près du foyer et écoute le bruissement sourd et fantasque de la chaudière. Elle jette des ramilles pétillantes au feu et souffle dessus, de sorte que les lueurs rouges et flamboyantes se reflètent magiquement sur son frais visage, sur ses épaules qui ressortent si blanches et si délicates de sa grossière et grise chemise, et sur la petite main soigneuse qui noue solidement le jupon court sur la fine cambrure de ses reins.

Mais tout à coup la porte s'ouvre, et le nocturne étranger s'avance dans la cabane ; il repose un œil doux et assuré sur la blanche et frêle jeune fille qui se tient frissonnante devant lui, semblable à un lys effrayé, et il jette son manteau à terre, sourit et dit :

« Vois-tu, mon enfant, je tiens parole et je suis revenu, et, avec moi, revient l'ancien temps où les dieux du ciel s'abaissaient aux filles des hommes et, avec elles, engendraient ces lignées de rois porte-sceptres, et ces héros merveilles du monde. — Pourtant, mon enfant, cesse de t'effrayer de ma divinité, et fais-moi, je t'en prie, chauffer du thé avec du rhum, car la bise était forte sur la plage, et, par de telles nuits, nous avons froid aussi, nous autres dieux, et nous avons bientôt fait d'attraper un divin rhumatisme et une toux immortelle. »

POSEIDON

Les feux du soleil se jouaient sur la mer houleuse ; au loin sur la rade se dessinait le vaisseau qui devait me porter dans ma patrie, mais j'attendais un vent favorable, et je m'assis tranquillement sur la dune blanche, au bord du rivage, et je lus le chant d'Odysseus, ce vieux chant éternellement jeune, retentissant du bruit des vagues et dans les feuilles duquel je respirais l'haleine ambrosienne des dieux, le splendide printemps de l'humanité et le ciel éclatant d'Hellas.

Mon généreux cœur accompagnait fidèlement le fils de Laërte dans ses pérégrinations aventureuses ; je m'asseyais avec lui, la tristesse dans l'âme, aux foyers hospitaliers où les reines filent de la pourpre, et je l'aidais à mentir et à s'échapper heureusement de l'antre du géant ou des bras d'une nymphe enchanteresse; je le suivais dans la nuit cimmérienne et dans la tempête et le naufrage, et je supportais avec lui d'ineffables angoisses.

Je disais en soupirant: Ô cruel Poseidon, ton courroux est redoutable; et moi aussi, j'ai peur de ne pas revoir ma patrie.

À peine eus-je prononcé ces mots que la mer se couvrit d'écume, et que des blanches vagues sortit la tête couronnée d'ajoncs du dieu de la mer, qui me dit d'un ton railleur:

«Ne crains rien, mon cher poétereau! Je n'ai nulle envie de briser ton pauvre petit esquif ni d'inquiéter ton innocente vie par des secousses trop périlleuses; car toi, poète, tu ne m'as jamais irrité, tu n'as pas ébréché la moindre tourelle de la citadelle sacrée de Priam, tu n'as pas arraché le plus léger cil à l'œil de mon fils Polyphême, et tu n'as jamais reçu de conseils de la déesse de la sagesse, Pallas Athéné.»

Ainsi parla Poseidon, et il se replongea dans la mer; et cette saillie grossière du dieu marin fit rire sous l'eau Amphitrite, la divine poissarde, et les sottes filles de Nérée.

———

DANS LA CAJUTE, LA NUIT

La mer a ses perles, le ciel a ses étoiles, mais mon cœur, mon cœur, mon cœur a son amour.

Grande est la mer et grand le ciel, mais plus grand est mon cœur, et plus beau que les perles et les étoiles brille mon amour.

À toi, jeune fille, à toi est ce cœur tout entier ; mon cœur et la mer et le ciel se confondent dans un seul amour.

À la voûte azurée du ciel, où luisent les belles étoiles, je voudrais coller mes lèvres dans un ardent baiser et verser des torrents de larmes.

Ces étoiles sont les yeux de ma bien-aimée ; ils scintillent et m'envoient mille gracieux saluts de la voûte azurée du ciel.

Vers la voûte azurée du ciel, vers les yeux de la bien-aimée, je lève dévotement les bras et je prie et j'implore.

Doux yeux, gracieuses lumières, donnez le bonheur à mon âme ; faites-moi mourir, et que je vous possède et tout votre ciel.

Bercé par les vagues et par mes rêveries, je suis étendu tranquillement dans une couchette de la *cajute*.

À travers la lucarne ouverte, je regarde là-haut les claires étoiles, les chers et doux yeux de ma chère bien-aimée.

Les chers et doux yeux veillent sur ma tête, et ils brillent et clignotent du haut de la voûte azurée du ciel.

À la voûte azurée du ciel je regardais heureux, durant de longues heures, jusqu'à ce qu'un voile de brume blanche me dérobât les yeux chers et doux.

Contre la cloison où s'appuie ma tête rêveuse viennent battre les vagues, les vagues furieuses ; elles bruissent et murmurent à mon oreille : « Pauvre fou ! ton bras est court et le ciel est loin, et les étoiles sont solidement fixées là-haut avec des clous d'or. — Vains désirs, vaines prières ! tu ferais mieux de t'endormir. »

Je rêvai d'une lande déserte, toute couverte d'une muette et blanche neige, et sous la neige blanche j'étais enterré et je dormais du froid sommeil de la mort.

Pourtant là-haut, de la sombre voûte du ciel, les étoiles,

ces doux yeux de ma bien-aimée, contemplaient mon tombeau, et ces doux yeux brillaient d'une sérénité victorieuse et calme, mais pleine d'amour.

————

LE CALME

La mer est calme. Le soleil reflète ses rayons dans l'eau, et sur la surface onduleuse et argentée le navire trace des sillons d'émeraude.

Le bosseman est couché sur le ventre, près du gouvernail, et ronfle légèrement. Près du grand mât, raccommodant des voiles, est accroupi le mousse goudronné.

Sa rougeur perce à travers la crasse de ses joues, sa large bouche est agitée de tressaillements nerveux, et il regarde çà et là tristement avec ses grands beaux yeux.

Car le capitaine se tient devant lui, tempête et jure et le traite de voleur: «Coquin! tu m'as volé un hareng dans le tonneau!»

La mer est calme. Un petit poisson monte à la surface de l'onde, chauffe sa petite tête au soleil et remue joyeusement l'eau avec sa petite queue.

Cependant, du haut des airs, la mouette fond sur le petit poisson, et, sa proie frétillant dans son bec, s'élève et plane dans l'azur du ciel.

————

AU FOND DE LA MER

J'étais couché sur le bordage du vaisseau et je regardais, les yeux rêveurs, dans le clair miroir de l'eau, et je plongeais mes regards de plus en plus avant, lorsqu'au fond de la mer j'aperçus, d'abord comme une brume crépusculaire, puis peu à peu, avec des couleurs plus distinctes, des coupoles et des tours, et enfin, éclairée par le soleil, toute une antique ville néerlandaise pleine de vie et de mouvement. Des hommes âgés, enveloppés de manteaux noirs, avec des fraises blanches et des chaînes d'honneur, de longues épées et de longues figures, se promènent sur la place, près de l'hôtel de ville, orné de dentelures et d'empereurs de pierre naïvement sculptés, avec leurs sceptres et leurs longues épées. Non loin de là, devant une file de maisons aux vitres brillantes, sous des tilleuls taillés en pyramides, se promènent, avec des frôlements soyeux, de jeunes femmes, de sveltes beautés dont les visages de rose sortent décemment de leurs coiffes noires et dont les cheveux blonds ruissellent en boucles d'or. Une foule de beaux cavaliers costumés à l'espagnole se pavanent près d'elles et leur lancent des œillades. Des matrones vêtues de mantelets bruns, un livre d'heures et un rosaire dans les mains, se dirigent à pas menus vers le grand dôme, attirées par le son des cloches et le ronflement de l'orgue.

À ces sons lointains, un secret frisson s'empare de moi. De vagues désirs, une profonde tristesse, envahissent mon cœur, mon cœur à peine guéri. Il me semble que mes blessures, pressées par des lèvres chéries, saignent de nouveau ; leurs chaudes et rouges gouttes tombent lentement, une à une, sur une vieille maison qui est là dans la ville sous-marine, sur une vieille maison au pignon élevé, qui semble veuve de tous ses habitants, et dans laquelle est assise, à une fenêtre basse, une jeune fille qui appuie sa tête sur son bras. — Et je te connais, pauvre enfant! Si loin, au fond de la mer même, tu t'es cachée de moi dans un accès d'humeur enfantine, et tu n'as pas pu remonter, et tu t'es assise étrangère parmi des étrangers, durant un siècle, pendant que moi, l'âme pleine de chagrin, je te cherchais par toute la terre, et toujours je te cherchais, toi toujours aimée, depuis si longtemps aimée, toi que j'ai retrouvée enfin! Je t'ai retrouvée et je revois ton doux visage, tes yeux intelligents et calmes, ton fin sourire. — Et jamais je ne te quitterai plus, et je viens à toi, et, les bras étendus, je me précipite sur ton cœur.

Mais le capitaine me saisit à temps par le pied, et, me tirant sur le bord du vaisseau, me dit d'un ton bourru : « Docteur! docteur! êtes-vous possédé du diable? »

———

PURIFICATION

Reste au fond de la mer, rêve insensé, qui autrefois, la nuit, as si souvent affligé mon cœur d'un faux bonheur, et qui, encore à présent, spectre marin, viens me tourmenter en plein jour. — Reste là, sous les ondes, durant l'éternité, et je te jette encore tous mes maux et tous mes péchés, et le bonnet de la folie dont les grelots ont si longtemps résonné autour de ma tête, et la froide dissimulation, cette peau lisse de serpent qui m'a si longtemps enveloppé l'âme…, mon âme malade reniant Dieu et reniant les anges, mon âme maudite et damnée… — Hoiho! hoiho! voici le vent! dépliez les voiles! elles flottent et s'enflent! Sur le miroir placide et périlleux des eaux, le vaisseau glisse, et l'âme délivrée pousse des cris de joie.

———

LA PAIX

Le soleil était au plus haut du ciel, environné de nuages blancs, la mer était calme, et j'étais couché près du gouvernail, et je songeais et je rêvais ; — et, moitié éveillé, moitié sommeillant, je vis Christus, le sauveur du monde. Vêtu d'une robe blanche flottante et grand comme un géant, il marchait sur la terre et sur la mer ; sa tête touchait au ciel, et de ses mains étendues il bénissait la mer et la terre, et, comme un cœur dans sa poitrine, il portait le soleil, le rouge et ardent soleil, — et ce cœur radieux et enflammé, foyer d'amour et de clarté, épandait ses gracieux rayons et sa lumière sur la terre et sur la mer.

Des sons de cloche, résonnant çà et là, attiraient comme des cygnes, et en se jouant, le navire, qui glissa vers un rivage verdoyant où des hommes habitent une cité resplendissante.

Ô merveille de la paix ! comme la ville est tranquille ! Le sourd bourdonnement des vaines et babillardes affaires, le bruissement des métiers, tout se tait, et à travers les rues claires et resplendissantes se promènent des hommes vêtus de blanc et portant des palmes, et, lorsque deux personnes se rencontrent, elles se regardent d'un air d'intelligence, et, dans un tressaillement d'amour et de douce renonciation, elles s'embrassent au front et lèvent les yeux vers le cœur radieux du Sauveur, vers ce cœur qui est le soleil et qui verse allégrement la pourpre de son sang réconciliateur sur le monde, et elles disent trois fois dans un transport de béatitude: Béni soit Christus!

———

SALUT DU MATIN

Thalatta! Thalatta*! Je te salue, mer éternelle! Je te salue dix mille fois d'un cœur joyeux, comme autrefois te saluèrent dix mille cœurs grecs, cœurs malheureux dans les combats, soupirant après leur patrie, cœurs illustres dans l'histoire du monde.

Les flots s'agitaient et mugissaient; le soleil versait sur la mer ses clartés roses; des volées de mouettes s'enfuyaient effarouchées en poussant des cris aigus; les chevaux piaffaient; les boucliers résonnaient d'un cliquetis joyeux. Comme un chant de victoire retentissait le cri: *Thalatta! Thalatta!*

Je te salue, mer éternelle! Je retrouve dans le bruissement de tes ondes comme un écho de la patrie, et je crois voir les rêves de mon enfance scintiller à la surface de tes vagues, et il me revient de vieux souvenirs de tous les chers et nobles jouets, de tous les brillants cadeaux de Noël, de tous les coraux rouges, des perles et des coquillages dorés que tu conserves mystérieusement dans des coffrets de cristal!

Oh! combien j'ai souffert des ennuis de la terre étrangère! Comme une fleur fanée dans l'étui de fer-blanc du botaniste, mon cœur se desséchait dans ma poitrine. Il me semble que, durant l'hiver, je m'asseyais comme un malade dans une chambre sombre et malsaine, et maintenant voilà que je l'ai quittée tout à coup, et le vert prin-

* *Thalatta* ou *Thalassa*, mer.

temps, éveillé par le soleil, resplendit à mes yeux éblouis, et j'entends le bruissement des arbres chargés d'une neige parfumée, et les jeunes fleurs me regardent avec leurs yeux odorants et bariolés, et l'atmosphère pleure et bruit, et respire et sourit, et dans l'azur du ciel les oiseaux chantent : *Thalatta! Thalatta!*

Ô cœur vaillant, qui as mis ton courage à fuir ! combien de fois les beautés barbares du Nord t'ont amoureusement tourmenté ! — De leurs grands yeux vainqueurs, elles me lançaient des traits enflammés ; avec leurs paroles à double tranchant, elles s'exerçaient à me fendre le cœur ; avec de longues épîtres assommantes, elles étourdissaient ma pauvre cervelle. Vainement je leur opposais le bouclier, les flèches sifflaient, les coups retentissaient ; elles ont fini par me pousser, ces beautés barbares du Nord, jusqu'au rivage de la mer, et, respirant enfin librement, je salue la mer, la mer aimée et libératrice. — *Thalatta! Thalatta!*

———

L'ORAGE

L'orage couve sourdement sur la mer, et à travers la noire muraille des nuages palpite la foudre dentelée, qui luit et s'éteint comme un trait d'esprit sorti de la tête de Zeus-Kronion. Sur l'onde déserte et agitée roule longuement le tonnerre et bondissent les blancs coursiers de Poseidon, que Borée lui-même a jadis engendrés avec les cavales échevelées d'Érichthon, et les oiseaux de mer s'agitent, inquiets comme les ombres des morts que Caron, au bord du Styx, repousse de sa barque surchargée.

Il y a un pauvre petit navire qui danse là-bas une danse bien périlleuse ! Éole lui envoie les plus fougueux musiciens de sa bande, qui le harcèlent cruellement de leur branle folâtre ; l'un siffle, l'autre souffle, le troisième joue de la basse, — et le pilote chancelant se tient au gouvernail et observe sans cesse la boussole, cette âme tremblante du navire, et, tendant des mains suppliantes vers le ciel, il s'écrie : Oh ! sauve-moi, Castor, vaillant cavalier, et toi, glorieux athlète, Pollux !

————

LE NAUFRAGE

Espoir et amour ! Tout est brisé, et moi-même, comme un cadavre que la mer a rejeté avec mépris, je gis là, étendu sur le rivage, sur le rivage désert et nu. — Devant moi s'étale le grand désert des eaux ; derrière moi, il n'y a qu'exil et douleur, et au-dessus de ma tête voguent les nuées, ces grises et informes filles de l'air, qui de la mer, avec des seaux de brouillard, puisent l'eau, la traînent à grand-peine et la laissent retomber dans la mer, besogne triste, et fastidieuse, et inutile, comme ma propre vie.

Les vagues murmurent, les mouettes croassent, de vieux souvenirs me saisissent, des rêves oubliés, des images éteintes me reviennent, tristes et doux.

Il est dans le Nord une femme belle, royalement belle ; une voluptueuse robe blanche entoure sa frêle taille de cyprès ; les boucles noires de ses cheveux, s'échappant comme une nuit bienheureuse de sa tête couronnée de tresses, s'enroulent capricieusement autour de son doux et pâle visage, et dans son doux et pâle visage, grand et puissant, rayonne son œil, semblable à un soleil noir.

Noir soleil, combien de fois tu m'as versé les flammes dévorantes de l'enthousiasme, et combien de fois ne suis-je pas resté chancelant sous l'ivresse de cette boisson !

Mais alors un sourire d'une douceur enfantine voltigeait
autour de ses lèvres fièrement arquées, et ces lèvres fière-
ment arquées exhalaient des mots gracieux comme le
clair de lune et suaves comme l'haleine de la rose. Et mon
âme alors s'élevait et planait avec allégresse jusqu'au
ciel.

Faites silence, vagues et mouettes! Bonheur et espoir!
espoir et amour! tout est fini. Je gis à terre, misérable
naufragé, et je presse mon visage brûlant sur le sable
humide de la plage.

―――――

LES DIEUX GRECS

Sous la lumière de la lune, la mer brille comme de l'or
en fusion; une clarté, qui a l'éclat du jour et la mollesse
enchantée des nuits, illumine la vaste plage, et dans l'azur
du ciel sans étoiles planent les nuages blancs comme de
colossales figures de dieux taillées en marbre étincelant.

Non, ce ne sont point des nuages! Ce sont les dieux
d'Hellas eux-mêmes, qui jadis gouvernaient si joyeuse-
ment le monde, et qui maintenant, après leur chute et
leur trépas, à l'heure de minuit, errent au ciel, spectres
gigantesques.

Étonné et fasciné, je regardai ce Panthéon aérien, ces
colossales figures qui se mouvaient avec un silence solen-
nel. — Voici Kronion, le roi du ciel; les hivers ont neigé
sur les boucles de ses cheveux, de ces cheveux célèbres
qui, en s'agitant, faisaient trembler l'Olympe. Il tient à la
main sa foudre éteinte; son visage, où résident le mal-
heur et le chagrin, n'a pas encore perdu son antique
fierté. C'étaient de meilleurs temps, ô Zeus! ceux où tu
rassasias ta céleste convoitise de jeunes nymphes, de

mignons et d'hécatombes; mais les dieux eux-mêmes ne règnent pas éternellement, les jeunes chassent les vieux, comme tu as, toi aussi, chassé jadis tes oncles les Titans et ton vieux père, — Jupiter parricide. Je te reconnais aussi, altière Junon! En dépit de toutes tes cabales jalouses, une autre a pris le sceptre, et tu n'es plus la reine des cieux, et ton grand œil de génisse est immobile, et tes bras de lys sont impuissants, et ta vengeance n'atteint plus la jeune fille qui renferme dans ses flancs le fruit divin, ni le miraculeux fils du dieu. — Je te reconnais aussi, Pallas Athéné. Avec ton égide et ta sagesse, as-tu pu empêcher la ruine des dieux? Je te reconnais aussi, toi, Aphrodite, autrefois aux cheveux d'or, maintenant à la chevelure d'argent! Tu es encore parée de ta fameuse ceinture de séduction; cependant ta beauté me cause une secrète terreur, et si, à l'instar d'autres héros, je devais posséder ton beau corps, je mourrais d'angoisse. — Tu n'es plus qu'une déesse de la mort, Vénus Libitina!

Le terrible Arès ne te regarde plus d'un œil amoureux. Le jeune Phébus Apollo penche tristement la tête. Sa lyre, qui résonnait d'allégresse au banquet des dieux, est détendue. Héphaistos semble encore plus sombre, et véritablement le boiteux n'empiète plus sur les fonctions d'Hébé et ne verse plus, empressé, le doux nectar à l'assemblée céleste... Et depuis longtemps s'est éteint l'inextinguible rire des dieux. — Je ne vous ai jamais aimés, vieux dieux! Pourtant une sainte pitié et une ardente compassion s'emparent de mon cœur, lorsque je vous vois là-haut, dieux abandonnés, ombres mortes et errantes, images nébuleuses que le vent disperse effrayées, et, quand je songe combien lâches et hypocrites sont les dieux qui vous ont vaincus, les nouveaux et tristes dieux qui règnent maintenant au ciel, renards avides sous la peau de l'humble agneau... oh! alors une sombre colère me saisit, et je voudrais briser les nouveaux temples et combattre pour vous, antiques dieux, pour vous et votre bon droit parfumé d'ambroisie; et devant vos autels relevés et chargés d'offrandes, je voudrais adorer, et prier, et lever des bras suppliants...

Il est vrai qu'autrefois, vieux dieux, vous avez toujours, dans les batailles des hommes, pris le parti des vainqueurs; mais l'homme a l'âme plus généreuse que vous, et, dans les combats des dieux, moi, je prends le parti des dieux vaincus.

Et ainsi je parlais, et dans le ciel ces pâles simulacres de vapeurs rougirent sensiblement et me regardèrent d'un air agonisant, comme transfigurés par la douleur, et s'évanouirent soudain. La lune venait de se cacher derrière les nuées, qui s'épaississaient de plus en plus; la mer éleva sa voix sonore, et de la tente céleste sortirent victorieusement les étoiles éternelles.

QUESTIONS

Au bord de la mer, au bord de la mer déserte et nocturne, se tient un jeune homme, la poitrine pleine de tristesse, la tête pleine de doute, et d'un air morne il dit aux flots:

«Oh! expliquez-moi l'énigme de la vie, la douloureuse et vieille énigme qui a tourmenté tant de têtes: têtes coiffées de mitres hiéroglyphiques, têtes en turbans et en bonnets carrés, têtes à perruques, et mille autres pauvres et bouillantes têtes humaines. Dites-moi ce que signifie l'homme? d'où il vient? où il va? qui habite là-haut au-dessus des étoiles dorées?»

Les flots murmurent leur éternel murmure, le vent souffle, les nuages fuient, les étoiles scintillent, froides et indifférentes, — et un fou attend une réponse.

LE PORT

Heureux l'homme qui, ayant touché le port et laissé derrière lui la mer et les tempêtes, s'assied chaudement et tranquillement dans la bonne taverne le *Rathskeller* de Brême !

Comme le monde se réfléchit fidèlement et délicieusement dans un *rœmer* de vert cristal, et comme ce microcosme mouvant descend splendidement dans le cœur altéré ! Je vois tout ensemble dans ce verre l'histoire des peuples anciens et modernes, les Turcs et les Grecs, Hegel et Gans ; des bois de citronniers et des parades militaires ; Berlin, et Schilda, et Tunis, et Hambourg ; mais, avant tout, l'image de la bien-aimée, la petite tête d'ange, sur un fond doré de vin du Rhin.

Oh ! que tu es belle, bien-aimée ! Tu es comme une rose ! non comme la rose de Schiraz, la maîtresse du rossignol chanté par Hafiz, non comme la rose de Sâron, la sainte et rougissante fleur célébrée par les prophètes. Tu ressembles à la rose du *Rathskeller* de Brême. C'est la rose des roses ; plus elle vieillit, plus elle fleurit délicieusement, et son divin parfum m'a rendu heureux, il m'a enthousiasmé, enivré, et si le sommelier du *Rathskeller* de Brême ne m'eût retenu ferme par la nuque, j'aurais été culbuté du coup !

Le brave homme ! Nous étions assis ensemble et nous buvions fraternellement, nous agitions de hautes et mystérieuses questions, nous soupirions et nous tombions dans les bras l'un de l'autre, et il m'a ramené à la vraie foi de l'amour. — J'ai bu à la santé de mes plus cruels ennemis, et j'ai pardonné à tous les mauvais poètes, comme à moi-même il doit être pardonné. — J'ai pleuré de componction, et, à la fin, j'ai vu s'ouvrir à moi les portes du salut, le sanctuaire du caveau où douze grands tonneaux, qu'on nomme les saints apôtres, prêchent en silence... et pourtant dans un langage universel.

Ce sont là des hommes! simples à l'extérieur, dans leurs robes de bois, ils sont, au-dedans, plus beaux et plus brillants que tous les orgueilleux lévites du temple et que les trabans et les courtisans d'Hérode, parés d'or et de pourpre. — J'ai toujours dit que le roi des cieux passait sa vie, non parmi les gens du commun, mais bien au milieu de la meilleure compagnie!

Alleluiah! comme les palmiers de Bethel m'envoient des senteurs délicieuses! Quel parfum la myrrhe d'Hébron exhale! comme le Jourdain murmure et se balance d'allégresse! — Et mon âme bienheureuse se balance et chancelle aussi, et je chancelle avec elle; et, chancelant, le brave sommelier du *Rathskeller* de Brême m'emporte au haut de l'escalier, à la lumière du jour.

Brave sommelier du *Rathskeller* de Brême! regarde; sur le toit des maisons, les anges sont assis; ils sont ivres et chantent; l'ardent soleil là-haut n'est réellement qu'une rouge-trogne, le nez de l'esprit du monde, et, autour de ce nez flamboyant, se meut l'univers en goguette.

———

ÉPILOGUE

Comme les épis de blé dans un champ, les pensées poussent et ondulent dans l'esprit de l'homme; mais les douces pensées de l'amour sont comme des fleurs bleues et rouges qui s'épanouissent gaiement entre les épis.

Fleurs bleues et rouges! le moissonneur bourru vous rejette comme inutiles; les rustres, armés de fléaux, vous écrasent avec dédain; le simple promeneur même, que votre vue récrée et réjouit, secoue la tête et vous traite de mauvaises herbes. Mais la jeune villageoise, qui tresse des couronnes, vous honore et vous recueille, et vous place dans ses cheveux, et, ainsi parée, elle court au bal, où résonnent fifres et violons, à moins qu'elle ne s'échappe pour chercher l'ombrage discret des tilleuls où la voix du bien-aimé résonne encore plus délicieusement que les fifres et les violons!

———

Certes, Henri Heine n'a pas longtemps été ce rêveur inutile dont les pensées d'amour ne font qu'émailler l'or des blés, — son esprit a produit aussi de riches moissons pour les rustres armés de fléaux qui n'apprécient que ce qui leur profite. Lui seul a tenu tête longtemps à la réaction féodale qui ensevelissait l'esprit vivant de l'Allemagne sous la poussière du passé. Il avait compris que, de la France, devait jaillir encore une fois la lumière promise au monde, et il se tournait invariablement vers cette seconde patrie[1]. Nous apprécierons un jour cette phase importante de sa vie littéraire, nous dirons ce que lui doit notre pays, si concentré en lui-même, si ignorant au fond du mouvement des esprits à l'étranger. — Hélas! le long séjour d'Heine parmi nous ne lui a guère profité pourtant. Frappé à la fois de cécité et de paralysie, le poète souffre, jeune encore, des plus tristes infirmités de la vieillesse. Le destin d'Homère serait, pour lui, digne d'envie! — qu'il obtienne du moins un peu de cette gloire qui, pour la plupart des poètes, ne fleurit que sur leurs tombeaux.

L'INTERMEZZO

Henri Heine a rempli une double mission : il n'a pas seulement renversé l'école historique, qui tentait de reconstruire le Moyen Âge, il a aussi prévu l'avenir politique de l'Allemagne, et même il l'a raillé d'avance. En littérature, il renversait d'un souffle en même temps l'école de fausse sensiblerie des poètes souabes[1], école parasite, mauvaise queue de Goethe, véritable poésie d'album. Ses poésies à lui, pleines d'amour brûlant et pour ainsi dire palpable, revendiquaient le droit du beau contre le faux idéal et les franchises de la vraie liberté contre l'hypocrisie religieuse. On a souvent dit que Heine ne respectait rien, que rien ne lui était sacré : — cela est vrai dans ce sens qu'il attaque ce que les petits poètes et les petits rois respectent avant tout, c'est-à-dire leur fausse grandeur et leur fausse vertu ; mais Heine respecte et fait respecter le vrai beau partout où il le rencontre. — Dans ce sens, on l'a appelé à juste titre un païen. Il est en effet Grec avant tout. Il admire la forme quand cette forme est belle et divine, il saisit l'idée quand c'est vraiment une idée pleine et entière, non un clair-obscur du sentimentalisme allemand. Sa forme, à lui, est resplendissante de beauté, il la travaille et la cisèle, ou ne lui laisse que des négligences calculées. Personne plus que Heine n'a le souci du style. Ce style n'a ni la période courte française ni la période longue allemande ; c'est la période grecque, simple, coulante, facile à saisir, et aussi harmonieuse à l'oreille qu'à la vue.

Heine n'a jamais fait, à proprement dire, un livre de vers ; ses chants lui sont venus un à un, — suggérés toujours soit par un objet qui le frappe, soit par une idée qui le poursuit, soit par un ridicule qu'il poursuit lui-même. Ce qu'on peut lui reprocher, c'est d'avoir attaqué, souvent avec trop de cruauté, ses ennemis personnels. C'est là l'ombre de sa lumière. Plus tard il a reconnu ce tort, mais personne ne le lui reprochait plus, car, même quand il a tort, même quand celui qu'il frappe est une victime digne de pitié, on reconnaît la main du maître en ces sortes d'exécutions : il ne la fait pas souffrir longtemps, il l'abat d'un coup de stylet ou la dépouille en un instant de ses deux mains, comme Apollon arrachant la peau de Marsyas. Dans les poèmes politiques, il s'attache souvent à des personnalités pour en faire jaillir quelques idées justes et frappantes ; il châtie en faisant rire. C'est un Aristophane philosophe qui a le bonheur de s'attaquer à d'autres qu'à Socrate.

Heine n'a jamais créé de système, il est trop universel pour cela ; il n'a songé qu'à retrouver les traces et les contours oubliés de la beauté antique et divine. C'est le Julien de la poésie [1], plutôt encore que Goethe, parce que, chez Goethe, l'élément spiritualiste et nerveux prédomine beaucoup moins. On le reconnaîtra facilement par la citation que nous allons faire de l'un de ses poèmes. Nous ne craignons pas de jeter cette analyse poétique au milieu des préoccupations du moment, parce qu'il y a des sentiments qui font éternellement vibrer le cœur. L'histoire du cœur d'un grand poète n'est indifférente à personne. Chacun se reconnaît pour une part dans une telle analyse, comme, en voyant une pièce anatomique, on retrouve avec surprise les nerfs, les muscles et les veines que l'on sent vibrer en soi-même. Seulement, un système particulier prédomine dans chaque organisation. À ce point de vue, tel poète, Goethe par exemple, serait d'une nature musculeuse et sanguine. C'est le génie harmonieux de l'Antiquité résultant de la force et du calme suprême. Une glaciale impartialité préside aux rapports qu'il établit entre lui et les autres, et l'on peut s'assurer que l'amour même aura chez lui des allures solennelles et classiques. Il lui faudra des obstacles calculés, des motifs tragiques de jalousie et de désespoir; il aimera la femme de son ami et se tuera de douleur, comme Werther, ou bien il adorera la sœur d'un prince et deviendra fou comme le Tasse, ou encore, ce sera un chassé-croisé de sentiments contraires comme dans *Les Affinités électives*, ou bien l'amour dans des classes différentes comme l'amour d'Hermann pour Dorothée, de Claire pour Egmont[1]. Dans *Faust*, on trouvera même des amours imprégnées de supernaturalisme[2]; mais l'analyse patiente et maladive d'un amour ordinaire, sans contrastes et sans obstacles, et tirant de sa substance propre ce qui le rend douloureux ou fatal, voilà ce qui appartient à une nature où la sensibilité nerveuse prédomine, comme celle de Henri Heine. L'Antiquité n'a point laissé de traces d'une telle psychologie, qui prend évidemment sa source dans le sentiment biblique et chrétien.

Le poème intitulé *Intermezzo* est, à notre sens, l'œuvre peut-être la plus originale de Henri Heine. Ce titre, volontairement bizarre et d'une négligence un peu affectée, cache plutôt qu'il ne désigne une suite de petites pièces isolées et marquées par des numéros, qui, sans avoir de liaison apparente entre elles, se rattachent à la même idée. L'auteur a retiré le fil du collier, mais aucune perle ne lui manque. Toutes ces strophes décousues ont une unité, — l'amour. C'est là un amour entièrement inédit, — non qu'il ait rien de singulier, car chacun y reconnaîtra son histoire; ce qui fait sa nouveauté, c'est qu'il est vieux comme le monde, et les choses qu'on dit les dernières sont les choses naturelles. — Ni les Grecs, ni les Romains, ni Mimnerme[3], que l'an-

tiquité disait supérieur à Homère, ni le doux Tibulle, ni
l'ardent Properce, ni l'ingénieux Ovide, ni Dante avec
son platonisme, ni Pétrarque avec ses galants *concetti*,
n'ont jamais rien écrit de semblable. Léon l'Hébreu n'a
compris rien de pareil dans ses analyses scholastiques
de la *Philosophie d'amour*[1]. Pour trouver quelque chose
d'analogue, il faudrait remonter jusqu'au *Cantique des
Cantiques*, jusqu'à la magnificence des inspirations orien-
tales. Son origine hébraïque fait retrouver au voltairien
Henri Heine des accents et des touches dignes de Salo-
mon, le premier écrivain qui ait confondu dans le même
lyrisme le sentiment de l'amour et le sentiment de Dieu.

Quel est le sujet de l'*Intermezzo*? Une jeune fille
d'abord aimée par le poète, et qui le quitte pour un
fiancé ou pour tout autre amant riche ou stupide[2]. Rien
de plus, rien de moins; la chose arrive tous les jours. La
jeune fille est jolie, coquette, frivole, un peu méchante,
moitié par caprice, moitié par ignorance. Les anciens
représentaient l'âme sous la forme d'un papillon. Comme
Psyché, cette femme tient dans ses mains l'âme délicate
de son amant, et lui fait subir toutes les tortures que les
enfants font souffrir aux papillons. Ce n'est pas toujours
mauvaise intention sans doute; cependant la poussière
bleue et rouge lui reste aux doigts, la frêle gaze se
déchire, et le pauvre insecte s'échappe tout froissé. Du
reste, chez cette jeune fille peut-être aucun don par-
ticulier, ni beauté surhumaine, ni charme souverain;
— des yeux bleus, de petites joues fraîches, un sourire
vermeil, une peau douce, de l'esprit comme une rose et
du goût comme un fruit, voilà tout. Qui n'a dans ses sou-
venirs de jeunesse un portrait de ce genre à moitié
effacé? Cette donnée toute vulgaire, qui ne fournirait
pas deux pages de roman, est devenue entre les mains de
Henri Heine un admirable poème, dont les péripéties
sont toutes morales; toute l'âme humaine vibre dans ces
petites pièces, dont les plus longues ont trois ou quatre
strophes. Passion, tristesse, ironie, vif sentiment de la

nature et de la beauté plastique, tout cela s'y mélange dans la proportion la plus imprévue et la plus heureuse ; il y a çà et là des pensées de moraliste condensées en deux vers, en deux mots ; un trait comique vous fait pleurer, une apostrophe pathétique vous fait rire ; — les larmes à chaque instant vous viennent aux paupières et le sourire aux lèvres, sans qu'on puisse dire pourquoi, tant la fibre secrète a été touchée d'une main légère ! En lisant l'*Intermezzo*, l'on éprouve comme une espèce d'effroi : vous rougissez comme surpris dans votre secret ; les battements de votre cœur sont rythmés par ces strophes, par ces vers, de huit syllabes pour la plupart. Ces pleurs que vous aviez versés tout seul, au fond de votre chambre, les voilà figés et cristallisés sur une trame immortelle. — Il semble que le poète ait entendu vos sanglots, et pourtant ce sont les siens qu'il a notés.

Un doux clair de lune éclaire toujours un côté des figures, et la rêverie allemande, bien que raillée avec une grâce extrême, se fait jour à travers l'ironie française et l'humour byronienne. Ce qu'il y a de surprenant, c'est que ces images si fugitives, ces impressions si vaporeuses, sont taillées et ciselées dans le plus pur marbre antique, et cela sans fatigue, sans travail apparent, sans que jamais la forme gêne la pensée. La traduction laissera-t-elle subsister quelque chose de cette plastique intellectuelle ? Le lecteur pourra s'appliquer à la recomposer du moins.

———

INTERMEZZO [1]

I

Au splendide mois de mai, alors que tous les bourgeons rompaient l'écorce, l'amour s'épanouit dans mon cœur.

Au splendide mois de mai, alors que tous les oiseaux commençaient à chanter, j'ai confessé à ma toute belle mes vœux et mes tendres désirs.

II

De mes larmes naît une multitude de fleurs brillantes, et mes soupirs deviennent un chœur de rossignols.

Et si tu veux m'aimer, petite, toutes ces fleurs sont à toi, et devant ta fenêtre retentira le chant des rossignols.

III

Roses, lys, colombes, soleil, autrefois j'aimais tout cela avec délices ; maintenant je ne l'aime plus, je n'aime que toi, source de tout amour, et qui es à la fois pour moi la rose, le lys, la colombe et le soleil.

IV

Quand je vois tes yeux, j'oublie mon mal et ma douleur, et, quand je baise ta bouche, je me sens guéri tout à fait.

Si je m'appuie sur ton sein, une joie céleste plane au-dessus de moi; pourtant, si tu dis: Je t'aime! soudain je pleure amèrement.

V

Appuie ta joue sur ma joue, afin que nos pleurs se confondent; presse ton cœur contre mon cœur, pour qu'ils ne brûlent que d'une seule flamme.

Et quand dans cette grande flamme coulera le torrent de nos larmes, et que mon bras t'étreindra avec force, alors je mourrai de bonheur dans un transport d'amour.

VI

Je voudrais plonger mon âme dans le calice d'un lys blanc; le lys doit soupirer une chanson pour ma bien-aimée.

La chanson doit trembler et frissonner comme le baiser que m'ont donné autrefois ses lèvres dans une heure mystérieuse et tendre.

VII

Là-haut, depuis des milliers d'années, se tiennent immobiles les étoiles, et elles se regardent avec un douloureux amour.

Elles parlent une langue fort riche et fort belle; pourtant aucun philologue ne saurait comprendre cette langue.

Moi, je l'ai apprise, et je ne l'oublierai jamais; le visage de ma bien-aimée m'a servi de grammaire.

VIII

Sur l'aile de mes chants je te transporterai; je te transporterai jusqu'aux rives du Gange; là, je sais un endroit délicieux.

Là fleurit un jardin embaumé sous les calmes rayons de la lune; les fleurs du lotus attendent leur chère petite sœur.

Les violettes rient et jasent entre elles, et clignotent du regard avec les étoiles; les roses se content à l'oreille des propos parfumés.

Les timides et bondissantes gazelles s'approchent et écoutent, et, dans le lointain, bruissent les eaux du fleuve sacré.

Là nous nous étendrons sous les palmiers dont l'ombre nous versera des rêves du ciel!

IX

Le lotus ne peut supporter la splendeur du soleil, et, la tête penchée, il attend en rêvant la nuit.

La lune, qui est son amante, l'éveille avec sa lumière, et il lui dévoile amoureusement son doux visage de fleur.

Il fleurit, rougit et brille, et se dresse muet dans l'air; il soupire, pleure et tressaille d'amour et d'angoisse d'amour.

X

Dans les eaux du Rhin, le saint fleuve, se joue, avec son grand dôme, la grande, la sainte Cologne.

Dans le dôme est une figure peinte sur cuir doré: sur le désert de ma vie elle a doucement rayonné.

Des fleurs et des anges flottent au-dessus de Notre-

Dame; les yeux, les lèvres, les joues ressemblent à ceux de ma bien-aimée.

XI

Tu ne m'aimes pas, tu ne m'aimes pas : ce n'est pas cela qui me chagrine; cependant, pourvu que je puisse regarder tes yeux, je suis content comme un roi.

Tu vas me haïr, tu me hais; ta bouche rose me le dit. Tends ta bouche rose à mon baiser, et je serai consolé.

XII

Oh! ne jure pas, et embrasse-moi seulement; je ne crois pas aux serments des femmes. Ta parole est douce, mais plus doux encore est le baiser que je t'ai ravi. Je te possède, et je crois que la parole n'est qu'un souffle vain.

Oh! jure, ma bien-aimée, jure toujours : je te crois sur un seul mot. Je me laisse tomber sur ton sein, et je crois que je suis bien heureux; je crois, ma bien-aimée, que tu m'aimeras éternellement et plus longtemps encore.

XIII

Sur les yeux de ma bien-aimée j'ai fait les plus beaux canzones; sur la petite bouche de ma bien-aimée j'ai fait les meilleurs terzines; sur les yeux de ma bien-aimée j'ai fait les plus magnifiques stances. Et si ma bien-aimée avait un cœur, je lui ferais sur son cœur quelque beau sonnet.

XIV

Le monde est stupide, le monde est aveugle; il devient tous les jours plus absurde: il dit de toi, ma belle petite, que tu n'as pas un bon caractère.

Le monde est stupide, le monde est aveugle, et il te méconnaîtra toujours: il ne sait pas combien tes étreintes sont douces et combien tes baisers sont brûlants.

XV

Ma bien-aimée, il faut que tu me le dises aujourd'hui: es-tu une de ces visions qui, aux jours étouffants de l'été, sortent du cerveau du poète?

Mais non: une si jolie petite bouche, des yeux si enchanteurs, une si belle, si aimable enfant, un poète ne crée pas cela.

Des basilics et des vampires, des dragons et des monstres, tous ces vilains animaux fabuleux, l'imagination du poète les crée.

Mais toi, et ta malice, et ton gracieux visage, et tes perfides et doux regards, le poète ne crée pas cela.

XVI

Comme Vénus sortant des ondes écumeuses, ma bien-aimée rayonne dans tout l'éclat de sa beauté, car c'est aujourd'hui son jour de noces.

Mon cœur, mon cœur, toi qui es si patient, ne lui garde pas rancune de cette trahison; supporte la douleur, supporte et excuse, quelque chose que la chère folle ait faite.

XVII

Je ne t'en veux pas; et si mon cœur se brise, bien-aimée que j'ai perdue pour toujours, je ne t'en veux pas! Tu brilles de tout l'éclat de tes diamants, mais aucun rayon ne tombe dans la nuit de ton cœur.

Je le sais depuis longtemps. Je t'ai vue naguère en rêve, et j'ai vu la nuit qui remplit ton âme et les vipères qui serpentent dans cette nuit. J'ai vu, ma bien-aimée, combien au fond tu es malheureuse.

XVIII

Oui, tu es malheureuse, et je ne t'en veux pas; ma chère bien-aimée, nous devons être malheureux tous les deux. Jusqu'à ce que la mort brise notre cœur, ma chère bien-aimée, nous devons être malheureux.

Je vois bien la moquerie qui voltige autour de tes lèvres, je vois l'éclat insolent de tes yeux, je vois l'orgueil qui gonfle ton sein, et pourtant je dis: Tu es aussi misérable que moi-même.

Une invisible souffrance fait palpiter tes lèvres, une larme cachée ternit l'éclat de tes yeux, une plaie secrète ronge ton sein orgueilleux; ma chère bien-aimée, nous devons être misérables tous les deux!

XIX

Tu as donc entièrement oublié que bien longtemps j'ai possédé ton cœur, ton petit cœur, si doux, si faux et si mignon, que rien au monde ne peut être plus mignon et plus faux?

Tu as donc oublié l'amour et le chagrin qui me serraient à la fois le cœur?... Je ne sais pas si l'amour était plus grand que le chagrin, je sais qu'ils étaient suffisamment grands tous les deux.

XX

Et si les fleurs, les bonnes petites, savaient combien mon cœur est profondément blessé, elles pleureraient avec moi pour guérir ma souffrance.

Et si les rossignols savaient combien je suis triste et malade, ils feraient entendre un chant joyeux pour me distraire.

Et si, là-haut, les étoiles d'or savaient ma douleur, elles quitteraient le firmament et viendraient m'apporter des consolations.

Aucun d'entre tous, personne ne peut savoir ma peine ; elle seule la connaît, elle qui m'a déchiré le cœur !

XXI

Pourquoi les roses sont-elles si pâles, dis-moi, ma bien-aimée, pourquoi ?

Pourquoi dans le vert gazon les violettes sont-elles si attristées ?

Pourquoi l'alouette chante-t-elle d'une voix si mélancolique dans l'air ? Pourquoi s'exhale-t-il du baume des jardins une odeur funéraire ?

Pourquoi le soleil éclaire-t-il les prairies d'une lueur si chagrine et si froide ? Pourquoi toute la terre est-elle grise et morne comme une tombe ?

Pourquoi suis-je moi-même si malade et si triste, ma chère bien-aimée, dis-le-moi ? Oh ! dis-moi, chère bien-aimée de mon cœur, pourquoi m'as-tu abandonné ?

XXII

Ils ont beaucoup jasé sur mon compte et fait bien des plaintes ; mais ce qui réellement accablait mon âme, ils ne te l'ont pas dit.

Ils ont pris de grands airs et secoué gravement la tête ; ils m'ont appelé le diable, et tu as tout cru.

Cependant, le pire de tout, ils ne l'ont pas su ; ce qu'il y avait de pire et de plus stupide, je le tenais bien caché dans mon cœur.

XXIII

Le tilleul fleurissait, le rossignol chantait, le soleil souriait d'un air gracieux ; tu m'embrassais alors, et ton bras était enlacé autour de moi ; alors tu me pressais sur ta poitrine agitée.

Les feuilles tombaient, le corbeau croassait, le soleil jetait sur nous des regards maussades ; alors nous nous disions froidement : « Adieu ! » et tu me faisais poliment la révérence la plus civile du monde.

XXIV

Nous nous sommes beaucoup aimés, et pourtant nous nous sommes toujours parfaitement accordés. Nous avons souvent joué *au mari et à la femme*, et pourtant nous ne nous sommes ni chamaillés ni battus. Nous avons ri et plaisanté ensemble, et nous nous sommes donné de tendres baisers. Enfin, évoquant les plaisirs de notre enfance, nous avons joué à *cache-cache* dans les champs et les bois, et nous avons si bien su nous cacher, que nous ne nous retrouverons jamais !

XXV

Tu m'es restée fidèle longtemps, tu t'es intéressée pour moi, tu m'as consolé et assisté dans mes misères et dans mes angoisses.

Tu m'as donné le boire et le manger; tu m'as prêté de l'argent, fourni du linge et le passeport pour le voyage.

Ma bien-aimée! que Dieu te préserve encore longtemps du chaud et du froid, et *qu'il ne te récompense jamais du bien que tu m'as fait!*

XXVI

Et tandis que je m'attardais si longtemps à rêvasser et à extravaguer dans des pays étrangers, le temps parut long à ma bien-aimée, et elle se fit faire une robe de noces, et elle entoura de ses tendres bras le plus sot des fiancés.

Ma bien-aimée est si belle et si charmante, sa gracieuse image est encore devant mes yeux; les violettes de ses yeux, les roses de ses petites joues brillent et fleurissent toute l'année. Croire que je pusse m'éloigner d'une telle maîtresse était la plus sotte de mes sottises.

XXVII

Ma douce bien-aimée, quand tu seras couchée dans le sombre tombeau, je descendrai à tes côtés et je me serrerai près de toi.

Je t'embrasse, je t'enlace, je te presse avec ardeur, toi muette, toi froide, toi blanche! Je crie, je frissonne, je tressaille, je meurs.

Minuit les appelle, les morts se lèvent, ils dansent en troupes nébuleuses. Quant à nous, nous resterons tous les deux dans la fosse, l'un dans les bras de l'autre.

Les morts se lèvent, le jour du jugement les appelle aux joies et aux tortures; quant à nous, nous ne nous inquiéterons de rien et nous resterons couchés et enlacés.

XXVIII[1]

Un sapin isolé se dresse sur une montagne aride du Nord. Il sommeille; la glace et la neige l'enveloppent d'un manteau blanc.

Il rêve d'un palmier, qui, là-bas, dans l'Orient lointain, se désole solitaire et taciturne sur la pente d'un rocher brûlant.

XXIX

La tête dit: Ah! si j'étais seulement le tabouret où reposent les pieds de la bien-aimée! Elle trépignerait sur moi que je ne ferais pas même entendre une plainte.

Le cœur dit: Ah! si j'étais seulement la pelote sur laquelle elle plante ses aiguilles! Elle me piquerait jusqu'au sang que je me réjouirais de ma blessure.

La chanson dit: Ah! si j'étais seulement le chiffon de papier dont elle se sert pour faire des papillotes! Je lui murmurerais à l'oreille tout ce qui vit et respire en moi.

XXX

Lorsque ma bien-aimée était loin de moi, je perdais entièrement le rire. Beaucoup de pauvres hères s'évertuaient à dire de mauvaises plaisanteries, mais moi, je ne pouvais pas rire.

Depuis que je l'ai perdue, je n'ai plus la faculté de

pleurer, mon cœur se brise de douleur, mais je ne puis pas pleurer.

XXXI

De mes grands chagrins je fais de petites chansons; elles agitent leur plumage sonore et prennent leur vol vers le cœur de ma bien-aimée.

Elles en trouvent le chemin, puis elles reviennent et se plaignent; elles se plaignent et ne veulent pas dire ce qu'elles ont vu dans son cœur.

XXXII

Je ne puis pas oublier, ma maîtresse, ma douce amie, que je t'ai autrefois possédée corps et âme.

Pour le corps, je voudrais encore le posséder, ce corps si svelte et si jeune; quant à l'âme, vous pouvez bien la mettre en terre... J'ai assez d'âme moi-même.

Je veux partager mon âme et t'en insuffler la moitié, puis je m'entrelacerai avec toi et nous formerons un tout de corps et d'âme.

XXXIII

Des bourgeois endimanchés s'ébaudissent parmi les bois et les prés; ils poussent des cris de joie, ils bondissent comme des chevreaux, saluant la belle nature.

Ils regardent avec des yeux éblouis la romantique efflorescence de la verdure nouvelle. Ils absorbent avec leurs longues oreilles les mélodies des moineaux.

Moi, je couvre la fenêtre de ma chambre d'un rideau sombre, cela me vaut en plein jour une visite de mes spectres chéris.

L'amour défunt m'apparaît, il s'élève du royaume des ombres, il s'assied près de moi, et par ses larmes me navre le cœur.

XXXIV

Maintes images des temps oubliés sortent de leur tombe et me montrent comment je vivais jadis près de toi, ma bien-aimée.

Le jour je vaguais en rêvant par les rues, les voisins me regardaient étonnés, tant j'étais triste et taciturne.

La nuit, c'était mieux; les rues étaient vides; moi et mon ombre nous errions silencieusement de compagnie.

D'un pas retentissant j'arpentais le pont; la lune perçait les nuages et me saluait d'un air sérieux.

Je me tenais immobile devant ta maison, et je regardais en l'air; je regardais vers ta fenêtre, et le cœur me saignait.

Je sais que tu as fort souvent jeté un regard du haut de ta fenêtre, et que tu as bien pu m'apercevoir au clair de lune planté là comme une colonne.

XXXV

Un jeune homme aime une jeune fille, laquelle en a choisi un autre; l'autre en aime une autre, et il s'est marié avec elle.

De chagrin, la jeune fille épouse le premier homme venu qu'elle rencontre sur son chemin; le jeune homme s'en trouve fort mal.

C'est une vieille histoire qui reste toujours nouvelle, et celui à qui elle vient d'arriver en a le cœur brisé.

XXXVI

Quand j'entends résonner la petite chanson que ma bien-aimée chantait autrefois, il me semble que ma poitrine va se briser sous l'étreinte de ma douleur.

Un obscur désir me pousse vers les hauteurs des bois, là se dissout en larmes mon immense chagrin.

XXXVII

J'ai rêvé d'une enfant de roi aux joues pâles et humides ; nous étions assis sous les tilleuls verts, et nous nous tenions amoureusement embrassés.

« Je ne veux pas le trône de ton père, je ne veux pas son sceptre d'or, je ne veux pas sa couronne de diamants ; je veux toi-même, toi, fleur de beauté !

— Cela ne se peut pas, me répondit-elle ; j'habite la tombe, et je ne peux venir à toi que la nuit, et je viens parce que je t'aime. »

XXXVIII

Ma chère bien-aimée, nous nous étions tendrement assis ensemble dans une nacelle légère. La nuit était calme, et nous voguions sur une vaste nappe d'eau.

La mystérieuse île des esprits se dessinait vaguement aux lueurs du clair de lune ; là résonnaient des sons délicieux, là flottaient des danses nébuleuses.

Les sons devenaient de plus en plus suaves, la ronde tourbillonnait plus entraînante...

Cependant, nous deux, nous voguions sans espoir sur la vaste mer.

XXXIX

Je t'ai aimée, et je t'aime encore! Et le monde s'écroulerait, que de ses ruines s'élanceraient encore les flammes de mon amour.

XL

Par une brillante matinée, je me promenais dans le jardin. Les fleurs chuchotaient et parlaient ensemble, mais moi, je marchais silencieux.

Les fleurs chuchotaient et parlaient, et me regardaient avec compassion. Ne te fâche pas contre notre sœur, ô toi, triste et pâle amoureux!

XLI

Mon amour luit dans sa sombre magnificence comme un conte mélancolique raconté dans une nuit d'été.

Dans un jardin enchanté, deux amants erraient solitaires et muets. Les rossignols chantaient, la lune brillait.

La jeune fille s'arrêta calme comme une statue; le chevalier s'agenouilla devant elle. — Vint le géant du désert, la timide jeune fille s'enfuit.

Le chevalier tomba sanglant sur la terre; le géant retourna lourdement dans sa demeure. On n'a plus qu'à m'enterrer, et le conte est fini.

XLII

Ils m'ont tourmenté, fait pâlir et blêmir de chagrin, les uns avec leur amour, les autres avec leur haine.

Ils ont empoisonné mon pain, versé du poison dans

mon verre, les uns avec leur haine, les autres avec leur amour.

Pourtant la personne qui m'a le plus tourmenté, chagriné et navré, est celle qui ne m'a jamais haï et ne m'a jamais aimé.

XLIII

L'été brûlant réside sur tes joues ; l'hiver, le froid hiver habite dans ton cœur.

Cela changera un jour, ô ma bien-aimée ! L'hiver sera sur tes joues, l'été sera dans ton cœur.

XLIV

Lorsque deux amants se quittent, ils se donnent la main et se mettent à pleurer et à soupirer sans fin.

Nous n'avons pas pleuré, nous n'avons pas soupiré : les larmes et les soupirs ne sont venus qu'après.

XLV

Assis autour d'une table de thé, ils parlaient beaucoup de l'amour. Les hommes faisaient de l'esthétique, les dames du sentiment.

L'amour doit être platonique, dit le maigre conseiller. La conseillère sourit ironiquement, et cependant elle soupira tout bas : Hélas !

Le chanoine ouvrit une large bouche : L'amour ne doit pas être trop sensuel ; autrement, il nuit à la santé. La jeune demoiselle murmura : Pourquoi donc ?

La comtesse dit d'un air dolent : L'amour est une passion ! et elle présenta poliment une tasse à M. le baron.

Il y avait encore à la table une petite place ; ma chère,

tu y manquais. Toi, tu aurais si bien dit ton opinion sur
l'amour.

XLVI

Mes chants sont empoisonnés : comment pourrait-il en
être autrement ? Tu as versé du poison sur la fleur de
ma vie.

Mes chants sont empoisonnés : comment pourrait-il en
être autrement ? Je porte dans le cœur une multitude
de serpents, et toi, ma bien-aimée !

XLVII

Mon ancien rêve m'est revenu : c'était par une nuit du
mois de mai ; nous étions assis sous les tilleuls, et nous
nous jurions une fidélité éternelle ;

Et les serments succédaient aux serments, entremêlés
de rires, de confidences et de baisers ; pour que je me
souvienne du serment, tu m'as mordu la main !

Ô bien-aimée aux yeux bleus ! ô bien-aimée aux
blanches dents ! le serment aurait bien suffi ; la morsure
était de trop.

XLVIII

Je montai au sommet de la montagne et je fus senti-
mental. « Si j'étais un oiseau ! » soupirai-je plusieurs mil-
lions de fois.

Si j'étais une hirondelle[1], je volerais vers toi, ma petite,
et je bâtirais mon petit nid sous les corniches de ta fenêtre.

Si j'étais un rossignol, je volerais vers toi, ma petite,
et, du milieu des verts tilleuls, je t'enverrais, la nuit, mes
chansons.

Si j'étais un perroquet bavard, je volerais aussitôt vers ton cœur, car tu aimes les perroquets, et tu te réjouis de leur bavardage.

XLIX

J'ai pleuré en rêve ; je rêvais que tu étais morte ; je m'éveillai, et les larmes coulèrent le long de mes joues.

J'ai pleuré en rêve ; je rêvais que tu me quittais ; je m'éveillai, et je pleurai amèrement longtemps encore.

J'ai pleuré en rêve ; je rêvais que tu m'aimais encore ; je m'éveillai, et le torrent de mes larmes coule toujours.

L

Toutes les nuits je te vois en rêve, et je te vois souriant gracieusement, et je me précipite en sanglotant à tes pieds chéris.

Tu me regardes d'un air triste, et tu secoues ta blonde petite tête ; de tes yeux coulent les perles humides de tes larmes.

Tu me dis tout bas un mot, et tu me donnes un bouquet de cyprès. Je m'éveille, et le bouquet est disparu, et je veux oublier le mot.

LI

La pluie et le vent d'automne hurlent et mugissent dans la nuit ; où peut s'être attardée ma pauvre, ma timide enfant ?

Je la vois appuyée à sa fenêtre, dans sa chambrette solitaire ; les yeux remplis de larmes, elle plonge ses regards dans la nuit profonde.

LII

Le vent d'automne secoue les arbres, la nuit est humide et froide; enveloppé d'un manteau gris, je traverse à cheval le bois.

Et tandis que je chevauche, des pensées me galopent l'esprit; elles me portent léger et joyeux à la maison de ma bien-aimée.

Les chiens aboient, les valets paraissent avec des flambeaux; je gravis l'escalier en faisant retentir mes éperons sonores.

Dans une chambre garnie de tapis et brillamment éclairée, au milieu d'une atmosphère tiède et parfumée, ma bien-aimée m'attend. — Je me précipite dans ses bras.

Le vent murmure dans les feuilles, le chêne chuchote dans ses rameaux: «Que veux-tu, fou cavalier, avec ton rêve insensé?»

LIII

Une étoile tombe de son étincelante demeure; c'est l'étoile de l'amour que je vois tomber!

Il tombe des pommiers beaucoup de feuilles blanches; les vents taquins les emportent et se jouent avec elles.

Le cygne chante dans l'étang, il s'approche et s'éloigne du rivage, et, toujours chantant plus bas, il plonge dans sa tombe liquide.

Tout alentour est calme et sombre; feuilles et fleurs sont emportées; l'étoile est triste dans sa chute, et le chant du cygne a cessé.

LIV

Un rêve m'a transporté dans un château gigantesque, rempli de lumières et de vapeurs magiques, et où une foule bariolée se répandait à travers le dédale des appartements. La troupe, blême, cherchait la porte de sortie en se tordant convulsivement les mains et en poussant des cris d'angoisse. Des dames et des chevaliers se tordaient dans la foule; je me vis moi-même entraîné par la cohue.

Cependant, tout à coup je me trouvai seul, et je me demandai comment cette multitude avait pu s'évanouir aussi promptement. Et je me mis à marcher, me précipitant à travers les salles, qui s'embrouillaient étrangement. Mes pieds étaient de plomb, une angoisse mortelle m'étreignait le cœur; je désespérai bientôt de trouver une issue. — J'arrivai enfin à la dernière porte; j'allais la franchir... Ô Dieu! qui m'en défend le passage?

C'était ma bien-aimée qui se tenait devant la porte, le chagrin sur les lèvres, le souci sur le front. Je dus reculer, elle me fit signe de la main; je ne savais si c'était un avertissement ou un reproche. Pourtant, dans ses yeux brillait un doux feu qui me fit tressaillir le cœur. Tandis qu'elle me regardait d'un air sévère et singulier, mais pourtant si plein d'amour,... je m'éveillai.

LV

La nuit était froide et muette; je parcourais lamentablement la forêt. J'ai secoué les arbres de leur sommeil, ils ont hoché la tête d'un air de compassion.

LVI

Au carrefour sont enterrés ceux qui ont péri par le suicide ; une fleur bleue s'épanouit là ; on la nomme la fleur de l'âme damnée.

Je m'arrêtai au carrefour et je soupirai ; la nuit était froide et muette. Au clair de la lune, se balançait lentement la fleur de l'âme damnée.

LVII

D'épaisses ténèbres m'enveloppent depuis que la lumière de tes yeux ne m'éblouit plus, ma bien-aimée.

Pour moi s'est éteinte la douce clarté de l'étoile d'amour ; un abîme s'ouvre à mes pieds : engloutis-moi, nuit éternelle !

LVIII

La nuit s'étendait sur mes yeux, j'avais du plomb sur ma bouche ; le cœur et la tête engourdis, je gisais au fond de la tombe.

Après avoir dormi je ne puis dire pendant combien de temps, je m'éveillai, et il me sembla qu'on frappait à mon tombeau.

— « Ne vas-tu pas te lever, Henry ? Le jour éternel luit, les morts sont ressuscités : l'éternelle félicité commence.

— Mon amour, je ne puis me lever, car je suis toujours aveugle ; à force de pleurer, mes yeux se sont éteints.

— Je veux par mes baisers, Henry, enlever la nuit qui te couvre les yeux ; il faut que tu voies les anges et la splendeur des cieux.

— Mon amour, je ne puis me lever, la blessure qu'un mot de toi m'a faite au cœur saigne toujours.

— Je pose légèrement ma main sur ton cœur, Henry; cela ne saignera plus; ta blessure est guérie.

— Mon amour, je ne puis me lever, j'ai aussi une blessure qui saigne à la tête; je m'y suis logé une balle de plomb lorsque tu m'as été ravie.

— Avec les boucles de mes cheveux, Henry, je bouche la blessure de ta tête, et j'arrête le flot de ton sang, et je te rends la tête saine.»

La voix priait d'une façon si charmante et si douce, que je ne pus résister; je voulus me lever et aller vers la bien-aimée;

Soudain mes blessures se rouvrirent, un flot de sang s'élança avec violence de ma tête et de ma poitrine, et voilà que je suis éveillé.

ÉPILOGUE

Il s'agit d'enterrer les vieilles et mauvaises chansons, les lourds et tristes rêves; allez me chercher un grand cercueil.

J'y mettrai bien des choses, vous le verrez bien; il faut que le cercueil soit encore plus grand que la grosse tonne de Heidelberg.

Allez me chercher aussi une bière de planches solides et épaisses; il faut qu'elle soit plus longue que le pont de Mayence.

Et amenez-moi aussi douze géants encore plus forts que le vigoureux Christophe du dôme de Cologne sur le Rhin.

Il faut qu'ils transportent le cercueil et le jettent à la mer; un aussi grand cercueil demande une grande fosse.

Savez-vous pourquoi il faut que ce cercueil soit si grand et si lourd? J'y déposerai en même temps mon amour et mes souffrances.

———

Après ce poème navrant, que citerait-on dans les autres vers du poète? Nous avons déjà traduit bien des pages inspirées, pittoresques, humoristiques, — étudiant au hasard ces rythmes insoucieux jetés parfois aux vents des mers, — romances, ballades, canzones, où l'éclat du soleil méridional rayonne de mille nuances à travers les brumes d'opale de la Baltique; mais, après cette élégie douloureuse que nous venons de citer, après ces vers où chaque strophe est une goutte du sang pourpré qu'exprime la main convulsive du poète en pressant son noble cœur, en exposant sa blessure mortelle aux regards de la foule indifférente, qu'extrairions-nous encore de ces pages, sinon des complaintes funèbres qu'éclaire par instants le rire amer de ce doute obstiné qui succède à la foi trahie? Et d'abord étudions l'énigme que propose le pâle sphinx qui sert de préface aux *Traumbilder* (Images de rêves)

————

LE SPHINX

C'est l'antique forêt aux enchantements. On y respire la senteur des fleurs du tilleul; le merveilleux éclat de la lune emplit mon cœur de délices.

J'allais, et, comme j'avançais, il se fit quelque bruit dans l'air: c'est le rossignol qui chante d'amour et de tourments d'amour.

Il chante l'amour et ses peines, et ses larmes et ses sourires; il s'égaie si tristement, il se lamente si gaiement, que mes rêves oubliés se réveillent!

J'allai plus loin, et, comme j'avançais, je vis s'élever

devant moi, dans une clairière, un grand château à la haute toiture.

Les fenêtres étaient closes, et tout aux alentours était empreint de deuil et de tristesse; on eût dit que la mort taciturne demeurait dans ces tristes murs.

Devant la porte était un sphinx d'un aspect à la fois effrayant et attrayant, avec le corps et les griffes d'un lion, la tête et les reins d'une femme.

Une belle femme! son regard blanc appelait de sauvages voluptés; le sourire de ses lèvres arquées était plein de douces promesses.

Le rossignol chantait si délicieusement! Je ne pus résister, et, dès que j'eus donné un baiser à cette bouche mystérieuse, je me sentis pris dans le charme.

La figure de marbre devint vivante. La pierre commençait à jeter des soupirs. Elle but toute la flamme de mon baiser avec une soif dévorante.

Elle aspira presque le dernier souffle de ma vie, et enfin, haletante de volupté, elle étreignit et déchira mon pauvre corps avec ses griffes de lion.

Délicieux martyre, jouissance douloureuse, souffrance et plaisirs infinis! Tandis que le baiser de cette bouche ravissante m'enivrait, les ongles des griffes me faisaient de cruelles plaies.

Le rossignol chanta: «Ô toi, beau sphinx, ô amour! pourquoi mêles-tu de si mortelles douleurs à toutes les félicités?

«Ô beau sphinx! ô amour! révèle-moi cette énigme fatale. — Moi, j'y ai réfléchi déjà depuis près de mille ans.»

Le premier rêve est un sombre début, mais il a le charme enivrant des fleurs dangereuses dont le parfum donne la mort. C'est la Vénus Libitina qui, de ses lèvres violettes, donne au poète le dernier baiser :

LE RÊVE

Un rêve, certes bien étrange, m'a tout ensemble charmé et rempli d'effroi. Mainte image lugubre flotte encore devant mes yeux et fait tressaillir mon cœur.

C'était un jardin merveilleux de beauté ; — je voulus m'y promener gaiement ; tant de belles fleurs m'y regardaient ; à mon tour, je les regardais avec plaisir.

Il y avait des oiseaux qui gazouillaient de tendres mélodies ; un soleil rouge rayonnant sur un fond d'or coloriait la pelouse bigarrée.

Des senteurs parfumées s'élevaient des herbes. L'air était doux et caressant, et tout éclatait, tout souriait, tout m'invitait à jouir de cette magnificence.

Au milieu du parterre, on rencontrait une claire fontaine de marbre ; là je vis une belle jeune fille qui lavait un vêtement blanc.

Des joues vermeilles, des yeux clairs, une blonde image de sainte aux cheveux bouclés ! — Et comme je la regardais, je trouvai qu'elle m'était étrangère, et pourtant si bien connue !

La belle jeune fille se hâtait à l'ouvrage en chantant un refrain très étrange : « Coule, coule, eau de la fontaine, lave-moi ce tissu de lin. »

Je m'approchai d'elle et je lui dis tout bas : « Apprends-moi donc, ô douce et belle jeune fille ! pour qui est ce vêtement blanc ? »

Elle répondit aussitôt : « Prépare-toi, je lave ton linceul

de mort.» Et comme elle achevait ces mots, toute la vision se fondit comme une écume.

Et je me vis transporté ainsi que par magie au sein d'une obscure forêt. Les arbres s'élevaient jusqu'au ciel, et tout surpris je méditais, je méditais.

Mais écoutez; quel sourd résonnement! C'est comme l'écho d'une hache dans le lointain. Et courant à travers buissons et halliers, j'arrivai à une place découverte.

Au milieu de la verte clairière, il y avait un chêne immense! et voyez, ma jeune fille merveilleuse frappait à coups de hache le tronc du chêne!

Et coup sur coup, brandissant sa hache et frappant, elle chantait: «Acier clair, acier brillant, taille-moi des planches pour une bière.»

Je m'approchai d'elle et je lui dis tout bas: «Apprends-moi, belle jeune fille, pourquoi tailles-tu ce coffre de chêne?»

Elle dit aussitôt: «Le temps presse; c'est ton cercueil que je construis.» Et à peine eut-elle parlé que toute la vision se fondit comme une écume.

Et autour de moi s'étendait une lande pâle et chenue. Je ne savais plus ce qui m'était arrivé. Je me tins là immobile et frissonnant. Et comme j'allais au hasard, j'aperçus une forme blanche; je courus de ce côté, et voilà que je reconnus encore la belle jeune fille. Elle était penchée sur la pâle lande et s'occupait à creuser la terre avec une pioche. Je m'avançai lentement pour la regarder encore; c'était à la fois une beauté et une épouvante.

La belle jeune fille qui se hâtait chantait un refrain bizarre: «Pioche, pioche au fer large et tranchant, creuse une fosse large et profonde.»

Je m'approchai d'elle et je lui dis tout bas: «Apprends-moi donc, ô belle douce jeune fille, ce que veut dire cette fosse?» Elle me répondit bien vite: «Sois tranquille, je creuse ta tombe.» Et comme la belle jeune fille parlait ainsi, je vis s'ouvrir la fosse toute béante.

Et comme je regardais dans l'ouverture, un frisson de

terreur me prit, et je me sentis poussé dans l'épaisse nuit du tombeau.

———

Comme tous les grands poètes, Heine a toujours la nature présente[1]. Dans sa rêverie la plus abstraite, sa passion la plus abîmée en elle-même ou sa mélancolie la plus désespérée, une image, une épithète formant tableau, vous rappellent le ciel bleu, le feuillage vert, les fleurs épanouies, les parfums qui s'évaporent, l'oiseau qui s'envole, l'eau qui bruit, ce changeant et mobile paysage qui vous entoure sans cesse, éternelle décoration du drame humain. — Cet amour ainsi exhalé au milieu des formes, des couleurs et des sons, vivant de la vie générale, malgré l'égoïsme naturel à la passion, emprunte à l'imagination panthéiste du poète une grandeur facile et simple qu'on ne rencontre pas ordinairement chez les rimeurs élégiaques. — Le sujet devient immense ; c'est, comme dans l'*Intermezzo*, la souffrance de l'âme aimant le corps, d'un esprit vivant lié à un charmant cadavre : ingénieux supplice renouvelé de l'*Énéide* ; — c'est Cupidon ayant pour Psyché une bourgeoise de Paris ou de Cologne. Et cependant, qu'elle est adorablement vraie ! Comme on la hait et comme on l'aime, cette bonne fille si mauvaise, cet être si charmant et si perfide, si femme de la tête aux pieds ! «Le monde dit que tu n'as pas un bon caractère, s'écrie tristement le poète, mais tes baisers en sont-ils moins doux ?» Qui ne voudrait souffrir ainsi ? Ne rien sentir, voilà le supplice : c'est vivre encore que de regarder couler son sang.

Ce qu'il y a de beau dans Henri Heine, c'est qu'il ne se fait pas illusion ; il accepte la femme telle qu'elle est, il l'aime malgré ses défauts et surtout à cause de ses défauts ; heureux ou malheureux, accepté ou refusé, il sait qu'il va souffrir et il ne recule pas ; — voyageant, à sa fantaisie, du monde biblique au monde païen, il lui donne parfois la croupe de lionne et les griffes d'airain des chimères. La femme est la chimère de l'homme, ou son démon, comme vous voudrez, — un monstre adorable, mais un monstre ; aussi règne-t-il dans toutes ces jolies strophes une terreur secrète. Les roses sentent trop bon, le gazon est trop frais, le rossignol trop harmonieux ! — Tout cela est fatal ; le parfum asphyxie, l'herbe fraîche recouvre une fosse, l'oiseau meurt avec sa dernière note... Hélas ! et lui, le poète inspiré, va-t-il aussi nous dire adieu ?

Postface

Le dimanche 3 janvier 1830, un mois avant la paru-
tion des *Poésies allemandes* — et six mois avant que les
Parisiens ne chassent Charles X, le dernier Bourbon —,
le vieux Goethe s'entretient avec Eckermann de la tra-
duction de son *Faust* par Gérard de Nerval, après lui
avoir montré des lettres de Lord Byron parues dans un
keepsake anglais pour l'année 1830. Goethe s'émerveille
de l'écho suscité encore par sa pièce en France :

*Il me passe de drôles de pensées par la tête [...] lorsque je
pense que ce livre est encore valable dans une langue domi-
née il y a cinquante ans par Voltaire.*

À cette occasion, Eckermann apprend de la bouche de
Goethe quelque chose qui tient presque d'un aveu : que
l'influence de Voltaire et de ses grands contemporains
français sur le jeune Goethe a été bien plus grande qu'on
ne l'imagine, et qu'il lui a coûté de s'en émanciper et de
se mettre sur ses propres pieds « dans une relation plus
vraie avec la nature ». Puis, comme s'il voulait illustrer
son propos et rendre un dernier hommage à un ancien
maître, Goethe récite par cœur un poème de Voltaire,
« Les Systèmes ». Ce n'est qu'alors que Goethe se tourne
à nouveau vers la traduction de son *Faust* et qu'il pro-
nonce cette phrase étonnante, qui ne sera connue en

France que vingt ans après : «Je n'aime plus lire le *Faust* en allemand, dit-il, mais dans cette traduction française tout semble être parfaitement frais, nouveau et plein d'esprit comme jadis.» Est-ce à dire que, dans l'esprit de Goethe, c'est à Gérard de Nerval et à lui seul que revient le mérite d'avoir réussi à rajeunir ainsi le texte allemand qui, pris en tant que tel, n'a plus rien de bien surprenant pour son auteur ? Ou ne serait-ce pas plutôt le fait de la traduction même, de toute bonne traduction, qui entraî-nerait ce rajeunissement par le simple dépaysement lin-guistique ? Si Goethe ne s'explique pas lui-même sur les raisons de son admiration, le contexte de cette page remarquable d'Eckermann parle en faveur d'une troi-sième explication plus circonstanciée : c'est que Goethe constate, face à son *Faust* traduit par Nerval, que son texte a bénéficié de certaines vertus de la langue fran-çaise, y compris de vertus voltairiennes — éclat, clarté, esprit —, et qu'en même temps il a pu contribuer à l'évo-lution poétique du français en y introduisant, grâce à la sensibilité complice de son traducteur, quelque chose de *sombre*, d'*incommensurable*, et qui échappe à l'emprise de la raison selon les termes mêmes de Goethe.

Pour que la traduction puisse produire son effet de bain de jouvence, il faut généralement une conjonction parti-culière. Conjonction de deux langues et de deux littéra-tures de force égale, prêtes à s'intéresser l'une à l'autre et disposant de passeurs qui soient eux-mêmes d'excellents traducteurs voire d'authentiques poètes. S'agissant de la relation France/Allemagne, pareille conjonction était récente vers 1830 et l'activité traductrice de Nerval en marque l'apogée.

D'une manière générale, le recueil des *Poésies alle-mandes* invite à corriger ou à relativiser le jugement de Mme de Staël selon lequel les raffinements des rythmes et des rimes de la poésie allemande ne sauraient être rendus en français dans une traduction en prose.

Le cas de Klopstock est cependant particulier. La traduction de ses odes ne saurait en effet donner une idée de ce qui fait le mérite suprême du poète : celui d'avoir introduit dans sa langue maternelle, grâce à la science antique des mètres et des rythmes, un ton nouveau, une *Lichtmusik* (musique de lumière), comme l'a dit un poète du xxᵉ siècle, Friedrich Georg Jünger, une liberté d'allure et de souffle due à une extrême rigueur de composition et dont on devine les échos, par l'intermédiaire de Hölderlin sans doute, jusque dans certains poèmes de Paul Celan. Traduire Klopstock, dans ces conditions, relève de la quadrature du cercle. Et il suffit de comparer avec l'original allemand tel passage de la traduction de Nerval — comme celui-ci tiré de l'ode « Ma patrie » : « Là se trouvent des hommes qui ont le coup d'œil du génie, qui font danser autour de toi des heures joyeuses, qui possèdent la baguette des fées ; qui savent trouver de l'or pur et des pensées nouvelles » — pour se rendre compte que le souci d'exactitude ne permet pas de faire entrevoir, sous l'obscurité de la traduction littérale, ce qui, en allemand, possède l'éclat d'un diamant poétique. En traduisant Klopstock, moins pour la réussite de sa forme que pour l'intérêt de ses thèmes, Gérard en arrive malgré lui à en faire ressortir le côté un peu daté en 1830 déjà, et assez anachronique pour les lecteurs d'aujourd'hui.

C'est pourquoi, en 1840, Nerval remplace l'ordre chronologique par l'ordre hiérarchique des poètes allemands. Du coup, le livre entier change de ton et de sens. Au lieu de s'ouvrir sur un hymne patriotique, il commence par un panégyrique de la déesse Imagination. D'un programme obsolète plaidant pour une poésie nationale, on passe à un poème manifeste, qui préfigure le romantisme et les valeurs de la poésie moderne pour lesquelles l'Imagination est la « reine des facultés ». Traduit par Nerval, ce poème composé de vers libres courts ne perd rien ou presque, en prose, de son ardeur ; et c'est à peine si l'on s'aperçoit que, d'entrée de jeu, Nerval fausse un peu la note en substituant à la région olympienne où Goethe situe l'origine de la déesse un territoire vaguement chrétien : Nerval n'appelle-t-il pas l'imagination la « fille chérie de Dieu », alors que Goethe la conçoit comme « l'étrange fille de Jupiter, son enfant gâtée » (*Seinem Schoßkind*) ? Une telle idée est-elle trop classique, trop près de l'imagerie d'Ingres, pour le traducteur français ? Et là où Goethe, dans sa fougue, invite le genre humain à rendre grâce au père des dieux d'avoir accordé aux mortels l'épouse dont la beauté ne fane jamais, Nerval change pour ainsi dire de registre de piété :

Remercions tous notre père du ciel, qui nous donna pour compagne, à nous pauvres humains, cette belle, cette impérissable amie !

Mais la vraie force poétique d'un poème comme celui-ci n'est pas dans les strophes philosophiques ou doctrinaires, elle est dans les passages évocateurs où l'Imagination elle-même semble inspirer au poète la mise en scène éblouissante de sa propre image variant au gré de ses humeurs :

Sie mag rosenbekränzt / Mit dem Lilienstengel / Blumentäler betreten, / Sommervögeln gebieten / Und leichtnährenden Tau / Mit Bienenlippen / Von Blüten saugen / Oder sie mag / Mit fliegendem Haar / Und düsterm Blicke / Im Winde sausen / Um Felsenwände...

Pareille « sorcellerie évocatoire », dirait Baudelaire, fait de Goethe le premier des poètes lyriques allemands avant Hölderlin. Dans ces strophes, de poésie pure, la traduction nervalienne est plus heureuse que dans le cas de Klopstock ; mais il arrive que Nerval soit obligé de remplacer les mots composés qui donnent leur *aura* à chaque vers par des syntagmes à plusieurs mots ou par des périphrases :

Soit qu'elle aille, couronnée de roses, un sceptre de lys à la main, errer dans les plaines fleuries, commander aux papillons, et, comme l'abeille, s'abreuver de rosée dans le calice des fleurs...

L'exception que constitue la traduction, lexicalement correcte, mais poétiquement réductrice, du mot *Sommervögel* mérite qu'on s'y attarde : traduit littéralement, ce nom composé signifie « les oiseaux de l'été » ; il s'agit en fait d'une métaphore pour le mot *Schmetterling* (papillon), métaphore qui n'est point une invention du poète, mais bel et bien une expression dialectale ; Nerval est sans doute conscient de la valeur métaphorique du terme, mais il ne peut ici éviter une décoloration de l'image.

Si l'on ne savait pas que tel poème de Goethe (« Ma déesse », « Consolation dans les larmes », « Les Mystères ») et, à plus forte raison, tel poème de Heine, « Le Tambour-major » ou « Le Port » par exemple, sont écrits en vers — rimés ou libres, n'importe —, si on ne les connaissait qu'à travers la traduction de Nerval, on pourrait voir dans ces textes de véritables poèmes en prose. Ils en ont la brièveté, la densité, la gratuité apparente aussi. Et dans le cas de Heine, je n'hésiterai pas à ajouter : ils en ont la modernité surtout. A-t-on jamais pris en considération le rôle de ferment qu'ont pu jouer de telles traductions dans la genèse du poème en prose, à côté de *Gaspard de la nuit* d'Aloysius Bertrand et du *Centaure* de Maurice de Guérin, parus tous deux quasiment au même moment que la seconde édition des *Poésies allemandes* et peu avant le choix de Heine ?

Le choix de Nerval souligne un autre aspect de Goethe : il révèle l'ouverture extraordinaire de cet esprit cosmo-polite, à qui nous devons la notion même de *Weltliteratur*,

de littérature mondiale. Dans l'Introduction, Nerval cite
Mme de Staël louant Goethe pour sa faculté de se trans-
porter dans des pays inconnus, de se faire, quand il veut,
grec, indien, morlaque. Et on pourrait ajouter persan
ou chinois. C'est *l'esprit* de l'étranger qu'épouse Goethe,
mais ce sont aussi les formes poétiques les plus diverses.
Que ce soit une complainte serbo-croate, une légende
indienne, ou une ballade du Nord : Goethe est chez lui
dans toutes les formes, et semble posséder le don d'ubi-
quité poétique. C'est dire que le poète des *Élégies
romaines* et du *Divan* est celui qui, de tous les poètes alle-
mands avant Heine, se laisse le moins cantonner en Alle-
magne, bien qu'il ait créé des types caractéristiques d'un
imaginaire « allemand », tels Faust et *Gretchen* ou encore
le Roi des aulnes. Le choix, au fond quelque peu conven-
tionnel, que fait Nerval des poèmes de Goethe, comme
de l'ensemble des poèmes d'outre-Rhin d'ailleurs, ne
donne qu'une idée incomplète des couleurs vives, médi-
terranéennes et orientales, qui caractérisent les ciels
poétiques de ce poète. Visiblement le traducteur tient à
respecter le stéréotype d'une couleur locale ressentie
alors comme typiquement germanique, et aime à faire
rimer Goethe avec les brouillards allemands. Face à l'en-
semble que Nerval constitue en 1830 et 1840, on se prend
à rêver : que serait-il advenu si Nerval avait pu connaître
et traduire *Le Divan* ou au moins quelques-uns de ses plus
superbes morceaux ? La logique de l'affinité eût exigé une
telle rencontre ; et la même logique eût dû faire découvrir
à Nerval les deux poètes romantiques qui font figure de
grands absents de son recueil : Novalis et Hölderlin...

Quant à Gottfried August Bürger, il réclamait pour lui-
même le titre de poète du peuple (*Volksdichter*). Ce qui
n'était que justice vu l'enthousiasme que suscitèrent ses
poèmes dans les couches populaires. Goethe se souvien-
dra, dans *Poésie et vérité*, de cette vague d'enthousiasme
qui parcourut l'Allemagne lors de la publication de *Lénore*,
plaidoyer fantastique pour une Europe des petites gens,

ennemies de la guerre. Faisant valoir une conception moins militante de la poésie, et une idée plus pure de la dignité du poète, Schiller contesta à Bürger ce titre de poète populaire qu'il revendiqua en vérité pour lui-même. Il est vrai que sa propre poésie didactique et surtout ses ballades édifiantes feront de Schiller le grand classique des instituteurs et des professeurs de lycée. Il ne manque pas de piquant qu'en traduisant Schiller, Nerval s'arrange pour y trouver des chimères et pour gommer la strophe la plus francophobe de la réprimande versifiée «À Goethe» qui tonne contre le théâtre de Voltaire. Heine, lui, prendra parti pour Bürger, qualifiant ses ballades de «cris terribles d'un Titan qu'une aristocratie de hobereaux bas-saxons et de cuistres a supplicié». Comme Heine, Nerval semble voir en Bürger un devancier.

En ce qui concerne Heine lui-même, qui dès la disparition de l'Olympien de Weimar commence à apparaître comme son successeur légitime en matière de poésie, il semble le troisième grand absent du livre après Novalis et Hölderlin. Pas tout à fait cependant, car l'Introduction remaniée de 1840 lui fait une place à part, en le présentant comme le dernier poète du temps ancien et «le premier de notre ère moderne». Il apparaît clairement que Nerval avait l'intention de clore son anthologie sur un choix de poèmes de Heine, qui aurait bouclé la boucle en montrant la permanence, dans la poésie allemande, d'une ouverture sur le monde, et plus particulièrement d'une ouverture sur la littérature française ou sur le monde spirituel français. Logiquement donc, la traduction de Heine aurait dû compléter l'anthologie de 1840, à laquelle elle aurait apporté une touche de nouveauté et d'actualité. Quand elle sera enfin publiée, en 1848, cela se fera en dehors du cadre du livre, dans la prestigieuse *Revue des Deux Mondes*. Toutefois, Nerval veillera, dans sa magistrale Notice qui accompagne les traductions des deux numéros de la revue, à définir l'originalité de Heine par rapport à ses prédécesseurs Klopstock, Wieland, Schiller, etc., mais aussi surtout par rapport à Goethe.

Le paradoxe de ce phénomène si nouveau qui a nom Heinrich Heine, Nerval essaiera de le circonscrire par toute une série de formules : « un Voltaire pittoresque et sentimental », tour à tour ou à la fois sceptique et romantique, français et allemand. Pour aboutir à ce constat qui aurait été aussi juste, appliqué à Goethe : « Jamais Protée n'a pris plus de formes, jamais dieu de l'Inde n'a promené son âme divine dans une si longue série d'avatars. » Avec cette différence que Heine, à Paris, poursuit d'une manière plus expérimentale, machiavélique même, ce que Goethe avait accompli pour ainsi dire naïvement à Weimar : transformer folklore et paysages allemands, clair de lune et jusqu'à l'âme allemande, en marchandises culturelles universellement exportables, et cela, tout en se moquant subrepticement des thèmes allemands, de l'identité allemande, dont Heine-Almanzor n'a que faire. Au reste, cette raillerie même fait apparaître un autre trait de la littérature allemande, que l'opposition entre l'esprit français et le cœur allemand ne disait pas : à savoir que la culture allemande de 1750 à 1848 a une autre face que la sentimentale, et que, de Lessing à Hegel et à Marx (autre ami de Heine), cette Allemagne a toujours tenu à s'ouvrir sur le monde, et n'a jamais renié l'héritage des Lumières.

De tous les poèmes traduits par Nerval ce sont ceux de Heine dont l'allemand a le moins vieilli. Autant certains poèmes de Schiller — comme sa « Chanson de la cloche » qui a fait pouffer de rire les dames du cénacle romantique d'Iéna — sont un peu étriqués et vieillots, autant la langue de Heine sent la grande ville ou le grand large, et affiche un parti pris de modernité, même si elle use volontiers parfois du ton archaïque à des fins parodiques. Nul n'a mieux senti que son ami et traducteur parisien combien Heine a introduit de clarté dans « cette vieille forêt inextricable et touffue du langage allemand», élevant ainsi un «dialecte que les Allemands seuls pouvaient écrire et parler sans cependant toujours se comprendre eux-mêmes» au niveau d'une langue universelle, à l'instar du français. (Nietzsche lui-même, grand admirateur du style heinéen et son disciple dans l'art de la prose, n'aurait pas désavoué ce jugement.) Le travail du traducteur en fut-il pour autant rendu plus simple ? Pas forcément, puisque, outre que rien n'est plus difficile à rendre que la légèreté et la simplicité, ces poèmes que Heine qualifie de «paisibles rêvasseries allemandes» sont pleins d'épines, regorgent d'allusions et de sous-entendus de toutes sortes. La traduction nervalienne a révélé au public français, qui ne connaissait que l'écrivain des *Reisebilder*, le critique railleur, l'existence du *poète* Heine. Elle représente donc un travail d'une portée historique considérable, où l'art du traducteur atteint des sommets comparables à ceux des dernières versions de «Lénore» ou du «Roi de Thulé». Et qu'importe si certaines nuances de musique, de rythme ou de rimes ne sont pas sauvées, si des rimes comme celle du «Tambour-major» «Hörner/Körner», qui suggère que l'enthousiasme des Allemands pour les chants anti-napoléoniens de Körner relève du dépit de maris cocufiés, ne sont rendues que par une assonance heureuse, fournie par le hasard, et dont le sens n'est perceptible qu'aux seuls initiés («cornes/Körner»)! Tant pis si dans la traduction des mots composés comme *Augentränentröpfchen* — mot qui tient tout un vers à lui seul —, *Gimpelschmerz* ou *Armesünderblum'* — variante inédite de la fleur bleue des romantiques — Nerval bute contre l'impossible. Elle est poignante tout de même, sa version d'*Intermezzo LVI* :

*Au carrefour sont enterrés ceux qui ont péri par le suicide ; une fleur bleue s'épanouit là ; on la nomme la fleur de l'âme damnée (*Die Armesünderblum*).*
Je m'arrêtai au carrefour et je soupirai ; la nuit était

froide et muette. Au clair de la lune, se balançait lente-
*ment la fleur de l'âme damnée (*Im Mondschein bewegte
sich langsam / Die Armesünderblum!*)*.

Cette fleur bleue du pauvre pécheur qui se balance au
clair de lune ne préfigure-t-elle pas le pendu de la rue de
la Vieille-Lanterne? Lequel avait écrit en 1848: «En
lisant l'*Intermezzo*, l'on éprouve comme une espèce d'ef-
froi: vous rougissez comme surpris dans votre secret.»
Le secret de la merveilleuse réussite de sa traduction,
c'est que sous sa forme dépouillée de traduction en
prose, elle sait faire vibrer le texte, donnant une idée
juste de l'univers lyrique de Heine, ce premier moderne
des lettres allemandes, une idée juste et palpable de sa
richesse, de sa *Stimmung* et de ce que Nerval appelle son
«incomparable perfection plastique» ou encore sa «plas-
tique intellectuelle».

DOLF OEHLER

DOSSIER

CHRONOLOGIE

1808-1855

1808. 22 mai: naissance à Paris de Gérard Labrunie, fils d'Étienne Labrunie et de Marie-Antoinette-Marguerite Laurent. Gérard est mis en nourrice à Loisy dans le Valois. Il est élevé à Mortefontaine chez son grand-oncle maternel, Antoine Boucher. Son père, médecin militaire de la Grande Armée, sert en Allemagne et en Autriche, accompagné de sa femme.

   Goethe, *Faust*. Fichte, *Discours à la nation allemande*.
1810. Mort de la mère de Gérard en Silésie, à Gross-Glogau.

   Mme de Staël, *De l'Allemagne*. Goethe, *La Théorie des couleurs*.
1814. Retour d'Allemagne du Docteur Labrunie.

   Chamisso, *Peter Schlemihl*. Goethe, *Le Divan* (1814-1819). Hoffmann, *Fantaisies à la manière de Callot*. Schubert, *Marguerite au rouet*.
1820. Mort d'Antoine Boucher.

   Lamartine, *Méditations poétiques*. Hoffmann, *Princesse Brambilla*. Hegel, *Esthétique* (publication posthume entre 1837 et 1842).
1822-1826. Gérard est élève au collège Charlemagne, où il rencontre Théophile Gautier.

   Hoffmann, *Contes des frères Sérapion* (1821). Hugo, *Odes et Ballades* (1822-1828); *Han d'Islande* (1823). Stendhal, *Racine et Shakespeare* (1823). Heine, *Poèmes* (1821); *Tragédies et Intermezzo* (1823); *Tableaux de voyage* (Ire partie, 1826). Hoffmann, *Le Chat Murr* (1822). Eichendorff, *Scènes de la vie d'un propre à rien* (1824). Hölderlin, *Odes et Hymnes* (1826).

1826. Gérard publie un recueil d'*Élégies nationales* intitulé *Napoléon et la France guerrière*.

Alfred de Vigny, *Cinq-Mars*.

Delacroix, *La Grèce expirant sur les ruines de Missolonghi*.

1827. Publication du *Faust, tragédie de Goethe, nouvelle traduction complète en prose et en vers* par Gérard.

Hugo, *Cromwell*. Stendhal, *Armance*. Heine, *Tableaux de voyage* (IIe partie); *Le Livre des chants*.

Delacroix, *La Mort de Sardanapale*.

Schubert, *Le Voyage d'hiver*.

1829. Gérard collabore au *Mercure de France au XIXe siècle* où il publie des traductions de poètes allemands (Körner, Schubart, Bürger, Goethe).

Hugo, *Les Orientales*. Balzac, *Les Chouans*. Jules Janin, *L'Âne mort et la Femme guillotinée*. Mérimée, *Chronique du règne de Charles IX*. Goethe, *Les Années de voyage de Wilhelm Meister*. Heine, *Tableaux de voyage* (IIIe partie). Berlioz utilise la traduction de Gérard pour ses *Huit scènes de «Faust»*.

1830. Publication, dans la «Bibliothèque choisie», des *Poésies allemandes. Klopstock, Goethe, Schiller, Bürger. Morceaux choisis et traduits par M. Gérard* (février); puis du *Choix des poésies de Ronsard, Dubellay, Baïf, Belleau, Dubartas, Chassignet, Desportes, Régnier; précédé d'une introduction par M. Gérard* (octobre).

Gérard participe à la bataille d'*Hernani* avec les amis de Hugo.

Hugo, *Hernani*. Nodier, *Histoire du roi de Bohême*. Stendhal, *Le Rouge et le noir*. Goethe, *Poésie et vérité*. Ary Scheffer, *Lénore, les morts vont vite!* Berlioz, *La Symphonie fantastique*.

1831. À la suite d'un tapage nocturne, Gérard passe une nuit à la prison de Sainte-Pélagie.

Premières «Odelettes» de Gérard dans l'*Almanach des muses*. Traduction des deux premiers chapitres des *Aventures de la nuit de Saint-Sylvestre* dans *Le Mercure de France au XIXe siècle* (17-24 septembre).

Gérard fréquente le Petit Cénacle réuni dans l'atelier du sculpteur Jehan Duseigneur rue de Vaugirard, et le salon de Nodier à l'Arsenal.

Hugo, *Notre-Dame de Paris*; *Les Feuilles d'automne*.
Balzac, *La Peau de chagrin*. Dumas, *Antony*. Goethe,
Faust II. Heine, *Le Salon*; compléments aux *Tableaux
de voyage*. Heine s'établit à Paris. Delacroix, *La Liberté
guidant le peuple*.

Mort de Hegel.

1832. Février: après le complot légitimiste de la rue des Prou-
vaires, Gérard est mis en prison à Sainte-Pélagie.

Mars: épidémie de choléra. Gérard aurait aidé son père à
soigner les victimes.

Gérard fréquente les «Bousingots» autour de Pétrus
Borel; ainsi que le «Petit Cénacle» de Jehan Duseigneur
en compagnie des Jeune-France.

En septembre, paraît, dans *Le Cabinet de lecture*, «La
Main de gloire, histoire macaronique», qui entrera dans
les *Contes et facéties* en 1852.

Nodier, *La Fée aux miettes*. Vigny, *Stello*. Mort de Goethe.

1834. Mort du grand-père maternel, Pierre-Charles Laurent,
dont Gérard hérite.

Voyage dans le sud de la France et en Italie.

Musset, *On ne badine pas avec l'amour*; *Lorenzaccio*.
Sainte-Beuve, *Volupté*. Heine, *Tableaux de voyage I-II*
(Paris, Renduel).

Delacroix, *Femmes d'Alger*.

1835. Création de la revue *Le Monde dramatique* par Gérard
et Anatole Bouchardy. C'est l'époque de la bohème du
Doyenné, avec Théophile Gautier, Arsène Houssaye,
Célestin Nanteuil, Édouard Ourliac, Camille Rogier, etc.
Deuxième édition du *Faust* traduit par Gérard.

Balzac, *Le Père Goriot*; *Séraphîta*. Gautier, *Mademoi-
selle de Maupin*. Hugo, *Les Chants du crépuscule*. Mus-
set, *Les Nuits*. Vigny, *Chatterton*. Lamartine, *Voyage en
Orient*. Heine, *De l'Allemagne I et II*. *L'École roman-
tique*. Büchner, *La Mort de Danton*.

1836. Faillite du *Monde dramatique*, dans lequel Gérard a
englouti la plus grande partie de son héritage. Nerval est
désormais obligé de vivre de sa plume.

Voyage en Belgique en compagnie de Gautier.

Gérard collabore au *Carrousel*.

Dans *Le Figaro* du 15 décembre, on peut lire une annonce
pour un texte sur «Le Canard de Vaucanson» par

«Gérard de Nerval»: il s'agit de la première attestation du pseudonyme «Gérard de Nerval». Le nom vient du clos de Nerval, près de Mortefontaine, où certains des parents maternels de Gérard sont ensevelis; c'est en même temps l'anagramme du nom de sa mère, Laurent.

Balzac, *Le Lys dans la vallée*. Lamartine, *Jocelyn*. Musset, *La Confession d'un enfant du siècle*. Büchner, *Woyzeck*. Heine, *L'École romantique*. Lenau, *Faust*, poème dramatique.

1837. Collaboration à *La Charte de 1830*. Début de la collaboration à *La Presse*. Nerval commence une carrière de critique dramatique, qui le conduira, jusqu'en 1851, à rendre compte de la vie des théâtres.

Création de *Piquillo* à l'Opéra-Comique (en collaboration avec Dumas; musique de Monpou; l'interprète principale est la cantatrice Jenny Colon).

Balzac, *Illusions perdues* (1ʳᵉ partie). Hugo, *Les Voix intérieures*. Heine, *Le Livre des chants*, 2ᵉ édition allemande.

1838. Jenny Colon épouse le flûtiste Leplus.

D'août à septembre, Nerval voyage en Allemagne avec Dumas.

Début de la collaboration de Gérard au *Messager*.

Hugo, *Ruy Blas*.

1839. Création, en avril, de *L'Alchimiste* (en collaboration avec Dumas) au théâtre de la Renaissance; et de *Léo Burckart* (en collaboration avec Dumas) au théâtre de la Porte-Saint-Martin (*Léo Burckart* sera repris dans *Lorely* en 1852). Rédaction d'un scénario en trois actes intitulé *La Forêt-Noire*. Publication d'une nouvelle intitulée *Le Fort de Bitche. Souvenir de la Révolution française*, qui entrera, sous le titre d'*Émilie*, dans *Les Filles du feu* en 1854. Publication d'un «intermède» intitulé *Les Deux Rendez-vous*, qui entrera, sous le titre de *Corilla*, dans les *Petits châteaux de Bohême* en 1853, puis dans *Les Filles du feu*. Publication du *Roi de Bicêtre* qui entrera dans *Les Illuminés* en 1852.

D'octobre à décembre, Nerval voyage en Allemagne et séjourne à Vienne; il y rencontre la pianiste Marie Pleyel.

Balzac, *Illusions perdues* (2ᵉ partie). Borel, *Madame Putiphar*. Lamartine, *Recueillements poétiques*. Stendhal, *La Chartreuse de Parme*.

1840. Retour à Paris en mars.

Parution en juillet de *Faust de Goethe, suivi du Second Faust* traduit par Gérard et suivi d'un *Choix de Ballades et Poésies de Goethe, Schiller, Bürger, Klopstock, Schubart, Körner, Uhland, etc.*

Voyage en Belgique. En décembre, Nerval assiste, à Bruxelles, à une représentation de *Piquillo*, où chante Jenny Colon, et retrouve Marie Pleyel.

Hugo, *Les Rayons et les ombres.*

Schumann, *Amours du poète* (sur des poèmes de l'*Intermezzo* de Heine).

1841. Première crise psychotique. Internement à la clinique de Mme Vve Sainte-Colombe, rue de Picpus (février-mars); puis chez le Docteur Esprit Blanche, à Montmartre (mars-novembre).

1er mars: dans le *Journal des Débats*, Janin consacre un feuilleton à la folie de Nerval.

Nerval publie des textes concernant son voyage dans le Nord, qu'il reprendra dans *Lorely* en 1852; ainsi que l'histoire de ses «Amours de Vienne», qu'il reprendra dans le *Voyage en Orient* en 1851.

On date de la crise de 1841 une série de sonnets, dont certains, révisés, passeront dans *Les Chimères.*

Delacroix, *Prise de Constantinople par les Croisés.*

1842. Arsène Houssaye épouse Stéphanie Bourgeois. Jenny Colon meurt (5 juin).

Nerval publie «Les Vieilles Ballades françaises» dans *La Sylphide*, du 10 juillet. Le texte sera plusieurs fois repris et remanié, pour finalement entrer, en 1854, dans *Les Filles du feu*, à la suite de *Sylvie.*

Il publie également, toujours dans *La Sylphide*, en octobre, «Rêverie de Charles VI», et, en décembre, *Un roman à faire.*

22 décembre: Gérard part pour l'Orient.

Balzac, avant-propos de *La Comédie humaine.* Aloysius Bertrand, *Gaspard de la nuit* (posthume).

1843. Voyage en Orient (Le Caire, Beyrouth, Constantinople, Malte, Naples).

En mars, Nerval publie *Jemmy O'Dougherty* dans *La Sylphide*, qui entrera, sous le titre *Jemmy*, dans *Les Filles du feu.*

Hugo, *Les Burgraves*. Sand, *Consuelo*. Vigny, *La Mort du loup*; *Le Mont des Oliviers*. Heine, *Atta Troll*. Wagner, *Le Vaisseau fantôme*.

1844. Début de la collaboration à *L'Artiste*; Nerval y publie «Le Christ aux Oliviers»; ainsi que *Le Roman tragique* qu'il reprendra plus tard pour l'intégrer dans la lettre *À Alexandre Dumas* qui sert de préface aux *Filles du feu*. Septembre-octobre: voyage avec Houssaye en Belgique et en Hollande.

Balzac, *Illusions perdues* (3ᵉ partie). Chateaubriand, *Vie de Rancé*. Dumas, *Les Trois Mousquetaires*; *Le Comte de Monte-Cristo*. Vigny, *La Maison du Berger*. Heine, *Nouveaux poèmes*.

1845. Publication de «Pensée antique» qui deviendra «Vers dorés» dans *Les Chimères*, et de «Vers dorés» qui deviendra «Delfica»; publication de l'étude sur Jacques Cazotte qui entrera dans *Les Illuminés*; publication du *Temple d'Isis. Souvenir de Pompéi* dans *La Phalange*, qui sera repris, sous le titre *Isis*, dans *Les Filles du feu*.

Premier *Salon* de Baudelaire. Mérimée, *Carmen*.

Corot, *Homère et les bergers*.

Wagner, *Tannhäuser*.

1846. Publication, en mai, des «Femmes du Caire», dans la *Revue des Deux Mondes*: le texte entrera dans le *Voyage en Orient*. Publication, dans *L'Artiste*, de *Un tour dans le Nord*, dont certains passages entreront dans *Lorely*.

Michelet, *Le Peuple*. Sand, *La Mare au diable*.

Berlioz, *La Damnation de Faust*.

1847. Publication, dans *L'Artiste-Revue de Paris* (juin-juillet), de *L'Iséum. Souvenir de Pompéi*, qui deviendra *Isis* dans *Les Filles du feu*.

Lamartine, *Histoire des Girondins* (t. I). Michelet, *Histoire de la Révolution* (1847-1853).

1848. Publication du premier tome des *Scènes de la vie orientale*, chez Sartorius (février). Publication des *Poésies de Henri Heine*, dans la *Revue des Deux Mondes* (15 juillet et 15 septembre).

Chateaubriand, *Mémoires d'outre-tombe*. Alexandre Dumas [fils], *La Dame aux camélias*.

Marx-Engels, *Manifeste du parti communiste*.

Daumier, *La République*.

1849. Publication de «Al-Kahira. Souvenirs d'Orient», dans *La Silhouette*. Publication dans *Le Temps* (mars-mai) du *Marquis de Fayolle*, roman-feuilleton inachevé. Publication d'une étude sur Cagliostro qui entrera dans *Les Illuminés*. Publication d'un conte fantastique intitulé *Le Diable vert* qui entrera, sous le titre *Le Monstre vert*, dans *Contes et facéties* en 1852. Création des *Monténégrins*, livret d'Alboise et Gérard, musique de Limnander.

   Fin mai : voyage à Londres en compagnie de Gautier.

   Lamartine, *Histoire de la Révolution de 1848*. Sand, *La Petite Fadette*.

1850. Publication, dans *Le National* (mars-mai), des «Nuits du Ramazan», qui entreront dans le *Voyage en Orient*. Création à l'Odéon du *Chariot d'enfant*, pièce indienne du roi Soudraka adaptée par Nerval et Joseph Méry. Publication des *Scènes de la vie orientale*, en deux volumes, chez Souverain (août). Publication, dans la *Revue des Deux Mondes* (août-septembre), des *Confidences de Nicolas*, qui entreront dans *Les Illuminés*.

   Voyage en Allemagne, à l'occasion des fêtes en l'honneur de Herder et de Goethe (août-septembre).

   Publication, dans *Le National* (octobre-décembre), des *Faux Saulniers*. *Histoire de l'abbé de Bucquoy*, dont une partie entrera dans *Les Illuminés*, l'autre dans *Les Filles du feu* sous le titre *Angélique*.

   Sand, *François le Champi*.

   Courbet, *Un enterrement à Ornans*. Millet, *Le Semeur*. Wagner, *Lohengrin*.

1851. Publication du texte définitif du *Voyage en Orient* chez Charpentier (juin). Nerval travaille à une adaptation du drame de Kotzebue, *Misanthropie et repentir*. Publication, dans la *Revue de Paris* (novembre), de *Quintus Aucler*, qui entrera dans *Les Illuminés*. Ébauche du *Comte de Saint-Germain*. Création, en décembre, à la Porte-Saint-Martin, de *L'Imagier de Harlem*, écrit en collaboration avec Joseph Méry et Bernard Lopez.

   Murger, *Scènes de la vie de bohème*. Heine, *Romancero*. Corot, *Danse avec les nymphes*.

1852. Janvier-février : séjour à la clinique Dubois (rue du Faubourg-Saint-Denis). Avril-mai : voyage en Belgique et en Hollande. Septembre : périples autour de Paris.

Publication des *Illuminés* chez Victor Lecou (mai); de *Lorely* chez Giraud et Dagneau (été); de *La Bohême galante* dans *L'Artiste* (de juillet à décembre); des *Nuits d'octobre* dans *L'Illustration* (d'octobre à novembre); de *Contes et facéties* chez Giraud (décembre).

Gautier, *Émaux et camées*. Leconte de Lisle, *Poèmes antiques*. Hugo, *Napoléon le petit*.

1853. Publication des *Petits châteaux de Bohême*, refonte de *La Bohême galante*.

Février-mars: nouveau séjour à la maison Dubois.

15 août: *Sylvie* paraît dans la *Revue des Deux Mondes*.

Août-septembre: hospitalisation à la Charité (rue des Saints-Pères), puis séjour à la clinique du Docteur Émile Blanche à Passy. Nerval y rentre à nouveau en octobre.

10 décembre: «El Desdichado» paraît dans *Le Mousquetaire*, avec un article de Dumas évoquant la folie de Nerval.

17 décembre: *Octavie*, qui entrera dans *Les Filles du feu*, paraît dans *Le Mousquetaire*.

Hugo, *Châtiments*. Musset, *Comédies et proverbes*. Sand, *Les Maîtres sonneurs*. Heine, «Les Dieux en exil» dans la *Revue des Deux Mondes*.

1854. Publication des *Filles du feu* chez Giraud (janvier).

Mai-juillet: voyage en Allemagne.

Août-octobre: dernier séjour à Passy dans la clinique du Docteur Blanche.

Le Mousquetaire du 31 octobre donne une version fautive des *Amours de Vienne*. *Pandora*.

Décès de Stéphanie Houssaye (12 décembre).

30 décembre: début de *Promenades et souvenirs* dans *L'Illustration*.

Vigny, *La Bouteille à la mer*. Sand, *Histoire de ma vie* (début). Heine, *Aveux d'un poète* (traduction française); *Le Livre de Lazare*.

Courbet, *L'Atelier*.

1855. 1er janvier: début d'*Aurélia* dans la *Revue de Paris*.

6 janvier: deuxième partie de *Promenades et souvenirs* dans *L'Illustration*.

Nerval erre dans Paris, sans ressources et sans domicile. Il est trouvé pendu rue de la Vieille Lanterne, près du Châtelet, dans la nuit du 25 au 26 janvier.

3 février : troisième et dernière livraison de *Promenades et souvenirs* dans *L'Illustration*.

15 février : «seconde partie» d'*Aurélia* dans la *Revue de Paris*.

Baudelaire : premiers choix de poèmes des *Fleurs du Mal* dans la *Revue des Deux Mondes*.

Heine, *Poèmes et légendes* (premier volume choisi de ses poésies traduites en français).

BIBLIOGRAPHIE[1]

Éditions (traductions, cycle allemand)

— Goethe, *Faust* traduit par Gérard de Nerval, édition présentée par Albert Béguin, Porrentruy, chez les éditeurs des «Portes de France» à Porrentruy, 1946.
— Henri Heine, *Poésies traduites et commentées par Gérard de Nerval*, Introduction de Gisèle Marie, Éditions A. Tallone, 1946.
— Nerval, *Œuvres complètes*, édition dirigée par Jean Guillaume et Claude Pichois, Gallimard, «Bibliothèque de la Pléiade», 3 vol., 1984-1993.
— Heinrich Heine, *Poésies, traduites et commentées par Gérard de Nerval. Précédé de «Une seconde patrie» par Claude Esteban*, Fourbis, 1994.
— Nerval, *Lorely*, édition préparée par Jacques Bony, Corti, collection romantique n° 46, 1995.
— Nerval, *Léo Burckart, L'Imagier de Harlem*, introduction, notes, annexe, bibliographie et chronologie par Jacques Bony, Flammarion, 1996.
— Nerval, *Poèmes d'Outre-Rhin*, édition établie, annotée et présentée par Jean-Yves Masson, Grasset, 1996 («Gérard de Nerval traducteur», p. 7-22).
— *Le «Faust» de Goethe traduit par Gérard de Nerval*, édition présentée et annotée par Lieven D'hulst, Fayard, 2002.

---

1. Sauf indication contraire, le lieu d'édition est Paris.

Biographie

Pichois (Claude) et Brix (Michel), *Gérard de Nerval*, Fayard, 1995.

Études générales

Bayle (Corinne), *La Marche à l'étoile*, Seyssel, Champ Vallon, 2001.
Béguin (Albert), *L'Âme romantique et le rêve*, Corti, 1939 (réédition 1991, Le Livre de poche, « Biblio essais »).
Bénichou (Paul), *Nerval et la chanson folklorique*, Corti, 1970.
Bonnet (Henri), *Gérard de Nerval*, Hatier, 1973.
Bony (Jacques), *Le Récit nervalien. Une recherche des formes*, Corti, 1990.
—, *L'Esthétique de Nerval*, SEDES, 1997.
Bowman (Frank Paul), *Gérard de Nerval. La Conquête de soi par l'écriture*, Orléans, Paradigme, 1997.
Brix (Michel), *Les Déesses absentes. Vérité et simulacre dans l'œuvre de Gérard de Nerval*, Klincksieck, 1997.
Campion (Pierre), *Nerval. Une crise dans la pensée*, Rennes, Presses universitaires de Rennes, coll. « Interférences », 1998.
Illouz (Jean-Nicolas), *Nerval, le « rêveur en prose ». Imaginaire et écriture*, PUF, coll. « Écrivains », 1997.
Jean (Raymond), *La Poétique du désir. Nerval, Lautréamont, Apollinaire, Éluard*, Seuil, 1974.
—, *Nerval par lui-même*, Seuil, coll. « Écrivains de toujours », 1964.
Macé (Gérard), *Ex libris, Nerval — Corbière — Rimbaud — Mallarmé — Segalen*, Gallimard, 1980.
Malandain (Gabrielle), *Nerval ou l'incendie du théâtre. Identité et littérature dans l'œuvre en prose de Gérard de Nerval*, Corti, 1986.
—, Chamarat-Malandain (Gabrielle), *Nerval. Réalisme et invention*, Orléans, Paradigme, 1997.
Mouchard (Claude), « Position du poème », in « *Clartés d'Orient* » : *Nerval ailleurs*, sous la direction de Jean-Nicolas Illouz et Claude Mouchard, éditions Laurence Teper, 2004, p. 309-344.
Pascal (Gabrielle), *Le Sourire de Gérard de Nerval*, Québec, VLB éditeur/Le Castor astral, 1989.

RICHER (Jean), *Nerval. Expérience et création*, Hachette, 1963.

RIGOLI (Juan), *Lire le délire. Aliénisme, rhétorique et littérature en France au XIXᵉ siècle*, Fayard, 2001 («Le fou et ses lecteurs ("À Alexandre Dumas", *Aurélia*)», p. 517-581).

SÉGINGER (Gisèle), *Nerval au miroir du temps. «Les Filles du feu», «Les Chimères»*, Ellipses, «Textes fondateurs», 2004.

STIERLE (Karlheinz), *La Capitale des signes. Paris et son discours*, préface de Jean Starobinski, traduit de l'allemand par Marianne Rocher-Jacquin, Édition de la Maison des sciences de l'homme, 2001 («Une lisibilité imaginaire: expérience de la ville et conscience mythique de soi chez Gérard de Nerval», p. 386-407).

WIESER (Dagmar), *Nerval: une poétique du deuil à l'âge romantique*, Droz, 2004.

Lectures de l'histoire

BÉNICHOU (Paul), *L'École du désenchantement*, Gallimard, 1992 («Nerval», p. 217-492).

CHAMBERS (Ross), *Mélancolie et opposition. Les Débuts du modernisme en France*, Corti, 1987.

DIDIER (Béatrice), «Nerval et la philosophie des Lumières, ou le deuil de la Foi», in *Nerval. Une poétique du rêve*, Actes du colloque de Bâle, Mulhouse et Fribourg, textes publiés par Robert Kopp, Paris-Genève, Champion-Slatkine, 1989, p. 101-110.

GAILLARD (Françoise), «Nerval, ou les contradictions du romantisme», *Romantisme*, nᵒ 1-2, 1971, p. 128-138.

ILLOUZ (Jean-Nicolas), «*Sylvie* de Nerval: une théorie critique du romantisme», in *Le Bonheur de la littérature: variations critiques pour Béatrice Didier*, PUF, 2005, p. 219-227.

OEHLER (Dolf), *Le Spleen contre l'oubli. Juin 1848* (1988), traduit de l'allemand par Guy Petitdemange avec le concours de Sabine Cornille, Payot, 1996.

Lectures de l'imaginaire

BEM (Jeanne), «*L'autre* de la chanson dans le texte nervalien», in *Nerval. Une poétique du rêve*, ouvrage cité, p. 133-143.

—, «Gérard de Nerval et la jeune fille. Essai de lecture mythocritique», in *Gérard de Nerval*, «*Les Filles du feu*», «*Aurélia*». *Soleil noir*, Actes du colloque d'agrégation des 28 et 29 novembre 1997, textes réunis par José-Luis Diaz, SEDES, 1997, p. 171-180.

BROMBERT (Victor), *La Prison romantique. Essai sur l'imaginaire*, Corti, 1975 («Nerval et le prestige du lieu clos», p. 127-138).

COLLOT (Michel), *Gérard de Nerval ou la dévotion à l'imaginaire*, PUF, 1992.

COPHIGNON (Jeanne), «Figures féminines dans l'œuvre de Nerval : tentation de reconstruction de l'image maternelle», *Revue française de psychanalyse*, t. XLIV, 1980, p. 15-45.

FELMAN (Shoshana), *La Folie et la chose littéraire*, Seuil, 1978 («Gérard de Nerval : folie et répétition», p. 59-96).

JEANNERET (Michel), *La Lettre perdue. Écriture et folie dans l'œuvre de Nerval*, Flammarion, 1978.

KOFMAN (Sarah), *Nerval. Le Charme de la répétition*, Lausanne, L'Âge d'Homme, 1979.

KRISTEVA (Julia), *Soleil noir. Dépression et mélancolie*, Gallimard, 1987 («Nerval, "El Desdichado"», p. 151-182).

MAURON (Charles), *Des métaphores obsédantes au mythe personnel*, Corti, 1963 (sur Nerval, p. 64-80 et p. 148-156).

POULET (Georges), *Les Métamorphoses du cercle*, Plon, 1961, Flammarion, 1979 («Nerval», p. 273-291).

RICHARD (Jean-Pierre), *Poésie et profondeur*, Seuil, 1955 («Géographie magique de Nerval», p. 15-89).

—, *Microlectures*, Seuil, 1979 («Le nom et l'écriture», p. 13-24).

SCHÄRER (Kurt), *Thématique de Nerval ou Le monde recomposé*, Minard, 1968.

Lectures des formes d'écriture et questions de poétique

BONNEFOY (Yves), «La Poétique de Nerval» (1988), *La Vérité de parole et autres essais*, Gallimard, 1995, p. 41-63.

—, *Le Poète et «le flot mouvant des multitudes»*, Bibliothèque nationale de France, 2003 («Nerval seul dans Paris», p. 37-72).

Broda (Martine), *L'Amour du nom. Essai sur le lyrisme et la lyrique amoureuse*, Corti, 1997 («L'or de Nerval», p. 107-124).

Cellier (Léon), *De «Sylvie» à «Aurélia»: structure close et structure ouverte*, Archives nervaliennes, n° 11, Minard, 1971.

Dubois (Claude-Gilbert), «Une "sémiophantaisie" romantique: Gérard de Nerval et la recherche du sens perdu», *Romantisme*, n° 24, 1979, p. 119-125.

Illouz (Jean-Nicolas), «Nerval. Savoir et Mélancolie. Autour de l'hermétisme des *Chimères*», in *Gérard de Nerval. «Les Filles du feu». «Aurélia». Soleil noir*, ouvrage cité, 1997, p. 125-131.

—, «Nerval: langue perdue, prose errante (à propos des *Chansons et légendes du Valois*)», *Sorgue*, n° 4, 2002, p. 15-25.

—, «Nerval, entre vers et prose», in Jean-Nicolas Illouz et Jacques Neefs (sous la direction de), *Crise de prose*, Presses universitaires de Vincennes, 2002, p. 73-88.

—, «"La lyre d'Orphée" ou le Tombeau des *Chimères*», *Littérature*, n° 127, septembre 2002, p. 71-85.

—, «D'un théâtre à l'autre», dans *«Clartés d'Orient»: Nerval ailleurs*, ouvrage cité, 2004, p. 99-133.

Jackson (John E.), *La Poésie et son autre*, Corti, 1998 (chap. II, «Métamorphoses du verbe», p. 21-42).

Leroy (Christian), *«Les Filles du feu», «Les Chimères» et «Aurélia», ou La poésie est-elle tombée dans la prose?*, Champion, 1997.

Marchal (Bertrand), «Nerval et le retour des dieux ou le théâtre de la Renaissance», in *Gérard de Nerval, «Les Filles du feu», «Aurélia». Soleil noir*, ouvrage cité, 1997.

—, *«Les Chimères de Nerval»*, in *Gérard de Nerval. Actes du colloque de la Sorbonne du 15 novembre 1997*, sous la direction d'André Guyaux, Presses de l'Université de Paris-Sorbonne, 1997.

—, «Du "Ténébreux" aux "Clartés d'Orient" dans *Les Chimères* de Nerval», in *«Clartés d'Orient»: Nerval ailleurs*, ouvrage cité, p. 31-44.

Sandras (Michel), «Nerval et le débat entre la prose et la poésie», in *Gérard de Nerval, «Les Filles du feu», «Aurélia». Soleil noir*, ouvrage cité, 1997, p. 133-143.

Sangsue (Daniel), *Le Récit excentrique. Gautier, De Maistre, Ner-*

val, *Nodier*, Corti, 1987 («Nerval: *Voyage en Orient, Les Nuits d'octobre, Les Faux Saulniers*», p. 349-408).

STEINMETZ (Jean-Luc), *Signets. Essais critiques sur la poésie du XVIIIᵉ au XXᵉ siècle*, Corti, 1995 («Les poésies dans les *Petits châteaux de Bohême*», p. 71-86; «Un disciple de Du Bartas: Gérard de Nerval», p. 87-106).

TRITSMANS (Bruno), *Textualités de l'instable, l'écriture du Valois de Nerval*, Berne, Lang, 1989.

VADÉ (Yves), *L'Enchantement littéraire. Écriture et magie de Chateaubriand à Rimbaud*, Gallimard, 1990 (sur Nerval, p. 149-194 et p. 346-368).

Sur Nerval et l'Allemagne, et sur Nerval traducteur

BONNET (Henri), «Lorely ou l'art d'exorciser les sortilèges», *Cahiers Gérard de Nerval*, nᵒ 7, 1984, p. 34-40.

BRIX (Michel), «Nerval et la "Lénore" de Bürger», *Les Lettres romanes*, 1991, p. 183-194.

DÉDÉYAN (Charles), *Gérard de Nerval et l'Allemagne*, SEDES, 3 vol., 1957-1959.

GRAAF (Daniel de), «Gérard de Nerval traducteur de Heine», *Les Langues modernes*, mars-avril 1955, p. 29-35.

LAMBERT (José), «Heine, Nerval et un vers de "El Desdichado"», *Les Lettres romanes*, 29, 1975, p. 43-51.

LUND (Hans Peter), «Distance de la poésie, Heine, Nerval et Gautier en 1848», *Orbis litterarum*, nᵒ 38, 1983, p. 22-40.

MARTY (Philippe), «*Traductio pedestris*. Nerval devant l'*Intermezzo* de Heine», *Paul-Louis Courier et la traduction. Des littératures étrangères à l'étrangeté de la traduction*, actes du colloque international (Tours, novembre 1998), recueillis et présentés par Paule Petitier, Tours, Équipe de recherche «Histoire des représentations» et Société des amis de Paul-Louis Courier, 1999, p. 101-116.

OEHLER (Dolf), «La femme Orient: Nerval, Heine et l'utopie romantique de la complémentarité amoureuse», in «*Clartés d'Orient*»: *Nerval ailleurs*, ouvrage cité, p. 137-150.

PICHOIS (Claude), *L'Image de Jean Paul Richter dans les Lettres françaises*, Corti, 1963.

RINSLER (Norma), «Gérard de Nerval et Heinrich Heine», *Revue de littérature comparée*, 33, 1959, p. 94-102.

WIESER (Dagmar), « "En repassant le Rhin" : la dialectique de l'identité chez Heine et chez Nerval », in *Variations*, n° 3, 1999, p. 13-26.

ZIMMERMANN (Martin), *Nerval lecteur de Heine. Un essai de sémiotique comparative*, L'Harmattan, 1999.

Anthologies et histoires de la poésie allemande

Anthologies et ouvrages d'histoire littéraire consultés par Nerval :

Ballades allemandes, tirées de Bürger, Körner, et Kosegarten, publiées par Ferdinand Flocon, Henry, 1827.

GOETHE (Johann Wolfgang von), *Poésies*, traduites par Mme E. Panckoucke, Panckoucke, 1825.

HEINE (Henri), *De l'Allemagne*, Renduel, 1835, Michel Lévy frères, 1855, 2 vol. (édition de Pierre Grappin, 1981, Gallimard, coll. « Tel », 1998).

MARTIN (Nicolas), *Les Poètes contemporains de l'Allemagne*, J. Renouard, 1846.

NOËL (François-Joseph-Marie) et Stoeber (Ehrenfried), *Leçons allemandes de littérature et de morale*, Strasbourg, Levrault, 1827, traduites par Derome, Hermel, Ruth, Sauveroche et Brunner, Haguenau, L. Koessler, 1828, 2 vol.

SCHILLER (Friedrich von), *Poésies*, traduites de l'allemand par Camille Jordan, Brissot-Thivars, 1822.

SCHLEGEL (Friedrich), *Histoire de la littérature ancienne et moderne*, 1815, traduction de William Duckett, Ballimore, 1829.

STAËL (Germaine de), *De l'Allemagne*, 1810 (édition Simone Balayé, Garnier-Flammarion, 1967).

Anthologies contemporaines (en langue française) :

Anthologie bilingue de la poésie allemande, édition établie par Jean-Pierre Lefebvre, Gallimard, « Bibliothèque de la Pléiade », 1993.

GUERNE (Armel), *Les Romantiques allemands*, 1963, Phébus, 2004.

NOTICES, NOTES ET VARIANTES[1]

À la suite de l'édition de Jean-Yves Masson (voir bibliographie), la présente édition voudrait contribuer à rendre à Nerval sa dimension d'écrivain-traducteur.

Elle comporte deux grands massifs : le recueil de 1830, refondu en 1840, d'une part ; et, d'autre part, les traductions de Henri Heine, qui paraissent dans la *Revue des Deux Mondes* en 1848. Entre ces deux massifs, nous avons regroupé, sous le titre « Autres poésies allemandes », certaines traductions qui ne figuraient pas dans les recueils de 1830 et de 1840 (ou qui ont été écartées en 1840), ainsi que deux poèmes détachés du *Faust* de Goethe (« Le Roi de Thulé » et « Marguerite au rouet »). Plus précisément, en suivant les différents emplois que Nerval fait de ses propres traductions, on se rendra compte combien la traduction est un fil rouge qui permet de circuler dans le labyrinthe de l'œuvre nervalienne : elle conduira à faire des excursions dans *La Bohême galante* et les *Petits châteaux de Bohême*, où Nerval recueille, en même temps que « Le Roi de Thulé » de Goethe, une « Sérénade » d'Uhland, ou encore dans *Léo Burckart*, dont nous pensons pouvoir extraire, à l'exemple de Jean-Yves Masson, une traduction de « La Chasse de Lützow » de Körner.

L'œuvre de traduction de Nerval n'est cependant pas ici complète[2] : nous nous sommes limités aux poésies au sens strict, ce

---

1. Les notes dues à Dolf Oehler sont signées de ses initiales. Lorsque nous renvoyons à la nouvelle édition des *Œuvres complètes* de Nerval dans la « Bibliothèque de la Pléiade » (3 vol., 1984-1993), nous utilisons le sigle NPl suivi du numéro du tome.
2. Pour un recensement complet de l'ensemble des traductions de Nerval,

qui nous a conduits, au risque de trahir le mélange des genres et
des formes qu'affectionne Nerval, non seulement à écarter le
Faust de Goethe (qui ouvrait le recueil de 1840 mais dont les
dimensions justifient une édition séparée[1]) ou *Misanthropie et
repentir* de Kotzebue[2], mais encore «Les Aventures de la nuit de
Saint-Sylvestre» d'Hoffmann dont Nerval a traduit les deux pre-
miers chapitres en 1831, et dont le souvenir transparaît par
exemple dans le récit de *Pandora*[3].

Au-delà de l'histoire de la réception de la littérature allemande
en France dont les traductions de Nerval sont un moment privi-
légié, nous voudrions que cette édition rende sensible la façon
dont la traduction constitue pour Nerval à la fois un immense
chantier d'écriture où l'écrivain cherche sa propre voie, et le
creuset de sa création la plus personnelle.

Pour l'établissement du texte, nous avons pris le parti de
moderniser l'orthographe de certains noms communs et de cer-
tains noms propres (le plus souvent francisés dans les éditions
du xixe siècle): par exemple «Goëthe» ou «Gœthe» devient
«Goethe»; «Burger» devient «Bürger»; «Kœrner» devient «Kör-
ner»; «Dingeslstaed» devient «Dingelstedt» (p. 63); «Manheim»
devient «Mannheim»; etc.

Sauf indication contraire, nous avons également corrigé
quelques erreurs ou coquilles sur les noms propres: «Niebelun-
gen» devient «Nibelungen»; «Viëland» devient «Wieland»;
«Auersberg» est corrigé en «Auersperg» (p. 62); «Schmied» en

---

voir Michel Brix, *Manuel bibliographique des œuvres de Gérard de Nerval*,
Namur, Études nervaliennes et romantiques XI, 1997, p. 379-440.

1. Pour cette traduction, nous renvoyons à l'édition de Lieven D'hulst, *Le
«Faust» de Goethe traduit par Gérard de Nerval*, Fayard, 2002.

2. La traduction de *Misanthropie et repentir* de Kotzebue, à laquelle Alexandre
Dumas a mis la main, a beaucoup préoccupé Nerval dans les dernières années
de sa vie. Voir ici même, p. 26, n. 2. On trouvera une transcription de cette tra-
duction dans Charles Dédeyan, *Gérard de Nerval et l'Allemagne*. III. *Textes
inédits et introuvables*, SEDES, 1959, p. 1-133.

3. La traduction des *Aventures de la nuit de Saint-Sylvestre* d'Hoffmann paraît
dans *Le Mercure de France au xixe siècle*, 17-24 septembre1831 : il s'agit seule-
ment des deux premiers chapitres de la nouvelle qui conclut la dernière série des
Fantaisies à la manière de Callot (Fantasiestücke in Callot's Manier) d'Hoffmann.
Nerval s'appuie sur une traduction des *Œuvres complètes* d'Hoffmann par Théo-
dore Toussenel parue en 1830. Jules Marsan, dans son édition des *Nouvelles et
Fantaisies* de Nerval (Champion, 1928), suppose que la parution de la traduction
de Toussenel a pu décourager Nerval d'achever son propre travail. On pourra
lire la traduction de Nerval dans l'édition de Jean-Yves Masson, ouvrage cité,
p. 259-271.

« Schmidt » (p. 52, p. 135); « Creuzenach » en « Creizenach »
(p. 63); « Quedlimbourg » en « Quedlinbourg » (p. 53).

En revanche, nous laissons, par précaution, « Barat » (1830)
ou « Bardt » (1840) là où il faut sans doute lire « Bahrdt » (p. 43,
p. 60). Notons en outre que Nerval (p. 140-144) change le nom
de « Thusnelda » en « Trusnelda » (nous conservons), et le nom de
« Thumeliko » en « Trumeliko » (nous conservons).

POÉSIES ALLEMANDES

(1830)

1. Notice.

Nerval, qui signe encore « Gérard », n'a que vingt et un ans
lorsqu'il publie, en février 1830, dans la « Bibliothèque choisie »
de M. Laurentie, les *Poésies allemandes. Klopstock, Goethe,
Schiller, Bürger. Morceaux choisis et traduits par M. Gérard.* Il
est alors essentiellement connu pour sa traduction du *Faust* de
Goethe, qu'il a publiée en 1827, et dont la renommée désormais
l'accompagne.

Traduire, après la pièce de Goethe, des poésies allemandes,
c'est d'abord, pour le jeune auteur, entreprendre de conforter sa
réputation auprès de ses confrères et tenter de « se faire un nom
dans les lettres, où, comme le notait Albert Béguin, les bons tra-
ducteurs commençaient à avoir une place enviable » (Goethe,
Faust, traduit par Gérard de Nerval, préface d'Albert Béguin,
1946). Nerval lui-même, toujours soucieux de rassurer son père
sur le sérieux de sa « carrière » d'homme de lettres, présentait à
celui-ci sa connaissance de l'allemand comme « un accessoire
littéraire fort utile assurément » (lettre du 18 septembre 1838).

Le projet est aussi discrètement plus ambitieux : après Mme de
Staël, Nerval, en traduisant des poèmes qui sont encore relati-
vement peu connus en France [1], non seulement devient un « pas-
seur » éminent entre deux littératures, mais il a sans doute aussi
conscience qu'il peut de la sorte contribuer à infléchir le cours
de la littérature contemporaine en France. De la poésie alle-

1. Dans son Introduction, Nerval souligne lui-même que, si les poètes qu'il
retient dans son anthologie sont déjà tous réputés en France, les poèmes qu'il
choisit sont en revanche « les moins connus » (voir p. 27).

mande, Nerval retient notamment une certaine inspiration populaire, qui lui est particulièrement chère, et qui lui semble encore trop absente du romantisme français. Il le soulignera lui-même au début de son article sur «Les Vieilles Ballades françaises» (*La Sylphide*, 10 juillet 1842) en faisant allusion au modèle allemand[1]. Qu'il s'agisse en tout cas de recueillir les chansons populaires ou de traduire les poètes allemands, Nerval ne se contente pas de faire œuvre d'érudit: c'est en écrivain qu'il s'intéresse aux poésies d'ailleurs et d'autrefois, et c'est en écrivain qu'il cherche à renouveler l'inspiration des poètes d'ici et de maintenant[2].

Quoi qu'il en soit, pour accomplir au mieux son «métier» de traducteur, Gérard s'informe et se documente. Lieven D'hulst a reconstitué, dans les notes de l'édition de la Pléiade (NPl I, p. 1569), la bibliothèque de travail de Nerval. Celui-ci, non seulement cite longuement, dans son introduction, *De l'Allemagne* de Mme de Staël (1810), non seulement il s'appuie sur l'*Histoire de la littérature ancienne et moderne* de Friedrich Schlegel (1815, dans la traduction de William Duckett, parue en 1829), non seulement il compile quelques notices de la *Biographie universelle* de Michaud, mais encore, pour avoir accès aux poèmes allemands, il consulte les textes contenus dans les *Leçons allemandes de littérature et de morale* de Noël et Stoeber (1827), et il s'appuie sur des traductions déjà existantes: celles de Schiller, par C. Jordan (1822); de Goethe, par Mme Panckoucke (1825); ou de Bürger, par F. Flocon (1827).

Pour sa propre traduction, Nerval prend le parti de l'exactitude et de la fidélité, contre celui de l'imitation ou de la trans-

---

1. Voir «Les Vieilles Ballades françaises», *La Sylphide*, 10 juillet 1842, NPl I, p. 754: «Avant d'écrire, chaque peuple a chanté; toute poésie s'inspire à ces sources naïves, et l'Espagne, l'Allemagne, l'Angleterre, citent chacune avec orgueil leur romancero national. Pourquoi la France n'a-t-elle pas le sien?» L'article de *La Sylphide* est plusieurs fois repris par Nerval avec quelques modifications, notamment dans *La Bohême galante* (1852), et dans *Les Filles du feu* (1854).

2. Ce souhait de renouveler la poésie contemporaine à partir de la poésie «naïve» des peuples est explicite à la fin de l'article sur «Les Vieilles Ballades françaises», où Nerval souligne à nouveau la différence de situation, sur ce point, entre la France et les autres pays européens: «Il serait à désirer que de bons poètes modernes missent à profit l'inspiration naïve de nos pères et nous rendissent, comme l'ont fait les poètes d'autres pays, une foule de petits chefs-d'œuvre qui se perdent de jour en jour avec la mémoire et la vie des bonnes gens du temps passé» (NPl I, p. 761, voir le passage correspondant dans l'édition de Bertrand Marchal des *Filles du feu*, Folio, p. 197).

position libre : «Je dois maintenant rendre compte de mon travail dont on pourra contester le talent, mais non l'exactitude», écrit-il dans ses «Observations» sur le premier *Faust* (NPl I, p. 243) ; à quoi répond, dans les *Poésies allemandes*, la déclaration suivante (ici même, p. 24) : «Pour moi, j'offre ici des traductions de vif enthousiasme et de premier jet, que je n'ai peut-être pas réussi à faire bonnes, mais qui du moins sont exactes et consciencieuses. Les jugements tout faits n'avancent rien en littérature ; des traductions fidèles peuvent, je crois, davantage. Quant aux imitations, on n'en veut plus, et on a raison.»

Alors que Nerval a eu recours (et continuera à avoir recours) au vers dans certaines de ses traductions, le souci de l'exactitude, dans le recueil de 1830, va de pair avec le choix de la prose, — parce que la prose est ressentie comme plus apte à restituer la singularité de l'original, à accueillir son étrangeté, à capter sa force propre d'innovation. En faisant le choix de la prose et de l'exactitude, Nerval semble se ranger du côté de Chateaubriand traduisant littéralement *Le Paradis perdu* de Milton (1836), contre Vigny, donnant, sous le titre *Le More de Venise* (1829), une adaptation versifiée d'*Othello* de Shakespeare. Sa position est cependant plus ambiguë : non seulement parce que la «fidélité» revendiquée par lui n'est que relative si on la rapporte au texte allemand et aux conceptions actuelles de la traduction, mais aussi parce que la frontière entre imitation et traduction, plus indécise alors qu'elle ne l'est aujourd'hui, est tout particulièrement poreuse dans le cas de Nerval.

Au-delà des correspondances thématiques, que nous relèverons, entre l'univers des poèmes allemands et le propre univers imaginaire de Nerval, c'est en définitive parce qu'elle ébranle les partages formels traditionnels, en faisant du même coup vaciller les limites de l'identité littéraire, que la pratique de la traduction touche aux enjeux les plus profonds de la poétique nervalienne.

2. Établissement du texte.

Des *Poésies allemandes* de 1830, nous ne publions que l'«Introduction». On trouvera les poèmes eux-mêmes dans le *Choix de ballades et poésies* de 1840, qui reprend, à quelques exceptions près et avec des variantes que nous indiquerons, les traductions contenues dans le recueil de 1830. Rappelons seulement le sommaire des *Poésies allemandes* que l'on comparera à celui du *Choix* de 1840 :

Klopstock : «Ma patrie» ; «Les Constellations» ; «Les Deux Muses» ; «Les Heures de l'inspiration» ; «À Schmied [*sic*], ode écrite pendant une maladie dangereuse» ; «Psaume» ; «Mon erreur» ; «Hermann et Trusnelda» ; «Hermann chanté par les bardes Werdomar, Kerding et Darmont».

Goethe : «Ma déesse» ; «Complainte de la noble femme d'Azan-Aga ; imitée du morlaque» ; «L'Aigle et la colombe» ; «Le Chercheur de trésors» ; «Consolation dans les larmes» ; «Le Roi des aulnes» ; «L'Élève sorcier» ; «Le Voyageur» ; «Le Barde» ; «Le Roi de Thulé. Ballade» ; «Les Mystères. Dédicace».

Schiller : «La Chanson de la cloche» ; «Le Plongeur» ; «La Puissance du chant» ; «Pégase mis au joug» ; «À Goethe, lorsqu'il traduisit pour le théâtre le *Mahomet* de Voltaire» ; «Le Partage de la terre» ; «Le Comte d'Habsbourg» ; «Le Commencement du xixe siècle. A***» ; «Le Dragon de Rhodes» ; «Jeanne d'Arc» ; «Le Gant» ; «L'Idéal» ; «La Bataille» ; «La Caution» ; «Désir» ; «Colomb» ; «La Grandeur du monde» ; «Adieux au lecteur».

Bürger : «Lénore» ; «La Merveille des fleurs» ; «Sonnet composé par Bürger après la mort de sa seconde femme» ; «Sonnet» ; «La Chanson du brave homme» ; «Le Féroce Chasseur».

3. Notes sur l'«Introduction» aux *Poésies allemandes* (1830).

Page 23.

1. Gérard suit Mme de Staël (*De l'Allemagne*, II, 5) qui fait également commencer à Klopstock «l'école vraiment allemande».

Page 24.

1. Nerval plaide pour la fidélité et l'exactitude de la traduction. Il se range ainsi aux côtés de Chateaubriand, par exemple, qui disait traduire *Le Paradis perdu* de Milton «à la vitre», c'est-à-dire en décalquant l'original.

2. «Schiller traduisait Racine, et disait à ses compatriotes : vous voyez bien qu'il n'ose pas assez ! Il traduisait Shakespeare, et disait : vous voyez bien qu'il ose trop ! » Schiller a traduit *Mac-*

beth de Shakespeare en 1801 (et il édulcore en effet certains pas-
sages considérés comme trop hardis ou scabreux); sa traduction
de *Phèdre* paraît après sa mort en 1806. À la fin de la notice des
Poésies allemandes (ici même, p. 45), Nerval met en relation
l'activité traductrice de Schiller avec celle de Goethe. L'activité
traductrice des classiques de Weimar (Wieland, Goethe, Schil-
ler) correspond à leur recherche d'une «littérature mondiale»
(*Weltliteratur*) dont Goethe invente le concept.

Page 25.

   1. L'opposition entre «l'imagination» qui serait propre aux
Allemands et «l'esprit» ou le «bon sens» qui seraient l'apanage
des Français est un lieu commun qui trouve son origine immé-
diate chez Mme de Staël, *De l'Allemagne*, I, 2 : «C'est l'imagina-
tion, plus que l'esprit, qui caractérise les Allemands.»
   2. «La Fiancée de Corinthe, qui grandit jusques au plafond.»
À côté de diverses allusions au *Faust* et au «Roi des aulnes» de
Goethe, ainsi qu'à «Lénore» de Bürger, Nerval évoque ici un
poème qu'il n'a pas traduit : «La Fiancée de Corinthe» de Goethe.
Dans le *Choix de ballades et poésies* de 1840 (dans la section
«Choix de poésies, traduites en vers» qui rassemble des poèmes
qui ne sont pas traduits par Nerval), «La Fiancée de Corinthe»
est recueillie dans une traduction d'Émile Deschamps. Le poème
est une sorte d'allégorie représentant la résistance du paga-
nisme contre le christianisme : fille d'une famille nouvellement
convertie au christianisme, la fiancée de Corinthe, promise à un
jeune Grec demeuré païen, se révèle être un spectre qui, réveillé
par l'amour, emporte finalement son amant au royaume des
anciens dieux. Voici, dans la traduction d'Émile Deschamps, le
passage où la fiancée de Corinthe «grandit jusques au plafond» :

>   *Mais elle, hors du lit, fantôme révolté,*
>   *Avec force s'échappe, et, se dévoilant toute,*
>   *Longtemps et lentement grandit jusqu'à la voûte [...].*

   Le poème se termine par l'espérance d'une réunion des amants
dans le ciel du paganisme :

>   *[...] Entendez au moins mon dernier vœu,*
>   *Ma mère : ouvrez le seuil de ma demeure étroite,*
>   *Élevez le bûcher que mon ombre convoite,*
>   *Placez-y les amants... Quand brillera le feu,*

> *Quand les cendres seront brûlantes, il me semble*
> *Que vers nos anciens dieux nous volerons ensemble!...*

Le poème de Goethe nourrit la rêverie religieuse de Nerval, qui reviendra souvent sur la survivance des dieux anciens dans le christianisme (voir par exemple *Cagliostro* recueilli dans *Les Illuminés* en 1852, et surtout la nouvelle *Isis* ou certains sonnets des *Chimères* recueillis dans *Les Filles du feu* en 1854). Quant à l'apothéose de la fiancée de Corinthe, on en trouve des échos, croisés avec des souvenirs d'Apulée, dans *Isis* par exemple (Folio, p. 251: «Ayant prononcé ces adorables paroles, l'invincible déesse disparaît et se recueille *dans sa propre immensité*»), ou encore dans *Aurélia* (I, 6: «Je la perdais ainsi de vue à mesure qu'elle se transfigurait, car elle semblait s'évanouir dans sa propre grandeur»).

Page 26.

1. Gérard suit, ici encore, Mme de Staël (*De l'Allemagne*, II, 1, «Pourquoi les Français ne rendent-ils pas justice à la littérature allemande?»), qui souligne que les auteurs français composent selon la raison et les règles, alors que les Allemands laissent plus volontiers aller leur imagination et écrivent selon le cœur.

Jean François de La Harpe (1739-1803) est l'auteur du *Lycée ou Cours de littérature ancienne et moderne* (1799); Julien Louis Geoffroy (1743-1814) a collaboré, après la Révolution, au *Journal des Débats* et ses articles furent rassemblés sous le titre de *Cours de littérature dramatique* (1819-1820). Tous deux sont les tenants d'un néo-classicisme rigide, contre lequel se dresse le romantisme.

2. «Or il y a en Allemagne une école française; à savoir, Wieland, Gessner, Lessing, Kotzebue et autres [...]». L'idée d'une «école française» vient de Mme de Staël (*De l'Allemagne*, II, 3, «Des principales époques de la littérature allemande»).

— Christoph Martin Wieland (1733-1813) est effectivement le plus francophile des classiques de Weimar, mais également le premier traducteur allemand de Shakespeare. Il est l'auteur de romans satiriques (*Histoire d'Agathon*, *Histoire des Abdéritains*) et de poèmes épiques (*Musarion*, *Obéron*). Pour son esprit, il fut surnommé «le Voltaire de l'Allemagne» (D.O.).

— Salomon Gessner (1730-1788), écrivain de Suisse alémanique: ses *Idylles* (1756 et 1788), qui s'inscrivent dans la tradition bucolique et répondent au culte rousseauiste de la nature, lui assurent une renommée européenne. Parmi les premiers essais poétiques de Nerval, on trouve un poème intitulé « Le Vaisseau » (NPl I, p. 75), qui est présenté comme une « traduction de Gessner », alors qu'il est plutôt une adaptation libre de l'idylle, *Die Schifffahrt*. À l'autre extrémité du cheminement poétique de Nerval, on relève, dans *Sylvie* (chap. xiv), une autre référence à Gessner : « Ermenonville ! pays où fleurissait encore l'idylle antique, — traduite une seconde fois d'après Gessner ! tu as perdu ta seule étoile, qui chatoyait pour moi d'un double éclat. » L'esthétique de *Sylvie* (que Nerval a voulu faire traduire en allemand) participe du genre de l'idylle et emprunte à Gessner une certaine préciosité, très consciemment affichée et ironiquement dénoncée.

— Gotthold Ephraïm Lessing (1729-1781) : auteur et théoricien de théâtre (*Nathan le Sage*, *Emilia Galotti*, *La Dramaturgie de Hambourg*), proche des philosophes des Lumières, il est considéré comme la figure de proue de la littérature allemande moderne. À vrai dire, son nom détonne quelque peu dans ce contexte, Lessing ayant œuvré pour émanciper le théâtre allemand de la tutelle française (D.O.).

— August von Kotzebue (1761-1819), auteur prolifique de drames bourgeois. Nerval a traduit, en 1851, *Misanthropie et repentir* (*Menschenhaß und Reue*). Kotzebue eut aussi un rôle politique, qui le conduisit à s'opposer, après 1815, à la jeunesse libérale en Allemagne. Son action lui valut d'être assassiné par un étudiant allemand, Carl Sand (1795-1820). Nerval s'inspire de cette histoire dans son drame *Léo Burckart* (1839).

Page 27.

1. Nerval projetait donc un second volume qui aurait dû rassembler des poètes moins connus ou ressentis comme plus déroutants pour des lecteurs français : il pense peut-être à Uhland, Körner, ou Schubart, dont il a alors déjà donné des adaptations françaises. Ce deuxième volume ne parut pas ; mais Nerval en distribua la matière, au cours des années 1830-1831, dans le *Mercure*, dans la *Tribune romantique*, ou dans des recueils comme les *Annales romantiques* ou l'*Album littéraire*. Le *Choix de ballades et poésies* de 1840, dans la section « Morceaux choisis de

divers poètes allemands», rassemblera finalement quelques-unes de ces traductions.

2. Nerval cite ici longuement *De l'Allemagne*, II, 13, «De la poésie allemande», avec quelques coupes que nous signalons dans le texte.

3. Voltaire, *Stances à Madame du Châtelet*, VIII.

Page 35.

1. Dans ces considérations sur l'histoire de la langue allemande, Gérard s'inspire cette fois de F. Schlegel, *Histoire de la littérature ancienne et moderne*, dans la traduction de William Duckett, 1829, I, chap. VII, p. 355-356: «Maintenant, quel est celui des divers idiomes saxons dans lequel étaient composés les chants que Charlemagne fit recueillir? Ce n'était point en langue gothique, car elle était éteinte [...]. Ce n'était pas non plus le haut allemand, que nous voyons naître encore à peine un demi-siècle plus tard, et qui n'a été appelé la langue franque que parce que, du temps de la dynastie des Carlovingiens, on donnait cette dénomination générale à tout ce qui était allemand, d'après celle des nations germaniques qui était la plus puissante: ajoutez à cela que ces chants étaient déjà vieux de son temps, bien qu'ils n'eussent encore que deux ou même qu'un siècle d'antiquité. Je crois donc pouvoir avancer avec certitude que ces chants avaient été traduits du goth en langue saxonne, dans la langue [...] qui était aussi parlée par Charlemagne; à moins cependant qu'il ne parlât la langue romane, lui qui se plaisait tant à habiter les pays bas du Rhin, ancienne patrie des Francs, dont la langue primitive était le saxon.» Nerval cite également Schlegel dans le *Choix des poésies de Ronsard* [...] qui paraît la même année, et dans la même collection, que les *Poésies allemandes*.

Page 36.

1. «Comme la grotesque demeure que se bâtit un Turc avec les débris d'un temple grec.» Allusion philhellénique. Les romantiques adhèrent au courant philhellénique en prenant le parti des Grecs dans leur guerre d'indépendance contre les Turcs. Parmi les premiers essais poétiques de Nerval, on trouve un poème intitulé «Ipsara» (NPl I, p. 4-8), qui témoigne du philhellénisme de Gérard.

2. «Le célèbre poème des *Nibelungen*, ou *Livre des héros*».
L'épopée des *Nibelungen* est écrite vers 1200 en moyen haut-allemand. Trente-neuf «aventures» racontent la cour que fait Siegfried à Kriemhild, sœur du roi des Burgondes, leur mariage, la mort de Siegfried assassiné par Hagen, et la terrible vengeance de Kriemhild.

Page 37.

1. La guilde des «maîtres chanteurs» cultive aux xve et xvie siècles un art du chant, appelé *Meistersang*. Voir la note sur Hans Sachs évoqué p. 50.
2. «Jusqu'au temps de la réformation, qui pensa tuer à jamais la poésie en Allemagne, et qui ne la trouvait bonne qu'à rimer des cantiques sacrés». Allusion à l'influence de Luther sur la littérature allemande. Nerval sera plus précis dans la «Notice» de 1840 (ici même, p. 51).
3. «Dussions-nous faire quelque injustice à Opitz, à Gottsched, à Bodmer»:
— Martin Opitz (1597-1639) est le représentant majeur de la poésie et de la poétique baroques. Par sa réforme de la métrique il entend rapprocher la poésie allemande des grandes littératures occidentales.
— Johann Christoph Gottsched (1700-1766): reprenant les traditions d'Opitz, il veut épurer la littérature allemande en s'inspirant de la littérature classique française. Il s'attache surtout à relever le théâtre, et, sous le titre *Le Théâtre allemand selon les règles et les exemples des Anciens* (1741-1745), il fait paraître un recueil de pièces pour servir de modèles. Sa tragédie la plus célèbre est *Caton mourant* (1732). L'intransigeance de ses idées fut combattue par des écrivains qui cherchaient déjà à donner à la littérature allemande un caractère national, notamment Bodmer ou Lessing.
— Johann Jacob Bodmer (1698-1783), écrivain de Suisse alémanique. Défenseur des idées des Lumières, il soutient aussi, contre Gottsched, l'importance de l'imagination créatrice, capable de concevoir le possible et le merveilleux. Il plaide en outre la cause de la littérature anglaise (traduction en prose du *Paradis perdu* de Milton, défense de Shakespeare) et de la poésie médiévale allemande (*Collection des Minnesänger*, 1758-1759).

Page 38.

1. Citation approximative, tirée de F. Schlegel, ouvrage cité, II, chap. 15, p. 321-322 : «saisissant dans sa *Messiade* d'un côté le christianisme, et de l'autre la mythologie du Nord et l'antiquité germanique, comme les deux éléments principaux de toute culture intellectuelle et de toute poésie européenne modernes».

2. «Comme on le verra dans l'ode sur Charlotte Corday» : Nerval renvoie ici à sa traduction du poème de Klopstock intitulé «Mon erreur» (ici même, p. 139).

Page 39.

1. Il s'agit de *Poésie et vérité* (1811-1814) de Goethe, paru en français en 1823 dans la traduction d'Aubert de Vitry. C'est cette traduction que cite et résume Nerval dans les pages qui suivent, comme il l'indique lui-même en note p. 41. L'anecdote rapportée fait songer à un épisode des *Confidences de Nicolas*, dans *Les Illuminés* ; et Nerval lui-même rapproche Restif de La Bretonne de Goethe (voir Folio, p. 138).

2. «Le terrible désastre de Lisbonne». Il s'agit du célèbre tremblement de terre de 1755, qui a détruit presque totalement Lisbonne. Voltaire composa un poème philosophique sur *Le Désastre de Lisbonne* (1756).

Page 41.

1. Claude Pichois et Michel Brix (*Gérard de Nerval*, Fayard, 1995, p. 63-64) ont remarqué que Nerval, dans ses notices sur Goethe, Bürger ou Schiller, souligne chaque fois que ces trois écrivains ont dû s'opposer à leur père ou à leur protecteur. C'est le cas de Nerval lui-même, que son père aurait aimé voir devenir médecin. «L'ombre du conflit avec le père plane ainsi sur les *Poésies allemandes*», et Nerval, en présentant la vie d'auteurs illustres, semble chercher à faire accepter à son père sa propre vocation d'écrivain.

Page 42.

1. «Le génie n'aperçoit pas un chaos sans qu'il lui prenne envie d'en faire un monde.» Allusion au «Prologue sur le théâtre» qui ouvre le *Faust* de Goethe, dans lequel le directeur

de théâtre demande au poète de se saisir de tous les artifices que recèlent ses magasins pour transformer la scène en un univers. L'image reviendra souvent sous la plume de Nerval dans ses feuilletons dramatiques. On la trouve par exemple dans l'article du *Messager*, 22 décembre 1838, NPl I, p. 458 : « Prenez à pleines mains dans tout cela ; mon univers est à vous, terre, enfer et ciel ! Faites un monde de ce chaos si vous pouvez, et à votre voix la lumière même naîtra ! » Cf. NPl I, p. 422, et p. 1036, où Nerval cite encore librement sa propre traduction du *Faust*.

2. La citation est empruntée au livre XIII des *Mémoires* de Goethe, dans la traduction d'Aubert de Vitry, p. 46-47.

Page 43.

1. Mme de Staël, *De l'Allemagne*, II, 7, « Goethe » : « Il y a une foule d'hommes en Allemagne qui croiraient trouver du génie dans l'adresse d'une lettre, si c'était lui qui l'avait mise. »

2. « Là se réunirent Schiller, Herder, les deux Schlegel, Stolberg, Barat, Böttiger » :

— Johann Gottfried Herder (1744-1803), disciple de Kant, ami de Diderot, d'Alembert et des encyclopédistes, il eut sur le jeune Goethe une grande influence et contribue largement à la formation du *Sturm und Drang*. Dans les *Fragments sur la littérature allemande* (1766-1767), il défend l'idée que la poésie vraie est celle qui puise dans le fonds populaire et national. Plus tard il rassemble dans les *Chansons de tous les peuples* (1778-1779) les grandes poésies « primitives » (la Bible, Homère, Shakespeare, Ossian).

— Les frères August Wilhelm (1767-1845) et Friedrich (1772-1829) Schlegel : fondateurs de la revue l'*Athenaeum*, ils sont les principaux théoriciens du romantisme d'Iéna — Friedrich surtout qui célèbre le roman comme *« progressive Universalpoesie »* et qui invente l'ironie romantique. L'aîné des Schlegel sera le mentor de Mme de Staël pour son livre *De l'Allemagne*. Ses traductions de Shakespeare et de Calderón font date dans l'histoire littéraire (D.O.).

— Les frères Christian (1748-1721) et Friedrich Leopold (1750-1819) Stolberg écrivirent ensemble des *Poésies lyriques* (1779) et des *Drames avec chœurs* (1787). Comme l'indique Gérard en 1840 (ici même, p. 53), Friedrich Leopold Stolberg est aussi un traducteur d'Homère. Avec le jeune Goethe et Klinger, les Stolberg inaugurèrent le *Sturm und Drang*.

— « Barat », que Gérard orthographie « Bardt » dans le recueil de 1840, désigne probablement Karl Friedrich Bahrdt (1741-1792), philosophe et théologien, représentant de l'*Aufklärung* (D.O.).

— Carl August Böttiger (1760-1835) est l'auteur de *Die Isis-Vesper, nach einem Herculanischen Gemälde* (1809) que Nerval traduit presque littéralement, sans mentionner sa source, dans *Isis* (1845).

3. Pour certaines informations de sa notice sur Bürger, Nerval suit la *Biographie universelle* de Michaud, t. VI, 1812, art. « Bürger ».

Page 44.

1. « Chacun se rappelle les nombreux succès qu'obtinrent sur notre scène, même des imitations faibles de ses principaux ouvrages. » Une de ces « imitations faibles » de Schiller est évoquée dans *Sylvie* (chap. XIII) : « Aurélie répandit son inspiration et son charme sur des vers faiblement inspirés de Schiller, que l'on devait à un talent de l'époque. » Ce « talent de l'époque » désigne, selon Bertrand Marchal, Pierre Lebrun, auteur d'une *Marie Stuart*, créée en 1820. Les traductions des œuvres dramatiques de Schiller, dues à Prosper de Barante (1782-1866), ont paru en 1821.

Page 45.

1. Cf. Mme de Staël, *De l'Allemagne*, II, 8, « Schiller » : « Madame de Wollzogen, une amie digne de le comprendre, lui demanda, quelques heures avant sa mort, comment il se trouvait : "Toujours plus tranquille", lui répondit-il. »

CHOIX DE BALLADES ET POÉSIES
(1840)

1. Notice.

À la suite du *Faust de Goethe suivi du Second Faust*, paru chez Gosselin en 1840, Nerval annexe un *Choix de ballades et poésies de Goethe, Schiller, Bürger, Klopstock, Schubart, Körner, Uhland, etc.*

L'ouvrage, ainsi conçu, est la somme de la presque totalité du travail de traducteur que Nerval a accompli à cette date. Même les traductions de Heine, qui ne paraîtront qu'en 1848, mais qui sont en chantier dès l'année 1840, sont en quelque sorte annoncées dans la «Notice sur les poètes allemands» qui précède le *Choix* de 1840, puisque celle-ci, parmi les modifications qu'elle fait subir à l'«Introduction» des *Poésies allemandes* de 1830, ajoute un développement sur Heine.

Notre édition se limite au *Choix* de 1840, et ne publie donc pas le *Faust suivi du Second Faust*.

Le *Choix de ballades et poésies* reprend les quatre grands poètes des *Poésies allemandes* de 1830, mais il modifie l'ordre de leur présentation: Goethe et Schiller viennent en tête, puis Klopstock, et enfin Bürger. Dolf Oehler a dit le sens de cette modification: alors que le recueil de 1830, en s'ouvrant sur Klopstock, se contente de rendre compte de la constitution d'une poésie nationale allemande, le recueil de 1840, en s'ouvrant sur Goethe et en substituant à l'ordre chronologique des poètes un ordre hiérarchique, se présente rétrospectivement comme une défense et illustration du romantisme, et comme un témoignage du rayonnement de la poésie allemande dans la conscience littéraire moderne.

À quelques ajouts ou suppressions près, que nous signalons, la plupart des pièces contenues dans le volume de 1830 sont reprises dans celui de 1840. Ce déplacement d'un recueil à l'autre des mêmes traductions s'accompagne de diverses corrections. Nous relevons minutieusement les variantes, parce que, même lorsqu'elles sont minuscules, elles témoignent matériellement du *travail* accompli par le traducteur, pour qui un poème ne saurait avoir de traductions définitives. Traduire, pour Nerval, c'est toujours retraduire, parce que la traduction se joue dans une sorte «d'entre-deux langues» où ce qui se fait dans la langue de départ ne peut jamais trouver un correspondant exact dans ce qu'en restitue la langue d'arrivée. C'est dans la réalité de ce travail, plus que dans les prises de position explicites de Nerval, que se formule la poétique nervalienne de la traduction.

En revanche, nous n'avons pas toujours signalé les modifications de la ponctuation. Celle-ci était en effet particulièrement fautive dans l'édition des *Poésies allemandes* de 1830. Le relevé des corrections, dans ces conditions, aurait été le plus souvent peu signifiant, même s'il arrive que la modification de la ponctuation permette de saisir, en quelque sorte sur le fait, quelque chose de la «voix» de Nerval, de la diction de sa phrase balisée dans le rythme et le phrasé de son écriture. Il a fallu par ailleurs adapter certaines caractéristiques de la ponctuation aux usages actuels.

À la suite de l'anthologie des poèmes de Goethe, Schiller, Klopstock et Bürger, le *Choix* de 1840 ajoute une section intitulée «Morceaux choisis de divers poètes allemands», où Nerval rassemble des traductions (de Schubart, de Pfeffel, de Körner, d'Uhland et de Jean Paul Richter) qui ne figuraient pas dans le recueil de 1830. Nous publions bien sûr ces textes. Mais nous ne publions pas une autre section intitulée «Choix de poésies traduites en vers», où Nerval, après une version en vers du «Roi de Thulé» traduite par lui[1], donne des textes dont il n'est pas le traducteur. Cette section est en effet précédée de la note suivante:

Nous faisons suivre ces traductions en prose de quelques autres écrites en vers, et choisies parmi les meilleures que nous connaissions. En mettant de côté tout amour-propre d'auteur, nous avons voulu réunir ainsi une sorte de couronne poétique, qui pourra compléter notre travail en donnant une idée du style et du rythme de certaines pièces, que la prose ne peut rendre suffisamment.

Suivent des poèmes de Goethe: «La Fiancée de Corinthe» dans une traduction signée Émile Deschamps[2]; «Chanson de Mignon», traduite par Théodore Toussenel[3]; «Le Jeune Garçon et le ruisseau», «Chanson de mai», «Délivrance», «La Violette», «Élégie sur Rome» dont les traductions sont attribuées dans une note à Albert Stapfer; on trouve enfin un texte d'Uhland: «La Malédiction du chanteur», traduit par M. Michiels.

Le choix de ne pas publier ces textes, dont la traduction ne porte pas la signature de Gérard, ne va en réalité pas de soi:

1. Nous donnons cette version du «Roi de Thulé» dans notre section «Autres poésies allemandes», p. 198.
2. Nous donnons des extraits de «La Fiancée de Corinthe» dans la traduction d'Émile Deschamps, ci-dessus, p. 321.
3. Nous citons la «Chanson de Mignon» dans la traduction de Théodore Toussenel, ci-dessous, p. 349.

d'une part parce que nous privons le recueil du dosage particulier qu'il instaure entre prose et vers, d'autre part parce que, par-delà l'absence de «tout amour-propre d'auteur» invoquée dans la note liminaire, il y a dans le travail de la traduction une dimension collective, ou même anonyme, qui séduit tout particulièrement Nerval, en s'accordant à l'idée que celui-ci se fait de «l'auteur» littéraire.

2. Notes et variantes.

Notice sur les poètes allemands

En note de sa «Notice sur les poètes allemands», Nerval précise que «cette notice fut publiée en 1830 avec la première édition des poésies traduites qui la suivent. Quelques pages seulement ont été ajoutées depuis pour la compléter». L'introduction de 1830 est en réalité profondément remaniée en 1840. Il est vrai qu'entre 1830 et 1840, certains événements ont pu modifier l'idée que Nerval se fait de l'Allemagne et de sa littérature : Goethe, que Nerval place en tête de son nouveau recueil, est mort en 1832 ; Heine a publié en français *De l'Allemagne* (Renduel, 1835) qui corrige le regard de Mme de Staël ; et Nerval lui-même, en 1838-1840, vient de séjourner plusieurs mois en Allemagne et en Autriche, où il a pu avoir un accès direct à la vie littéraire allemande. Le propos de Gérard est en tout cas devenu plus sûr. Il s'affranchit notamment de Mme de Staël, en supprimant de son nouveau texte la longue citation qu'il empruntait à *De l'Allemagne* (p. 27-35). Il supprime également la citation de *Poésie et vérité* de Goethe (p. 39-41) qui faisait digression dans le texte de 1830. Mais il réorganise aussi sa matière, en proposant un tableau de la poésie allemande à la fois plus précis et plus cohérent, qui fait mieux apparaître la chronologie, et qui ouvre sur la mention de Heine, dont Nerval prépare alors les traductions qu'il ne publiera qu'en 1848.

Pour les notes concernant les passages communs aux deux introductions, on se reportera à celles appelées dans l'«Introduction» aux *Poésies allemandes* de 1830.

Page 50.

1. Hans Sachs (1494-1576), cordonnier et maître chanteur, il est l'auteur notamment d'un panégyrique de Luther intitulé *Le Rossignol de Wittemberg* (1523). Il a écrit également, de 1517 à 1563, des *Farces de Carnaval*. Richard Wagner a fait de Hans Sachs le héros de ses *Maîtres chanteurs de Nuremberg*.

Page 51.

1. Mme de Staël (*De l'Allemagne*, II, 3, «Des principales époques de la littérature allemande») souligne également le rôle de Luther dans la constitution de la langue et la littérature allemandes: «Luther perfectionna singulièrement sa langue, en la faisant servir aux discussions théologiques: sa traduction des Psaumes et de la Bible est encore un beau modèle. La vérité et la concision poétique qu'il donne à son style sont tout à fait conformes au génie de l'allemand, et le son même des mots a je ne sais quelle franchise énergique sur laquelle on se repose avec confiance.»

Page 52.

1. «Matthisson, Ramler, Blumauer et Rabener le satiriste entonnèrent tour à tour des chants épiques, lyriques et didactiques; Gleim composait des fables»:
— Friedrich Matthisson (1761-1831): poète et prosateur dans la lignée de Klopstock et de Haller (D.O.).
— Karl Wilhelm Ramler (1725-1798): poète lyrique de l'*Aufklärung*, modèle pour ce qui est de la forme des poètes de son temps (D.O.).
— Alois Blumauer (1755-1798): auteur d'une *Énéide travestie* (1784-1794) et de ballades.
— Gottlieb Wilhelm Rabener (1714-1771): écrivain satirique du début de l'*Aufklärung*, il fut surnommé «le Swift allemand» (D.O.).
— Johann Wilhelm Ludwig Gleim (1719-1803): représentant majeur du mouvement anacréontique, il inaugure une poésie à tendance patriotique et humanitaire (D.O.).

Page 53.

1. Ludwig Christoph Heinrich Hölty (1748-1776) : chef de file du cénacle dit « Göttinger Hain », entre les poètes anacréontiques et le *Sturm und Drang* (D.O.).

Page 60.

1. « Goethe, né à Francfort-sur-le-Main, en 1749, est mort en 1833 » [*sic*]. Goethe est mort en réalité le 22 mars 1832.
2. « Ils [les Schlegel] déclarèrent Goethe le dieu du Parnasse, sauf à le détrôner plus tard, lorsque celui-ci se tourna contre eux. » Dans la mesure où Friedrich Schlegel et les romantiques en général se tournaient vers la religion, leur enthousiasme pour le grand païen Goethe perdait en force (D.O.).

Page 61.

1. Les traductions de Heine par Nerval sont en chantier dès l'année 1840, même si elles sont absentes du *Choix* de 1840, et si elles ne paraîtront qu'en 1848 dans la *Revue des Deux Mondes* (voir ici même, la notice des *Poésies de Henri Heine*).
2. Friedrich Rückert, poète et orientaliste allemand (1788-1866). Il composa des poèmes patriotiques exaltant la résistance à Napoléon (*Poésies allemandes*, 1814). Nommé professeur de langues orientales à Erlangen (1826), puis à Berlin (1841), il adapte au lyrisme allemand les rythmes de la poésie persane (*Les Roses d'Orient*, 1822). On lui doit aussi *Printemps de l'amour* (1823) et les *Chants des enfants morts* (*Kindertotenlieder*, 1834, publication posthume, 1872) mis en musique par Gustave Mahler.

Page 62.

1. Adelbert von Chamisso (1781-1838) est en effet un Français émigré à Berlin. Auteur d'un *Faust* (1803) et de poésies (*Amour et vie de femme, Frauenliebe und Leben*) qui ont inspiré Schumann, il est surtout connu pour *La Merveilleuse Histoire de Peter Schlemihl* (1814), l'homme qui a vendu son ombre.
2. Gustav Schwab (1792-1850) fut, avec Uhland et Kerner, le principal représentant de l'école souabe. Auteur de romances et de poésies légères, il donna également des ballades très popu-

laires (*Le Cavalier et le Lac de Constance*; *L'Orage*, 1829), des traductions de Lamartine et un *Recueil des légendes de l'Antiquité* (1838-1840).

3. August Stoeber (1808-1884), poète lyrique et écrivain alsacien, éditeur d'une revue avec son frère Adolf (1810-1892).

4. Il s'agit d'Anton Alexander Graf von Auersperg (1808-1876) (et non «Auersberg» comme l'écrit Nerval), dit Anastasius Grün, modèle des poètes de la Jeune-Allemagne, et premier poète politique du *Vormärz* (c'est-à-dire du mouvement poétique, politique et culturel qui se déploie dans la période qui précède la Révolution de mars 1848 en Allemagne) (D.O.).

Page 63.

1. — Nikolaus Lenau (1802-1850), pseudonyme de Nikolaus Franz Niembsch de Strehlenau: poète lyrique, surnommé «le Byron allemand» pour sa veine mélancolique, il est l'auteur d'un *Faust* (1836) et d'un poème épique, *Les Albigeois* (1842) (D.O.).

— Karl Beck (1817-1879), Ferdinand Freiligrath (1810-1876), Franz von Dingelstedt (1814-1881) [et non «Dingelstaed» comme l'écrit Nerval] sont des poètes du *Vormärz* allemand, de la période qui précéda la Révolution de 1848. Beck est l'auteur des *Chants armés* (1838); Dingelstedt des *Chants d'un veilleur de nuit cosmopolite* (1841). Freiligrath, dans ses *Poèmes* (1838), compara l'Allemagne à Hamlet pour son indécision à agir. En 1848, il fit figure de «chantre du prolétariat» (Marx). Il est aussi un traducteur de Victor Hugo dont il subit fortement l'influence (d'où «sa forme *hugoïenne*»), ainsi que de Molière, Musset, Manzoni, Shakespeare, Byron, Whitman (D.O.).

— Theodor Creizenach (1818-1877) [et non «Creuzenach», comme l'écrit Nerval] est à la fois poète, historien, philologue et journaliste (D.O.).

— Moritz Gottlieb Saphir (1795-1858): journaliste et humoriste autrichien proche de Heine, il est le fondateur, en 1837, d'une revue satirique intitulée «L'Humoriste» (D.O.). Nerval venait de le rencontrer à Vienne durant l'hiver 1839-1840.

— Joseph Christian Zedlitz (1790-1862), auteur d'une traduction (1836) du *Childe Harold* de Byron, et de poèmes qui évoquent la Grèce soulevée contre les Turcs (*La Croix d'Hellas*, 1828), est cité à plusieurs reprises par Nerval (en particulier dans *Pandora*) pour sa ballade napoléonienne intitulée «La Revue nocturne». En voici une traduction par Nicolas Martin:

La nuit, vers la douzième heure, le tambour quitte son cercueil, fait la ronde avec sa caisse, va et vient d'un pas empressé.

Ses mains décharnées agitent les deux baguettes en même temps; il bat ainsi plus d'un bon roulement, maint réveil et mainte retraite.

La caisse rend des sons étranges, dont la puissance est merveilleuse; ils réveillent dans leurs tombes les soldats morts depuis longtemps;

Et ceux qui, aux confins du Nord, restèrent engourdis dans la froide neige; et ceux qui gisent en Italie où la terre leur est trop chaude;

Et ceux que recouvre le limon du Nil ou le sable de l'Arabie: tous sortent de leurs tombes et prennent en main leurs armes.

Et vers la douzième heure, le trompette quitte son cercueil, sonne du clairon, va et vient sur son cheval impatient.

Puis, arrivent sur des coursiers aériens tous les cavaliers morts depuis longtemps: ce sont les vieux escadrons sanglants couverts de leurs armes diverses.

Les blancs crânes luisent sous les casques; les mains qui n'ont plus que leurs os, tiennent en l'air les longues épées.

Et vers la douzième heure, le général en chef sort de son cercueil; il arrive lentement sur son cheval, entouré de son état-major.

Il porte un petit chapeau; il porte un habit sans ornements; une épée pend à son côté.

La lune éclaire d'une pâle lueur la vaste plaine. L'homme au petit chapeau passe en revue les troupes.

Les rangs lui présentent les armes; puis l'armée tout entière s'ébranle et défile musique en tête.

Les maréchaux, les généraux, se pressent en cercle autour de lui: le général en chef dit tout bas un mot à l'oreille du plus proche:

Ce mot vole de bouche en bouche et résonne bientôt jusque dans les rangs les plus éloignés, le cri de guerre est France! *le mot de ralliement est* Sainte-Hélène!

C'est la grande revue que le César mort passe vers la douzième heure de la nuit dans les Champs élyséens.

2. Louis Ier de Bavière (1786-1868) a fait construire près de Ratisbonne la *Walhalla*, sorte de Panthéon germanique dédié aux grands hommes de l'Allemagne. Commencée en 1830, la *Walhalla* est inaugurée en 1842. Voir p. 143, n. 2.

Page 64.

1. Le « célèbre critique Menzel » : il s'agit de Wolfgang Menzel (1798-1873), auteur d'un ouvrage sur la littérature allemande, *Die Deutsche Literatur* (1836), que Nerval semble évoquer ici. « Le vieux Menzel » sera mentionné au début de *Pandora*.

GOETHE

Page 65.   Ma déesse

Meine Göttin (composé en 1780, publié en 1789).

La traduction de Nerval, d'abord publiée dans les *Poésies allemandes* de 1830, est reprise dans le *Choix* de 1840 :
a. « laquelle doit-on désirer le plus » (1840) remplace « laquelle doit-on priser le plus » (1830).
b. Les éditions de 1830 et 1840 ne mettent pas de majuscule à « Imagination », qui est pourtant personnifiée. Nous l'ajoutons, ainsi que pour le mot « Espérance » à la fin du texte.

En plaçant cet éloge de l'Imagination (« la reine des facultés », selon Baudelaire) en tête de son recueil de 1840 (alors que le recueil de 1830 s'ouvrait sur les poèmes de Klopstock), Gérard confère à ses traductions la valeur d'une défense et illustration (rétrospective) de l'esthétique romantique.

Page 66.   Complainte
de la noble femme d'Azan-Aga

Klaggesang von der edlen Frauen des Asan Aga (1774-1775).

La traduction de Nerval, d'abord publiée dans les *Poésies allemandes* de 1830, est reprise dans le *Choix* de 1840 :
a. « elle resta interdite » (1840) remplace « elle resta stupide » (1830).
b. « au plus petit » (1840) remplace « au petit » (1830).

c. «le cœur de votre mère est glacé» (1840) remplace «le cœur de votre mère s'est glacé» (1830).

Le texte de Goethe est en réalité la traduction d'un poème du folklore serbe. Herder l'inséra en 1778 au tome I de ses *Volkslieder*.

«La noble femme d'Azan-Aga» s'inscrit dans la longue lignée nervalienne des femmes-mères martyrisées par les exigences d'un père ou d'un époux.

Page 68.   L'Aigle et la colombe

Der Adler und die Taube (1774).

La traduction de Nerval, publiée d'abord dans les *Poésies allemandes* de 1830, est reprise, sans variantes, dans le *Choix* de 1840.

a. les éditions de 1830 et 1840 donnent «autour d'eux»; nous corrigeons «autour d'elles».

Page 69.   Le Chercheur de trésors

Der Schatzgräber (1797).

La traduction de Nerval, d'abord publiée dans les *Poésies allemandes* de 1830, est reprise, sans variantes, dans le *Choix* de 1840.

Page 70.   Consolation dans les larmes

Trost in Tränen (1803).

La traduction de Nerval, d'abord publiée dans les *Poésies allemandes* de 1830, est reprise dans le *Choix* de 1840:

a. «daigne nous confier» (1840) remplace «veuille nous confier» (1830).

b. «à ton âge, on a» (1840) remplace «à ton âge l'on a» (1830).

Page 71.   Le Roi des aulnes

Erlkönig (composé en 1781, inséré dans le recueil des ballades en 1799).

La traduction de Nerval, d'abord publiée dans les *Poésies alle-mandes* de 1830, est reprise dans le *Choix* de 1840 :

   a. « petit enfant » (1840) remplace « petit garçon » (1830).

   b. « le tenir bien chaudement » (1840) remplace « le tenir bien chaud » (1830).

   c. « tout brodés d'or » remplace « tout brodés en or » (1830).

Il s'agit sans doute de la plus célèbre des ballades allemandes, dont la gloire vient aussi du *lied* qu'en a tiré Schubert (1815).

   Le Roi des aulnes coïnciderait en réalité avec une figure plus répandue dans le folklore nordique — celle du roi des elfes. Son nom dériverait d'une méprise de Herder, qui, en reprenant cette légende à la tradition populaire, aurait confondu le danois « Eller » (elfe) et l'allemand « Erlen » (aulne). Mais d'autres origines sont encore possibles ; et Nerval lui-même se plaît à en évoquer quelques-unes — notamment dans un de ses feuilletons dramatiques (*La Presse*, 26 octobre 1846, NPl I, p. 1101), où il rappelle un rapprochement possible entre le Roi des aulnes, *Erlkönig*, et *Hellequin*, *Erlequin*, ou Arlequin.

   Au reste, si la figure du Roi des aulnes n'entre pas telle quelle dans la mythologie nervalienne, on pourrait, en passant de l'Allemagne au Valois, en retrouver un lointain avatar dans la figure de *Thor-Chêne* qui fait partie du conte de « La Reine des poissons » que Nerval invente à la fin de ses « Chansons et légendes du Valois ».

   Sur les différentes traductions du *Roi des aulnes*, qui ont contribué à acclimater le genre de la ballade fantastique en France et à fixer une certaine image de l'Allemagne romantique, voir Gisèle Vanhese, « *Erlkönig* de Goethe et ses traducteurs français », *Romantisme*, n° 106, 1999, p. 109-118.

Page 72.   L'Élève sorcier

Der Zauberlehrling (1797).

La traduction de Nerval, d'abord publiée dans les *Poésies alle-mandes* de 1830, est reprise dans le *Choix* de 1840 :

   a. « Toujours de nouvelle eau » (1840) remplace « Toujours nouvelle eau » (1830).

Ce poème est évoqué par Mme de Staël dans le passage de *De l'Allemagne* que Nerval cite dans son « Introduction » de 1830 (voir ici même p. 31-32).

Goethe emprunte le thème de cette ballade à l'écrivain grec Lucien (IIe siècle). Paul Dukas (1865-1935) tirera de la ballade de Goethe un célèbre poème symphonique.

Page 74.   Le Dieu et la bayadère
                Nouvelle indienne

Der Gott und die Bajadere (composé en 1797, inséré dans le recueil des ballades en 1799).

La traduction de Nerval a d'abord été publiée dans *Le Mercure de France au XIXe siècle*, 10 avril 1830 ; elle ne figure pas dans les *Poésies allemandes* de 1830 ; mais elle est reprise, sans variantes, dans les *Annales romantiques* de 1831 ; puis dans le *Choix* de 1840.

Le sujet de cette ballade fut inspiré à Goethe par l'ouvrage de Sonnerat, *Voyage aux Indes orientales et en Chine (1774-1781)*, qui raconte l'épreuve à laquelle Dewendren, roi des demi-dieux, soumit l'amour d'une fille de joie en feignant d'être mort. Elle subit l'épreuve victorieusement, et Dewendren l'emmena avec lui au paradis.

Ce poème de Goethe accompagna longtemps la rêverie nervalienne. Il faut le lire en filigrane du poème « Erythrea », où apparaît le nom de « Mahdewa », glosé en note en un « Mahadoé la Zendovère » :

MAHDÉWA ! *Fais flotter tes voiles sur les eaux,*
Livre tes fleurs de pourpre au courant des ruisseaux :
La neige du Cathay *tombe sur l'Atlantique.*

« Mahadoeh », qui ouvre le poème de Goethe (et que Goethe écrit, quant à lui, *Mahadöh*), désigne « le maître de la terre », et correspond, semble-t-il, à « Mahadéva » qui est, dans la mythologie indienne, l'un des noms de Shiva. Il semble que la « Mahdéwa » de Nerval soit comme le pendant féminin du « Mahadoeh » de Goethe ; comme la bayadère, la déesse nervalienne est en outre associée à la danse ; en sorte que le poème « Erythrea » semble accomplir la transfiguration de la bayadère qui est évoquée à la fin du poème de Goethe. Au reste, « Erythrea » n'est pas le seul poème où Nerval réécrit un texte de Goethe : c'est aussi le cas du sonnet « Delfica » dans *Les Chimères* étroitement associé au souvenir de la « Chanson de Mignon » qui se trouve au début du troisième livre des *Années d'apprentissage de Whilhelm Meister* et qui figure dans le *Choix de ballades et poésies* de 1840 dans une traduction de Toussenel (voir ici même la note du poème «Désir» de Schiller).

On ajoutera que Nerval a assisté à des danses indiennes à Paris : il les évoque dans *Le Messager* du 12 août 1838.

Page 76.   Le Voyageur

Der Wandrer (1772).

La traduction de Nerval, d'abord publiée dans les *Poésies allemandes* de 1830, est reprise dans le *Choix* de 1840 :

   a. «ainsi que l'enfant» (1840) remplace «et l'enfant» (1830).
   b. «ciselées dans le marbre» (1840) remplace «ciselées dans la pierre» (1830).
   c. «mon petit enfant» (1840) remplace «mon petit garçon» (1830).

Ce poème est évoqué par Mme de Staël dans le passage de *De l'Allemagne* que Nerval cite dans l'«Introduction» aux *Poésies allemandes* de 1830 (ici même p. 31).

Page 82.   La Première Nuit du sabbat

Die erste Walpurgisnacht (1799).

La traduction de Nerval a d'abord été publiée dans *Le Mercure de France au XIXe siècle*, 2 janvier 1830 (*MF* 1830). Elle ne figure pas dans les *Poésies allemandes* de 1830. Elle est reprise dans le *Choix* de 1840 :

   a. «Ces chrétiens insensés» (1840) remplace «Ces stupides chrétiens» (*MF* 1830).
   b. «au moyen du diable» (1840) remplace «par le diable» (*MF* 1830).

Goethe a trouvé la matière de son poème dans un article de journal (*Archiv der Zeit*, 1796, ou *Hannöverscher gelehrter Anzeiger*, 1752) racontant comment les Saxons conquis et convertis de force par Charlemagne auraient continué à pratiquer clandestinement leurs rites en trompant leurs surveillants chrétiens par des déguisements terrifiants. Le titre allemand suggère que cet épisode aurait fondé la légende de la nuit de Walpurgis (la veille du 1er mai, fête de sainte Walpurgis), dans laquelle démons et sorcières mènent leur sabbat au sommet du Blocks-berg, dans le Harz. On sait que Goethe a donné dans son *Faust* un tableau de cette fameuse nuit. Mendelssohn a tiré de cette ballade une cantate avec accompagnement d'orchestre et ouver-ture (1831-1832).

Page 85. Légende

Legende («*Als noch, verkannt und sehr gering…*») (1797).

La traduction de Nerval a d'abord été publiée dans *Le Mercure de France au XIXᵉ siècle*, 23 janvier 1830 (*MF* 1830); elle ne figure pas dans le recueil des *Poésies allemandes* de 1830; mais elle est reprise d'abord dans l'*Album littéraire. Recueil de mor-ceaux choisis de littérature contemporaine*, 1831 (*AL* 1831); puis dans le *Choix* de 1840:

a. «Notre-Seigneur» (1840) remplace «notre Seigneur» (*MF* 1830, et *AL* 1831).

b. «de très peu d'importance» (1840) remplace «de trop peu d'importance» (*MF* 1830, et *AL* 1831)

c. «avec un sourire» (1840) remplace «avec gaieté» (*MF* 1830, et *AL* 1831).

Page 86. Le Barde

Der Sänger (composé en 1782).

La traduction de Nerval, d'abord publiée dans les *Poésies alle-mandes* de 1830, est reprise, sans variantes, dans le *Choix* de 1840.

Le poème est repris dans *Les Années d'apprentissage de Wil-helm Meister*, II, 11. On y a souvent vu l'expression de senti-ments personnels de Goethe à Weimar, où les honneurs et les charges le détournaient de sa vocation d'écrivain.

Page 87. Les Mystères

Die Geheimnisse — Zueignung (1784).

La traduction de Nerval, d'abord publiée dans les *Poésies alle-mandes* de 1830, sous le titre «Les Mystères. Dédicace», est reprise dans le *Choix* de 1840:

a. «d'erreur ou de vanité» (1840) remplace «d'erreur ou de vérité» (1830).

Le poème de Goethe devait être la «dédicace» d'une épopée ésotérique, fortement influencée par les doctrines des Mystères, et nourrie notamment par la lecture de Saint-Martin. Goethe n'acheva pas cette épopée, mais il en plaça la «dédicace» en tête de ses œuvres complètes dès 1787.

Le goût de Nerval pour les Mystères trouve ainsi chez Goethe à la fois une source et une caution. On rappellera notamment que Nerval est lui aussi un lecteur de Saint-Martin, qu'il évoque en particulier dans son étude sur Cazotte dans *Les Illuminés*. On notera par ailleurs bien des affinités entre ce poème de Goethe et certaines visions d'*Aurélia*, qui font également apparaître au ciel les divers avatars d'une divinité féminine.

SCHILLER

Page 91. La Chanson de la cloche

Das Lied von der Glocke (1799).

La traduction de Nerval, d'abord publiée dans les *Poésies allemandes* de 1830, est reprise dans le *Choix* de 1840:

a. «métal ductile» (1840) remplace «métal flexible» (1830).

b. «Le malheur arrive vite» (1840) remplace «Le malheur vient vite» (1830).

c. «immobile et consterné» (1840) remplace «immobile et stupide» (1830).

d. «Aimable paix» (1840) remplace «Plaisante paix» (1830).

e. «en torrents de flammes» (1840) remplace «en torrents de flamme» (1830).

Ce poème est commenté par Mme de Staël dans le long passage de *De l'Allemagne* que Nerval cite dans son «Introduction» de 1830 (ici même, p. 28-29).

Ce serait à l'occasion de la visite d'une fonderie de cloches à Rudolstadt en 1788 que Schiller aurait conçu l'idée de ce poème. Mais les sources sont aussi littéraires: Schiller s'inspire de la traduction par Goethe de l'autobiographie de Benvenuto Cellini (et notamment de la description du coulage de la statue de Persée); il se souvient aussi du récit d'Homère décrivant la fabrication du bouclier d'Achille par Héphaistos (*Iliade*, XVIII, 478-617). Le poème est vite devenu célèbre, et il a été notamment apprécié par la bourgeoisie allemande de la Restauration. Il a été aussi moqué et parodié, par exemple par August Wilhelm Schlegel qui rédigea un poème satirique intitulé «À propos de cloches».

Tout le passage qui commence par «Oh! malheur! quand plane sur les villes la révolte aux ailes de feu!» est une évocation de la Révolution française.

Page 98.   Le Plongeur

Der Taucher (1797).

La traduction de Nerval est publiée pour la première fois dans *La Psyché. Choix de pièces en vers et en prose*, août 1829 (*Psyché* 1829), «Le Plongeur. Ballade»; elle est reprise, sans l'indication générique, dans les *Poésies allemandes* de 1830, puis dans le *Choix* de 1840:

a. «un rocher rude et escarpé, suspendu sur la vaste mer» (1840 et 1830) remplace «un rocher suspendu sur la vaste mer» (*Psyché* 1829).

b. «et tous les hommes, toutes les femmes» (1840) remplace «et tous les hommes et les femmes» (1830 et *Psyché* 1829).

c. «ainsi qu'un soupirail» (1840) remplace «telle qu'un soupirail» (1830 et *Psyché* 1829).

d. «il ne reparaît pas!» (1840 et 1830) remplace «il ne reparaît plus!» (*Psyché* 1829).

e. «et quand tu dirais» (1840) remplace «et que tu dirais» (1830 et *Psyché* 1829).

f. «les profondeurs» (1840) remplace «ses profondeurs» (1830 et *Psyché* 1829).

g. «et y jette un regard plein d'intérêt» (1840 et 1830) remplace «haletant d'incertitude» (*Psyché* 1829).

C'est Goethe qui a indiqué à Schiller le sujet de cette ballade. Goethe l'avait trouvé dans l'ouvrage du jésuite Kircher, paru en 1678 sous le titre *Mundus subterraneus*: l'anecdote concernait le plongeur Nicolas Pesce et le roi de Sicile Frédéric.

La mention de Charybde et l'évocation du fracas des eaux sont un souvenir d'Homère, *Odyssée*, XII, 237-243.

Page 101. La Puissance du chant

Die Macht des Gesanges (1795).

La traduction de Nerval, d'abord publiée dans les *Poésies allemandes* de 1830, est reprise dans le *Choix* de 1840 :
 a. « le vain tumulte » (1840) remplace « tout le vain tumulte » (1830).

Page 103. Pégase mis au joug

Pegasus im Joche (1795).

La traduction de Nerval, d'abord publiée dans les *Poésies allemandes* de 1830, est reprise dans le *Choix* de 1840 :
 a. « parmi beaucoup d'autres chevaux à vendre » (1840) remplace « parmi beaucoup d'autres denrées » (1830).
 b. « Trois jours après, déjà le beau Pégase n'est plus qu'une ombre » (1840) remplace « Trois jours après le beau Pégase n'est déjà plus qu'une ombre » (1830).

Page 105. À Goethe,
lorsqu'il traduisit pour le théâtre
le *Mahomet* de Voltaire

An Goethe, als er den Mahomet *von Voltaire auf die Bühne brachte* (1800).

La traduction de Nerval, d'abord publiée dans les *Poésies allemandes* de 1830, est reprise, sans variantes, dans le *Choix* de 1840.

Le poème de Schiller, qui se présente comme un manifeste esthétique, était d'abord destiné à servir de prologue à la représentation du *Mahomet* de Voltaire, adapté par Goethe pour la scène de Weimar.

Dans sa propre critique dramatique, Nerval reprendra fréquemment une image empruntée à ce poème de Schiller : il s'agit de la comparaison du « chariot de Thespis » avec « la barque de Charon » qui ne peut porter que des ombres et prend l'eau lorsque la vie réelle, en la personne d'Énée, monte à son bord. On la trouve notamment dans *L'Artiste-Revue de Paris*, 16 août 1846, NPl I, p. 1060 : « La vérité, la vie et la passion sur ces planches où s'agitaient depuis quelque temps des fantômes d'un art suranné, c'est comme Énée vivant qui met le pied sur la barque des ombres; l'esquif fragile fait eau de toutes parts.» Et elle apparaît encore dans *La Charte de 1830*, 26 mars 1837, NPl I, p. 354; *L'Artiste*, 2 juin 1844, NPl I, p. 812; ou *La Presse*, 19 août 1850, NPl II, p. 1175.

Mais la reprise de l'image de Schiller dans l'œuvre de Nerval en modifie le sens: alors que, pour Schiller, l'image sert à souligner la nécessaire séparation de la nature et de l'art — thème fondamental du classicisme de Weimar —, pour Nerval, au contraire, elle sert à dénoncer les artifices de la scène, incapable de soutenir la vie véritable sur ses planches. Schiller, qui critiquait les règles étouffantes du classicisme français, mais qui continuait à croire en la nécessité d'une séparation radicale de l'art et de la vie, se voit ainsi récupéré pour servir la cause du drame romantique et pour nourrir l'idée que Nerval se fait du «réalisme» au théâtre.

Page 107.   Le Partage de la terre

Die Teilung der Erde (1795).

La traduction de Nerval, d'abord publiée dans les *Poésies allemandes* de 1830, est reprise, sans variantes, dans le *Choix* de 1840.

Page 108.   Le Comte de Habsbourg

Der Graf von Habsburg (1803).

La traduction de Nerval, d'abord publiée dans les *Poésies allemandes* de 1830, est reprise dans le *Choix* de 1840:

a. «Le Comte de Habsbourg» (1840) remplace «Le Comte d'Habsbourg» (1830).

b. «qui tournent» (1840) remplace «qui tourne» (1830).

c. «de votre souverain» (1840) remplace «de votre roi» (1830).

d. «parcourir le courant» (1840) remplace «traverser le courant» (1830).

e. «son cheval» (1840) remplace «le cheval» (1830).

Le sujet est emprunté au *Chronicon Helveticum* d'Aegidius Tschudi (1734) que Schiller avait lu pour son *Guillaume Tell*. Il est proche aussi de la ballade de Goethe, *Der Sänger*, que Nerval a traduit sous le titre «Le Barde» (ici même, p. 86). La fin du texte rappelle l'épisode de l'*Odyssée* (VIII, 83-86) où Ulysse entend l'aède Démodocos chez les Phéaciens.

La scène se passe à Aix-la-Chapelle, ville du couronnement de Charlemagne en l'an 800, puis de tous les rois d'Allemagne jusqu'en 1562. L'élection de Rodolphe Ier (1218-1291) fonda la dynastie des Habsbourg, en mettant fin à un interrègne désastreux (1250-1273), évoqué dans le texte.

Page 110.   Le Commencement du XIXe siècle

Der Antritt des neuen Jahrhunderts (1801).

La traduction de Nerval, d'abord publiée dans les *Poésies allemandes* de 1830, est reprise, sans variantes, dans le *Choix* de 1840.

Le poème est inspiré par la signature de la paix de Lunéville, entre l'Autriche et la France, le 9 février 1801. Mais, après une fin de siècle elle-même marquée par la guerre, la guerre continue alors entre la France et l'Angleterre, d'où l'allusion à la guerre d'Égypte («le dieu du Nil»).

Page 111.   Le Dragon de Rhodes

Der Kampf mit dem Drachen (1798).

La traduction de Nerval, d'abord publiée dans les *Poésies allemandes* de 1830, est reprise dans le *Choix* de 1840 :

a. «venez le voir!...» (1840) remplace «venez le voir!... qui dévorait les troupeaux et les bergers!» (1830).

b. «chantés des poètes» (1840) remplace «chantés par les poètes» (1830).

c. «élevait au rang des dieux» (1840) remplace «mettait au rang des dieux» (1830).

d. «suppléer à la force» remplace «suppléer quelquefois à la force» (1830).

e. «sur le rocher» (1840) remplace «sur un rocher» (1830).

f. «humble et misérable» (1840) remplace «pauvre et misérable» (1830).

g. «d'une main hardie» (1840) remplace «d'une main assurée» (1830).

Schiller s'inspire d'une adaptation en allemand de l'*Histoire des Chevaliers Hospitaliers de Saint-Jean de Jérusalem* de l'abbé de Vertot, dont il avait écrit la préface. Il puise aussi à un recueil d'Erasmus Francisci (1670), sur lequel Goethe avait attiré son attention. L'histoire se passe à Rhodes qui appartint aux chevaliers de Saint-Jean de Jérusalem de 1308 à 1522.

Page 117.   Jeanne d'Arc

Das Mädchen von Orleans (1801).

La traduction de Nerval, d'abord publiée dans les *Poésies allemandes* de 1830, est reprise, sans variantes, dans le *Choix* de 1840.

« Le démon de la raillerie » désigne Voltaire, qui est l'auteur de *La Pucelle d'Orléans*, poème héroï-comique publié en 1755. Schiller a consacré une tragédie à Jeanne d'Arc (*Die Jungfrau von Orleans*), qui fut représentée pour la première fois en 1801.

Le Gant

Der Handschuh (1797).

La traduction de Nerval, d'abord publiée dans les *Poésies allemandes* de 1830, est reprise dans le *Choix* de 1840 :
a. « Le roi » (1840) remplace « Et le roi » (1830).

Dans une lettre à Goethe (18 juin 1797), Schiller présente son poème comme un complément au « Plongeur ». Il emprunte l'anecdote à Poullain de Saint-Foix (*Essais historiques sur Paris*, Londres, 1759), évoquant la rue des Lions près de Saint-Paul, et à Brantôme, *Les Dames galantes* (1665) qui relate l'histoire du chevalier De Lorges. Le roi de France est François Ier (1494-1547).

Page 119.   L'Idéal

Die Ideale (1795).

La traduction de Nerval, d'abord publiée dans les *Poésies allemandes* de 1830, est reprise dans le *Choix* de 1840 :
a. « par les images et par les chants » (1840) remplace « par les images et les chants » (1830).

b. «ses compagnons» (1840) remplace «ces compagnons» (1830).

Ce poème est commenté par Mme de Staël dans le long passage de *De l'Allemagne* que Nerval cite dans son «Introduction» de 1830 (ici même, p. 27-28).

À travers l'évocation des «idéaux» de la jeunesse (le titre allemand est en effet un pluriel), c'est une certaine imagerie de la vie romantique qui est ici fixée par Schiller. Nerval l'intériorisera très profondément, et il en distanciera les stéréotypes dans *Sylvie* notamment.

Page 120.   La Bataille

Die Schlacht (écrit probablement en 1781, publié en 1803).

La traduction de Nerval, d'abord publiée dans les *Poésies allemandes* de 1830, est reprise, sans variantes, dans le *Choix* de 1840.

Page 122.   La Caution

Die Bürgschaft (1797).

La traduction de Nerval, d'abord publiée dans les *Poésies allemandes* de 1830, est reprise dans le *Choix* de 1840:

a. «mais daigne m'accorder» (1840) remplace «mais veuille m'accorder» (1830).

Schiller s'inspire d'une des *Fables* d'Hygin: la fable 257, qui évoque «ceux qui furent particulièrement liés d'amitié». Les noms des deux amis, dont l'un sert de caution à l'autre, sont Moérus et Sélinuntius; mais d'autres versions donnent les noms de Damon et Phintias (la ballade de Schiller s'est d'abord intitulée *Damon und Pythias*). Denys l'Ancien fut tyran de Syracuse (430-367 avant J.-C.).

Page 125.   Désir

Sehnsucht (1803).

La traduction de Nerval, d'abord publiée dans les *Poésies allemandes* de 1830, est reprise, sans variantes, dans le *Choix* de 1840.

Par l'évocation du pays merveilleux auquel l'âme aspire, le poème de Schiller se souvient de «La Chanson de Mignon» de Goethe, qui ouvre le troisième livre des *Années d'apprentissage de Wilhelm Meister*. «La Chanson de Mignon», traduite par Théodore Toussenel, figure dans la section «Choix de poésies traduites en vers» du recueil de Nerval. On sait qu'elle inspirera le sonnet «Delfica» des *Chimères*. La voici, en intertexte et de Schiller et de Nerval, dans la traduction de Toussenel :

> *Connais-tu la contrée où dans le noir feuillage*
> *Brille comme un fruit d'or le fruit du citronnier,*
> *Où le vent d'un ciel bleu rafraîchit sans orage*
> *Les bocages de myrte et les bois de laurier?*
> *   La connais-tu?... Si tu pouvais m'entendre,*
> *C'est là, mon bien-aimé, c'est là qu'il faut nous rendre.*
>
> *Connais-tu la maison, le vaste péristyle,*
> *Les colonnes, le dôme et sur leur piédestal*
> *Les figures de marbre au regard immobile,*
> *Qui disent : Pauvre enfant! comme ils t'ont fait de mal!*
> *   La connais-tu?... Si tu pouvais m'entendre,*
> *C'est là, mon protecteur, c'est là qu'il faut nous rendre.*
>
> *Connais-tu la montagne? un sentier dans la nue,*
> *Un mulet qui chemine, un orage, un torrent,*
> *De la cime des monts une roche abattue,*
> *Et la sombre caverne où dort le vieux serpent :*
> *   La connais-tu?... Si tu pouvais m'entendre,*
> *Ô mon père! c'est là, c'est là qu'il faut nous rendre.*

Page 126.   Colomb

Kolumbus (1795).

La traduction de Nerval, d'abord publiée dans les *Poésies allemandes* de 1830, est reprise, sans variantes, dans le *Choix* de 1840.

Nerval cite à plusieurs reprises ce poème de Schiller. On le trouve notamment dans *Le Messager*, 18 septembre 1838, NPl I, p. 455, dans une traduction différente :

> *Va devant toi, et si ce monde que tu cherches n'a pas été créé*
> *encore, il jaillira des ondes exprès pour justifier ton audace; car il*

existe un Éternel [sic] entre la nature et le génie, qui fait que l'une tient toujours ce que l'autre promet.

Il est aussi évoqué, sous la forme d'une paraphrase, dans *Le Diable à Paris*, octobre 1844, NPl I, p. 860 :

Schiller a écrit que Colomb ayant rêvé l'Amérique, Dieu avait fait sortir des eaux cette terre nouvelle, afin que le génie ne fût point convaincu de mensonge!

Nerval a donné en outre une adaptation de ce poème dans *L'Imagier de Harlem* (1851), acte IV, huitième tableau, scène III (la pièce est écrite en collaboration avec Joseph Méry) :

> *Va donc! suis le soleil! ce monde de merveilles*
> *Existe. Ce n'est point une erreur de tes veilles!*
> *Et s'il n'existait pas, pour honorer ta foi,*
> *Dieu le ferait sortir du sein des eaux pour toi!*
>
> *Car il est un accord d'éternelle harmonie*
> *Entre la Providence et l'homme de génie;*
> *Pacte signé là-haut depuis les anciens jours*
> *Et ce que l'un promet, l'autre le tient toujours.*

La Grandeur du monde

Die Größe der Welt (écrit probablement en 1778).

La traduction de Nerval, d'abord publiée dans les *Poésies allemandes* de 1830, est reprise, sans variantes, dans le *Choix* de 1840.

Page 127. ## Adieux au lecteur

Abschied vom Leser (1795).

La traduction de Nerval, d'abord publiée dans les *Poésies allemandes* de 1830, est reprise, sans variantes, dans le *Choix* de 1840.

KLOPSTOCK

Le choix que fait ici Nerval rend bien compte des différents aspects de la poésie de Klopstock tels que ceux-ci ont été dégagés par Mme de Staël. On y retrouve l'inspiration religieuse («Les Constellations», «Psaume»); l'inspiration patriotique («Ma patrie», «Les Deux Muses»); l'inspiration amoureuse liée au souvenir de Fanny («Les Heures de l'inspiration», «À Schmidt»); l'inspiration politique dirigée contre la Terreur («Mon erreur»); l'inspiration historique enfin, qui exalte les vieux héros germaniques («Hermann et Trusnelda», «Hermann chanté par les bardes»).

Page 128.   Ma patrie

Mein Vaterland (1768).

La traduction de Nerval a d'abord été publiée dans *Le Mercure de France au XIXᵉ siècle*, 16 janvier 1830 (*MF* 1830); elle est reprise dans les *Poésies allemandes* de 1830, et dans le *Choix* de 1840:

a. Nerval écrit «discrétion» sans majuscule; celle-ci étant personnifiée, nous corrigeons en «Discrétion» avec majuscule.

b. «combien je t'aime» (1840 et 1830) remplace «Ô combien je t'aime» (*MF* 1830).

c. «j'oserai t'entretenir de ta gloire» (1840) remplace «j'oserai l'entretenir de ta gloire» (1830 et *MF* 1830).

d. «des Francs et des Anglais» (1840 et 1830) remplace «de ces deux peuples» (*MF* 1830).

1. «La Discrétion m'a fait un signe avec son bras d'airain»: Nerval cite cette phrase de Klopstock à la fin de la section des «Amours de Vienne» dans le *Voyage en Orient*, Folio, p. 109.

Page 129.

1. Il s'agit de Henri Iᵉʳ l'Oiseleur (875-936), roi de Germanie (919-936) qui lutta contre les Slaves, les Hongrois et les Danois.

2. Allusion à l'inspiration religieuse de *La Messiade*.

Page 130.

1. «Mais tu la renversas, ô ma patrie, la grande Rome, tu la renversas dans son sang!» Le sac de Rome par les Wisigoths, conduits par Alaric, eut lieu en 410.

2. «Jamais aucun pays n'a été juste comme toi envers le mérite étranger... Ne sois pas trop juste envers eux, ô ma patrie!»

est une manière de dire que la littérature allemande doit désormais s'affranchir de l'imitation des littératures étrangères. Voir aussi le poème «Les Deux Muses».

Les Constellations

Die Gestirne (1764).

La traduction de Nerval, d'abord publiée dans les *Poésies allemandes* de 1830, est reprise dans le *Choix* de 1840 :

a. «Chœurs éclatants qui m'entourez» (1840) remplace «Chœur éclatant qui m'entourez» (1830).

Les accents mystiques de cet hymne se retrouvent, de manière diffuse, dans les «Mémorables» d'*Aurélia*.

Page 132.   Les Deux Muses

Die beiden Musen (1752).

La traduction de Nerval, d'abord publiée dans les *Poésies allemandes* de 1830, est reprise dans le *Choix* de 1840 :

a. «oh! dis-moi» (1840) remplace «oh! dites-moi» (1830).

b. «elle avait jadis» (1840) remplace «elle y avait jadis» (1830).

c. «qui luttais naguère» (1840) remplace «qui luttai naguère» (1830).

Ce poème est traduit par Mme de Staël dans *De l'Allemagne*, II, 5, «Klopstock».

1. La traduction que propose Nerval au troisième paragraphe : «le fils de Méon, le chantre du Capitole», est incompréhensible, parce qu'elle semble faire du «chantre du Capitole» une apposition au «fils de Méon». Mme de Staël avait traduit ainsi : «Accoutumée à de tels combats, la muse d'Albion descendit fièrement dans l'arène ; elle reconnut ce champ, qu'elle parcourut déjà dans sa lutte sublime avec le fils de Méon, avec le chantre du Capitole.» «Le fils de Méon» désigne le poète grec (la poésie grecque) ; «le chantre du Capitole» désigne le poète latin (la poésie latine). Méon donna son nom à la Méonie, située entre la Lydie et la Phrygie. Les Muses sont dites *Méonides* parce qu'elles étaient célébrées en Méonie ; et Homère est quelquefois appelé le «Poète ou Vieillard de Méonie». Klopstock veut dire que la Muse anglaise a rivalisé à la fois avec la Muse grecque et

la Muse latine (qui sont également appelées, dans le poème, «la muse des Thermopyles» et «celle des sept collines»).

Page 133.

1. «La fille de Thuiskon»: Thuiskon est le dieu des anciens Germains. Il est évoqué par Tacite, qui en fait l'ancêtre mythique des Teutons.

Page 134.   Les Heures de l'inspiration

Die Stunden der Weihe (1748).

La traduction de Nerval, d'abord publiée dans les *Poésies allemandes* de 1830, est reprise dans le *Choix* de 1840:

a. «l'œuvre que vous allez lui inspirer» (1840) remplace «l'œuvre que vous lui allez inspirer» (1830).

b. «ou de ta digne sœur» (1840) remplace «ou de ton auguste sœur» (1830).

c. «elle est capable de nous comprendre» (1840) remplace «elle est digne de nous comprendre» (1830).

1. Allusion à la *Messiade* de Klopstock, dont Gérard a dit le retentissement dans son introduction (ici même, p. 38, et p. 52).

Page 135.

1. Dans son introduction (p. 38, et p. 52), Gérard a rappelé la passion de Klopstock pour Fanny, en réalité Maria Sophia Schmidt, la sœur de son cousin et ami Johann Christoph Schmidt. Celui-ci est l'auteur d'un poème sur le Jugement Dernier, évoqué ici par Klopstock.

À Schmidt
Ode écrite pendant une maladie dangereuse

Ode écrite en 1748, et modifiée plus tard sous le titre *Der Abschied* («L'Adieu»).

La traduction de Nerval a d'abord été publiée dans *La Psyché*, octobre 1829 (*Psyché* 1829); elle est reprise, dans une version plus courte, dans les *Poésies allemandes* de 1830, puis dans le *Choix* de 1840:

a. «mes premières larmes» (1840 et 1830) remplace «nos premières larmes» (*Psyché* 1829).

b. «ceux qui nous sont chers» (1840 et 1830) remplace «ceux qui me sont chers» (*Psyché* 1829).

c. «pour aimer nos amis» (1840 et 1830) remplace «pour aimer Rothen, notre ami» (*Psyché* 1829).

d. Les versions de 1840 et de 1830 suppriment ici un passage traduit dans la *Psyché*, 1829 :

Un jour, peut-être, touchée de mes écrits, quelque fille au noble cœur promènera autour d'elle des regards attentifs, cherchera dans son siècle des hommes vertueux, et puis, s'écriera tristement :

«Oh! puisse-t-il vivre encore, celui dont le cœur comprenait si bien l'amour!» Et elle te rendra grâce, mon ami, d'avoir eu pitié de mes peines et d'avoir pleuré de mes chagrins!

Mais, je le répète, que ta sœur les ignore: Aborde-la avec un visage calme, comme le mien l'est à l'instant suprême.

Dis-lui que...

e. «Combien je t'aime!» (1840 et 1830) remplace «Combien je t'ai aimée!» (*Psyché* 1829).

f. «lorsqu'il nous réservait à tous deux» (1840 et 1830) remplace «lorsqu'il nous réservait» (*Psyché* 1829).

2. «Je vais rejoindre ces âmes sublimes, Pope, Adisson, le chantre d'Adam...» :

— Alexandre Pope (1688-1744) est le représentant parfait du classicisme anglais : traducteur d'Homère (*Iliade*, 1715-1721 ; *Odyssée*, 1725-1726), il est l'auteur notamment de l'*Essai sur la critique* (1711), de *La Boucle de cheveux volée* (1712-1714), d'un *Essai sur l'homme* (1733-1734), ainsi que de satires parmi lesquelles *La Dunciade* (1728-1743).

— Joseph Addison (1672-1719), écrivain et homme politique, fait dans ses articles le portrait du parfait gentleman anglais, et il est l'auteur d'une tragédie intitulée *Caton* (1713).

— «Le chantre d'Adam» désigne John Milton (1608-1674), l'auteur du *Paradis perdu* (1667), dont Klopstock s'est inspiré pour écrire sa *Messiade*.

Page 137.   Psaume

Psalm (1789).

La traduction de Nerval, d'abord publiée dans les *Poésies alle-mandes* de 1830, est reprise, sans variantes, dans le *Choix* de 1840.

Comme le poème «Les Constellations», ce «Psaume» de Klopstock trouvera des échos diffus dans les «Mémorables» d'*Aurélia*.

Page 139.   Mon erreur

Mein Irrthum (1793).

La traduction de Nerval, d'abord publiée dans les *Poésies alle-mandes* de 1830, est reprise, sans variantes, dans le *Choix* de 1840.

Le poème est écrit après l'exécution de Charlotte Corday, le 17 juillet 1793.
1. «Des juges infâmes avaient absous le monstre»: allusion à Marat qui, mis en accusation par les Girondins, fut acquitté par le Tribunal révolutionnaire (24 avril 1793). Marat fera alors tomber les Girondins (2 juin 1793); puis il sera assassiné par Charlotte Corday, le 13 juillet 1793.
Nerval évoquera Charlotte Corday dans les *Scènes de la vie allemande*, qui font partie de *Lorely*: réfléchissant sur l'assassi-nat politique (NPl III, p. 73: «j'ai toujours haï l'assassinat poli-tique, qui n'amène jamais que le contraire du résultat qu'on en attend»), il rapproche alors Charlotte Corday de Carl Sand, qui lui a inspiré *Léo Burckart*.

Page 140.   Hermann et Trusnelda

Hermann und Thusnelda (1752).

La traduction de Nerval, d'abord publiée dans les *Poésies alle-mandes* de 1830, est reprise dans le *Choix* de 1840:
a. «dans tes bras indomptés» (1840) remplace «de tes bras indomptés» (1830).

L'histoire d'Hermann (ou Arminius) est racontée par Tacite. Chef des Chérusques au temps d'Auguste et de Tibère, il servit d'abord dans les armées romaines, avant de se retourner contre Rome pour libérer sa patrie. Il écrasa les légions de Varus en 9 apr. J.-C. Puis il fut battu par Germanicus (16 apr. J.-C.), avant d'être empoisonné par les siens.

Ce poème, comme le suivant, se rattache au cycle d'Hermann, que Klopstock a développé en trois drames : *La Bataille d'Arminius* (*Hermanns Schlacht*) [1769] ; *Arminius et les princes* (*Hermann und die Fürsten*) [1784] ; et *La Mort d'Arminius* (*Hermanns Tod*) [1787].

Nerval a changé le nom de «Thusnelda» en «Trusnelda». «Trusnelda» est également évoquée dans *Les Faux Saulniers* et *Angélique* (huitième lettre), où, aux côtés de Jeanne d'Arc et de Jeanne Hachette, elle s'inscrit dans une lignée de femmes guerrières. L'héroïne allemande entre ainsi dans la mythologie nervalienne, où elle s'associe au souvenir imaginé de la mère — «qui avait voulu suivre mon père aux armées, comme les femmes des anciens Germains», écrit Nerval dans *Aurélia*, II, 4.

Page 141. Hermann chanté par les bardes Werdomar, Kerding et Darmont

Hermann. Durch die Barden Werdomar, Kerding und Darmond (1767).

La traduction de Nerval, d'abord publiée dans les *Poésies allemandes* de 1830, est reprise dans le *Choix* de 1840 :

a. «Trumeliko» (1840) remplace «Thumeliko» (1830).

Ce poème a été traduit par Mme de Staël, *De l'Allemagne*, II, 12, «Des poèmes allemands».

1. Thusnelda, femme d'Hermann, a été livrée aux Romains par son père Ségeste. Voir Tacite, *Annales*, Livre I, chap. 57.

Page 142.

1. Mana est l'un des fils de Thuiskon, le dieu des anciens Germains, et l'ancêtre mythique des Teutons (voir p. 133, n. 1).

2. Héla, «Divinité des enfers» écrit Gérard en note, est, selon le *Grand Dictionnaire universel du XIXe siècle*, «la déesse et la

reine de Néflheim, le pays des brouillards, dans la mythologie scandinave [...]. Autour de Néflheim coule le fleuve Géall; un pont d'or mène dans l'empire d'Héla. Tous les morts, exceptés ceux qui sont tombés sur le champ de bataille, sont obligés de passer ce pont.»

3. Siegmar est le père d'Hermann.

4. Thumeliko (et non Trumeliko) est le fils d'Hermann et de Thusnelda.

Page 143.

1. «Ô bataille de Winsfeld, sœur de la bataille de Cannes»: la bataille de Winsfeld, près de Detmold en Westphalie, est celle où Arminius écrasa les légions de Varus (9 apr. J.-C.). Elle est «sœur de la bataille de Cannes», où Hannibal écrasa l'armée romaine de Varron (216 av. J.-C.).

2. Le Walhalla est le séjour des héros du Nord morts dans les combats, sorte de champs Elyséens scandinaves, célèbre dans les *Eddas* et les *Nibelungen*.

3. «Le fils de Drusus» désigne Germanicus.

4. Cæcina Severus, légat de Germanie Inférieure en 14 après J.-C., commandait une partie de l'armée de Germanicus.

5. Thor, dieu scandinave, fils aîné d'Odin et de Frigga. Il est représenté comme un grand guerrier, d'une force immense, à la barbe rouge.

BÜRGER

Page 145.   Lénore

Lenore (1773).

Il existe huit traductions de «Lénore» par Nerval, que le tableau suivant présente par ordre chronologique, en distinguant notamment les traductions en vers et les traductions en prose:

Date et édition	Vers	Prose	Signature
La Psyché, mai 1829.	*Lénore,* Ballade allemande, imitée de Bürger.		Gérard
Le Mercure de France au *xixᵉ siècle*, 19 décembre 1829 (*MF* 1829).		*Lénore,* traduction littérale de Bürger.	Gérard
La Psyché, janvier 1830.	La Lénore de Bürger. Nouvelle traduction littérale.		Gérard
Poésies allemandes, 1830.		Lénore.	Gérard
Annales romantiques, 29 jan- vier 1831 (*AR* 1831).		Lénore.	Bürger
Romagnési, 1833.	*À Victor Hugo.* *Lénore,* *ballade de Bürger,* *traduction de Gérard.* *Mise en musique par Hippolyte Monpou.*		
Choix de ballades et poésies, 1840.		Lénore.	Gérard
L'Artiste-Revue de Paris, 15 juin 1848.	*Lénore.* Ballade de Bürger.		Gérard de Nerval

Parmi ces huit traductions, il faut mettre à part le livre paru chez Romagnési, en 1833 : il s'agit d'une partition musicale d'Hippolyte Monpou, dont le livret prend appui sur la traduction de Nerval. L'ensemble, de 39 pages, est dédié « à Victor Hugo », et comporte, outre un frontispice, attribué à Jules Goddé, une planche de Célestin Nanteuil et deux planches de Camille Rogier. Le poème est divisé en trois parties : « Le Blasphème», «La Course», «Le Cimetière». Si Nerval, dans une lettre du 24 octobre 1833 adressée aux conservateurs de la Bibliothèque royale, revendique comme sienne cette traduction de Bürger, il est possible, comme le suggère Michel Brix (*Manuel bibliographique des œuvres de Gérard de Nerval*), que Monpou ait librement disposé du texte de Nerval, comme Berlioz l'avait fait, en 1829, pour les *Huit scènes de Faust*. Nous ne relevons donc pas les variantes. Nous reproduisons seulement, à titre d'indication, la traduction de la première strophe :

> *Lénore un jour sort de chez elle*
> *L'œil en pleurs, le cœur oppressé*
> *«Est-il mort? est-il infidèle?*
> *Reviendra-t-il mon fiancé?»*

Nous recueillons les traductions en vers dans notre section «Autres poésies allemandes».

Quant aux versions en prose, nous faisons figurer ici, au titre de «variantes» de la version de 1840, le texte des trois traductions en prose antérieures :

a. Ce premier paragraphe est traduit différemment dans *AR* 1831 et dans *MF* 1829 :

> *Lénore se lève au point du jour, elle échappe à de tristes rêves : «Wilhelm! es-tu infidèle, ou n'es-tu plus? Combien vas-tu tarder encore?»* — *Il s'en était allé à la bataille de Prague, à la suite du roi Frédéric, et n'avait, depuis, donné aucune nouvelle de sa santé.*

b. «Mais le roi et l'impératrice» (1840 et 1830) remplace «Le roi et l'impératrice» (*AR* 1831 et *MF* 1829).

c. «cymbales» (1840) remplace «timbales» (1830, *AR* 1831 et *MF* 1829).

d. «le baiser du retour» (1840 et 1830) remplace «un salut et un baiser» (*AR* 1831 et *MF* 1829).

e. «de son époux bien-aimé» (1840 et 1830) remplace «de son bien-aimé» (*AR* 1831 et *MF* 1829).

f. «Il est mort! mort!» (1840, 1830 et *MF* 1829) remplace «Il est mort! Il est mort!» (*AR* 1831).

g. Dans la version de *AR* 1831, ce paragraphe et le précédent sont liés.

h. La version de *AR* 1831 et celle de *MF* 1829 inséraient la phrase : «Le feu qui me dévore, il n'est rien qui puisse l'apaiser...», supprimée en 1830 et 1840.

i. La version de 1840 rétablit ce paragraphe et le suivant, qui figuraient dans *AR* 1831 et dans *MF* 1829, mais étaient omis dans la version de 1830.

j. «Veilles-tu? ou dors-tu» (1840 et 1830) remplace «Veilles-tu? ma mie, ou dors-tu?» (*AR* 1831 et *MF* 1829).

k. Les versions de *AR* 1831 et de *MF* 1829 insèrent ici la phrase «Penses-tu toujours à moi?» qui ne figure pas dans les versions de 1840 et de 1830.

l. «D'où viens-tu donc sur ton cheval?» (1840 et 1830) remplace «D'où viens-tu sur ton cheval?» (*AR* 1831) qui remplace «D'où donc viens-tu sur ton cheval?» (*MF* 1829).

m. Les versions de 1830 et de 1840 omettent une phrase : «Entre, mon bien-aimé, que je te réchauffe dans mes bras» (*AR* et *MF* 1829).

n. «Viens, Lénore» (1840 et 1830) remplace «Viens, ma mie» (*AR* 1831 et *MF* 1829).

o. «pour atteindre à notre demeure» (1840 et 1830) remplace «pour nous précipiter dans le lit nuptial» (*AR* 1831 et *MF* 1829).

p. «la cloche de minuit» (1840 et 1830) remplace «la cloche de onze heures» (*AR* 1831 et *MF* 1829).

q. «la lune est claire» (1840) remplace «la lune brille» (*AR* 1831, 1830 et *MF* 1829).

r. «Je gage que je t'y conduirai aujourd'hui même» (1840 et 1830) remplace «je gage que je te conduirai aujourd'hui même à ma demeure» (*AR* 1831 et *MF* 1829).

s. Dans la version de 1840, Nerval restitue les phrases «et comment est ton lit de noce. — Loin, bien loin d'ici... silencieux, humide et étroit, six planches et deux planchettes», qui figuraient dans les versions de 1831 et de 1829, mais qui n'apparaissaient pas dans celle de 1830.

t. Dans la version de 1840, Nerval rajoute la phrase «elle enlace ses mains de lis autour du cavalier qu'elle aime», qui figurait dans la version de 1831 et dans celle de 1829, mais qui n'apparaissait pas dans celle de 1830.

u. «tu nous béniras» (1840 et 1830) remplace «tu prononceras sur nous la bénédiction, afin que nous nous jetions après dans le lit nuptial» (*AR* 1831 et *MF* 1829).

v. «Obéissant à son invitation» (1840) remplace «Sensible à son invitation» (*AR* 1831, 1830 et *MF* 1829).

w. «Ils serrent le cheval de près» (1840) remplace «il serre le cheval de près» (*AR* 1831, 1830 et *MF* 1829).

x. «au bal de mes noces» (1840) remplace «au bal des noces» (*AR* 1831, 1830 et *MF* 1829).

y. «Nous partons pour le banquet joyeux» (1840) remplace «Nous allons au banquet joyeux» (1830) qui remplace «Nous allons au lit nuptial» (*AR* 1831 et *MF* 1829).

z. «sur leurs têtes» (1840) remplace «au-dessus de leurs têtes» (*AR* 1831, 1830 et *MF* 1829).

α. « Finie, finie est notre course!» (1840 et 1830 et *MF* 1829) remplace «Finie est notre course!» (*AR* 1831).

β. « Le lit nuptial va s'ouvrir» (1840, *AR* 1831 et *MF* 1829) remplace «J'aperçois notre demeure» (1830).

L'action de «Lénore» se déroule en 1763 après la paix de Hubertsburg qui mit fin, sur le continent, à la guerre de Sept Ans (1756-1763) qui opposa l'Autriche, la Saxe, la Russie, la Suède et la France à la Prusse de Frédéric II et à l'Angleterre. «Le roi et l'impératrice» évoqués dans le poème sont Frédéric II, qui vient d'être battu en Bohême (d'où la mention de «la bataille de Prague»), et Catherine II de Russie.

Bürger s'est inspiré d'une ballade, «Sweet William's Ghost», recueillie par Thomas Percy (1729-1811) dans ses *Reliques de l'ancienne poésie anglaise* (*Reliques of Ancient English Poetry*, 1765).

Mme de Staël, dans *De l'Allemagne*, II, 13, avait donné un «récit abrégé» de la ballade de Bürger; et Victor Hugo s'en est inspiré dans «La Fiancée du timbalier» (1825), qui est la sixième ballade du recueil des *Odes et Ballades* (1826-1828).

Le thème s'accorde intimement à l'imaginaire nervalien; et si, sous de multiples formes, il insiste tant dans l'œuvre de Nerval, c'est sans doute qu'il rejoint inconsciemment le souvenir de la disparition de la mère, morte «dans la froide Silésie», sur «un pont chargé de cadavres», écrit Nerval dans *Promenades et souvenirs*.

On notera en outre que Nerval aime rapprocher la ballade de «Lénore» (ou encore celle du «Roi des aulnes» de Goethe) des ballades populaires qu'il commence à recueillir à partir de 1842 («Les Vieilles Ballades françaises», *La Sylphide*, 10 juillet 1842): «Ceci ne le cède en rien», écrit-il après avoir cité «la chanson de Jean Renaud» (*Quand Jean Renaud de la guerre revint...*), «aux plus touchantes ballades allemandes, il n'y manque qu'une certaine exécution de détail qui manquait aussi à la légende primi-

tive de Lénore, et à celle du roi des Aulnes, avant Goethe et Bür-
ger» (voir *La Bohême galante*, Poésie/Gallimard, p. 170, et *Les
Filles du feu*, Folio, p. 188).

Le caractère oral de la ballade allemande, comme l'oralité
propre aux chansons et légendes du Valois, justifie sans doute
ici l'hésitation constante de Nerval entre la traduction en vers et
la traduction en prose. On retrouvera cette hésitation, essen-
tielle dans la poétique de Nerval et symptomatique du nouveau
statut de la prose dans le champ de la poésie, dans les traduc-
tions du «Roi de Thulé» ou de «Marguerite au rouet» de
Goethe.

Page 150.   La Merveille des fleurs

Das Blümchen Wunderhold (1789).

La traduction de Nerval, d'abord publiée dans les *Poésies alle-
mandes* de 1830, est reprise dans le *Choix* de 1840:
a. «la gravité et la gaieté même» (1840) remplace «la gravité
et la plaisanterie» (1830).

Page 152.   La Chanson du brave homme

Das Lied vom braven Manne (1777).

La traduction de Nerval, publiée d'abord dans les *Poésies alle-
mandes* de 1830, est reprise, sans variantes, dans le *Choix* de
1840.

Page 154.   Le Féroce Chasseur

Der wilde Jäger (1778).

La traduction de Nerval, publiée d'abord dans les *Poésies
allemandes* de 1830, est reprise dans le *Choix* de 1840:
a. «le cerf s'enlevât-il» (1840) remplace «le cerf s'envolât-il»
(1830).
b. «ouvrir la bouche sur de pareils mystères» (1840) rem-
place «ouvrir la bouche sur des choses pareilles» (1830).

Ce poème est résumé et analysé par Mme de Staël dans le pas-
sage de *De l'Allemagne*, II, 13, que Nerval cite dans son «Intro-
duction» aux *Poésies allemandes* de 1830 (ici même p. 33).

Morceaux choisis
de divers poètes allemands

Les pièces qui suivent ne figurent pas dans l'édition des *Poésies allemandes* de 1830 ; en 1840, elles ne sont pas pour autant des traductions inédites : Nerval les a déjà publiées au cours des années 1829-1832, dans des revues ou des recueils collectifs. Nous indiquons pour chaque texte les différentes étapes de ce travail de traduction.

Page 160.   SCHUBART

Christian Friedrich Daniel Schubart, organiste, compositeur et poète allemand (1739-1791). Fonde à Augsbourg la *Deutsche Chronik* (1774), où il publie des articles anticléricaux et révolutionnaires qui le font emprisonner (1777-1787). L'un des meilleurs représentants du *Sturm und Drang*, il est l'auteur de poèmes qui témoignent d'une inspiration à la fois politique, sociale et populaire. Certaines de ses œuvres, comme *La Truite* (1782), ont été mises en musique par Schubert.

La Mort du Juif errant

Der ewige Jude. Eine lyrische Rhapsodie (1783).

La traduction de Nerval a d'abord été publiée dans *Le Mercure de France au XIXᵉ siècle*, 12 décembre 1829 (*MF* 1829) ; elle est reprise dans l'*Album littéraire. Recueil de morceaux choisis de littérature contemporaine* de 1831 (*AL* 1831) ; puis dans le *Choix* de 1840 :

a. « je ne le peux pas ! » (1840 et *MF* 1829) au lieu de « je ne le puis pas ! » (*AL* 1831).

b. « s'élevèrent et puis finirent » (1840 et *MF* 1829) au lieu de « s'élevèrent et finirent » (*AL* 1831).

c. « et je ne puis finir » (1840) remplace « et je ne pus finir » (*AL* 1831 et *MF* 1829).

d. « et je me mis à vivre » (1840) remplace « et je me remis à vivre » (*AL* 1831 et *MF* 1829).

Le poème de Schubart reprend la légende du Juif errant, et la renouvelle en permettant finalement à Ahasvérus de mourir. Pour la longue histoire de ce mythe, on peut se reporter au livre de Marie-France Rouart, *Le Mythe du juif errant dans l'Europe du xixᵉ siècle*, Corti, 1988.

Traduit en 1801 en anglais, le poème de Schubart a inspiré Shelley (qui le transcrit dans ses notes à *Queen Mab* en 1813). C'est Nerval qui le traduit pour la première fois en français.

Page 162.

1. «Christiern»: il s'agit de Christian II (1481-1559), roi de Danemark et de Norvège, qui s'empara de la couronne de Suède après une longue guerre et au prix d'un massacre, le «bain de sang de Stockholm» (1520).

2. Muley Ismaël (1646-1727), empereur du Maroc. Son règne est resté célèbre pour sa cruauté.

Page 163.   PFEFFEL

Gottlieb Konrad Pfeffel (1736-1809) a été le plus grand écrivain alsacien du xviiiᵉ siècle, mais son rayonnement a dépassé le cadre régional. Il perd la vue à l'âge de vingt et un ans, ce qui lui valut d'être considéré comme un «chanteur aveugle» à l'image d'Homère ou d'Ossian. Appelé aussi le «La Fontaine alsacien», il est l'auteur d'un recueil de *Fables* (1783) qui fait de lui l'inventeur de la fable politique en langue allemande. Grand pédagogue, il fonde en 1773, avec l'autorisation de Louis XV, une Académie militaire, inspirée des principes éducatifs de Rousseau, destinée aux jeunes protestants qui ne pouvaient alors fréquenter les écoles militaires royales. En 1803, Bonaparte le nomme président du consistoire évangélique de Colmar.

La Pipe
Chanson

Die Tabakspfeife (1782).

La traduction de Nerval a d'abord été publiée dans *La Tribune romantique*, 2ᵉ livraison, avril 1830 [Nous n'avons pu consulter cette édition]. Elle est reprise dans *Le Cabinet de lecture* du 19 mai 1830 (*CL* 1830); puis dans le *Choix* de 1840, avec quelques variantes:

a. «*la Pipe*» (1840) remplace «la pipe» (*CL* 1830). Nous réta-blissons *CL* 1830, en enlevant la majuscule et les italiques.

b. «je la portai» (1840) remplace «je la portais» (*CL* 1830). Nous rétablissons «je la portais».

c. «un coup de feu» (1840) remplace «un coup de fusil» (*CL* 1830).

1. Le prince Eugène (1663-1736) entre au service de l'Au-triche en 1683, et remporte plusieurs victoires contre les Turcs, auxquels il enlève Belgrade en 1717. Il fut aussi un amateur de collections de livres et d'œuvres d'art, rassemblées dans son palais du Belvédère à Vienne.

Page 165.   KÖRNER

Karl Theodor Körner, poète et auteur dramatique allemand (1791-1813). Il composa très jeune (il meurt à 22 ans) une série de pièces à succès qui firent de lui le poète officiel du Burgtheater de Vienne (1813). S'étant enrôlé dans les chasseurs de Lützow (voir p. 207 le poème «La Chasse de Lützow» et la note qui s'y rapporte), lors du soulèvement national de 1813, il écrivit des poésies patriotiques (*Lyre et épée*, posthume, 1814) et fut tué au combat.

Une des sources d'information de Nerval sur Körner est «l'ar-ticle très remarquable» paru dans le *Journal des Débats* du 21 jan-vier 1830. Nerval le mentionne dans une note qui précède sa traduction de l'«Appel» dans *Le Mercure de France au XIXe siècle* du 13 février 1830 (voir ci-dessous). L'article donnait notamment une traduction du «Chant de l'épée», et faisait de Körner une figure de poète-soldat, qui, refusant de «mourir en prose», choisit de mou-rir au combat, à Gadebusch, près de Schwerin, le 26 août 1813.

Chant de l'épée

Schwertlied (1813).

La traduction de Nerval est d'abord publiée dans *Le Mercure de France au XIXe siècle*, 21 novembre 1829. Une note indique que le «Chant de l'épée» a été «composé par Körner, le matin de la bataille de Leipzig où il fut tué» (note erronée, voir ci-des-sus). Le texte est repris, sans la note, dans le *Choix* de 1840.

Page 166. Appel

Aufruf (1813).

La traduction de Nerval a d'abord été publiée dans *Le Mercure de France au xixᵉ siècle*, 13 février 1830. Une note précède le texte : « L'article très remarquable publié sur Körner, dans le *Journal des Débats* du 21 janvier, nous encourage à donner une ode de ce poète, quoique nous ne dissimulions pas combien ces sortes d'ouvrages perdent à la traduction. *Le Mercure*, destiné particulièrement aux personnes qui s'occupent de littérature, espère leur être agréable, en offrant de temps en temps comme *études d'artiste* des morceaux de poésie étrangère : on se sera peut-être rappelé, en lisant les *Débats*, le *Chant de l'Épée*, que nous l'avons fait connaître [*sic*] les premiers [*sic*] dans une note de nos précédentes livraisons. G. »

Le texte est repris, sans la note, dans les *Annales romantiques*, 1832 ; puis dans le *Choix* de 1840 :

a. « couronnes » (1840) remplace « couronne » (*MF* 1830, et *AR* 1832).

b. « vertu » (1840) remplace « vertus » (*MF* 1830, et *AR* 1832).

c. « la liberté » (1840) remplace « la Liberté » (*MF* 1830, et *AR* 1832).

d. « priez que nous nous relevions, un grand peuple comme autrefois » (1840) remplace « priez que nous nous relevions, grand peuple comme autrefois » (*MF* 1830, et *AR* 1832).

e. Dans la version du *MF* 1830, une note précise que « Le chêne est l'arbre national des Allemands ».

Page 167.

1. Louise de Mecklembourg (1776-1810), reine de Prusse. Sa beauté et son patriotisme la rendent très populaire. Entraînée par le tsar Alexandre Iᵉʳ, elle inspire le parti de la guerre contre la France (1805-1806). La Prusse écrasée, elle tente vainement d'attendrir Napoléon lors de la signature des traités de Tilsit (1807). Elle soutiendra ensuite les patriotes et les ministres réformateurs.

Page 168.   UHLAND

Ludwig Uhland (1787-1862): auteur de travaux sur la chanson populaire (*Études sur l'histoire de la poésie et de la légende*, 1865-1873), il adopte dans ses poésies le ton du lied et des légendes souabes. Il est l'auteur du poème célèbre «J'avais un camarade». Voir aussi «La Sérénade», p. 206.

L'Ombre de Körner

(1816)

Am 18. Oktober 1816.

La traduction de Nerval, d'abord publiée dans *Le Mercure de France au xixᵉ siècle*, 13 mars 1830, est reprise dans le *Choix* de 1840:

a. La note, appelée après «la guerre de l'indépendance», est ajoutée en 1840.

b. «Si les peuples» (1840) remplace «Si les peuples fidèles» (*MF* 1830).

Page 169.

1. La bataille de Leipzig (16-19 octobre 1813), appelée par les Allemands la «bataille des nations», fut perdue par Napoléon. Elle ouvrait aux Alliés l'accès du territoire français.

Page 170.   JEAN PAUL RICHTER

Jean Paul Richter (1763-1825), qui adopta le pseudonyme français de «Jean Paul» par admiration pour «Jean-Jacques» (Rousseau), est un des auteurs les plus originaux du romantisme allemand. Il est l'auteur, notamment, de *La Loge invisible* (1793), *Hespérus* (1795), *Quintus Fixlein* (1795-1796), *Siebenkäs* (1796-1797), ou encore *Le Titan* (1800-1803), *Les Années de gourme* (1804-1805) et la *Vie de Fibel* (1812).

Les résonances entre l'œuvre de Jean Paul et celle de Nerval sont profondes, et les liens sont complexes. L'histoire des textes, démêlée par Claude Pichois, fait notamment apparaître combien, chez Nerval, il n'y a pas de solution de continuité entre la traduction scrupuleuse, l'imitation libre, et la création originale. Rappelons quelques faits : — Le 30 avril 1831, dans *Le Mercure de France au XIXᵉ siècle*, Nerval publie un texte intitulé « Le Bonheur de la maison », qu'il présente comme une traduction de Richter. En fait de traduction, il s'agit d'une invention de Nerval qui se dissimule sous le nom de Jean Paul pour esquisser ce qui ressemble à « un premier crayon de *Sylvie* » (voir NPl I, p. 314-318). — Le 31 mars 1844, dans *L'Artiste*, Nerval publie le poème « Le Christ aux Oliviers », en le présentant comme une « imitation de Jean Paul ». Il y a bien cette fois un texte allemand qui correspond au poème : il s'agit du célèbre « Discours du Christ mort » de Jean Paul (1796), dont une traduction a paru dans *De l'Allemagne* de Mme de Staël (II, 28) sous le titre « Un songe ». Lors de la reprise du « Christ aux Oliviers » dans les *Petits châteaux de Bohême* d'abord, puis dans *Les Chimères* à la fin des *Filles du feu*, la mention « imitation de Jean Paul » est remplacée par quelques vers du « Songe » donnés en exergue :

> *Dieu est mort ! le ciel est vide...*
> *Pleurez ! enfants, vous n'avez plus de père !*

Dans tous les cas, le texte de Richter sert de support à une variation originale. — Quant aux traductions proprement dites, si elles sont cette fois fidèles aux textes allemands, elles n'en retentissent pas moins intimement dans l'univers nervalien : « La Nuit du Nouvel An d'un malheureux » donne une résonance particulière à *Pandora*, dont l'aventure, comme aussi celle de *La Nuit de la Saint-Sylvestre* d'Hoffmann, se situe un 31 décembre ; et « L'Éclipse de lune » fait songer à *Aurélia*, que Nerval décrit, dans une lettre à Franz Liszt du 23 juin 1854, comme un « roman-vision à la Jean Paul ».

La Nuit du Nouvel An d'un malheureux

Die Neujahrsnacht eines Unglücklichen.

La traduction de Nerval, d'abord publiée dans *La Tribune romantique*, 1830, est reprise, sans variantes, dans le *Choix* de 1840.

L'original de ce poème appartient à l'ouvrage de Jean Paul intitulé *Lettres et vie antérieure* (*Briefe und bevorstehender Lebenslauf*, 1798-1799). Il a été traduit notamment par Guizot dans les *Annales de l'éducation*, 1812.

Page 172.   L'ÉCLIPSE DE LUNE

Die Mondfinsternis (1796).

La traduction de Nerval, d'abord publiée dans *Le Mercure de France au xixe siècle*, 17 juillet 1830, est reprise, sans variantes, dans le *Choix* de 1840.

L'original se trouve dans le texte intitulé «Histoire de ma préface pour la deuxième édition du *Quintus Fixlein*» que Jean Paul ajoute en 1796 à sa *Vie de Fixlein, régent de cinquième* (1795).

On trouve des échos diffus de ce texte dans *Aurélia*, notamment dans les «Mémorables».

AUTRES POÉSIES ALLEMANDES

Nous publions ici: des versions nouvelles de textes déjà publiés dans les recueils de 1830 et de 1840; les reliquats du recueil de 1830 non repris en 1840; et quelques traductions non recueillies mais contemporaines de l'immense travail qui a présidé à l'élaboration des recueils de 1830 et 1840.

Page 181.   BÜRGER

Lénore
Traductions en vers

Nous avons donné dans les notes du *Choix de ballades et poésies* de 1840 (p. 357 sq.) les quatre versions en prose de la traduction de «Lénore». Il existe également, outre la version de 1833 qui sert de support à une musique de Monpou, trois versions en vers:

1. «Lénore, Ballade allemande, imitée de Bürger», *La Psyché*, mai 1829.

2. «La Lénore de Bürger. Nouvelle traduction littérale», *La Psyché*, janvier 1830.

3. «Lénore. Ballade de Bürger», *L'Artiste-Revue de Paris*, 15 juin 1848.

Le livre de 1833, *Lénore, ballade de Bürger, traduction de Gérard. Mise en musique par Hippolyte Monpou*, Romagnési, octobre 1833, où le poème est divisé en trois parties, reprend, en la remaniant, la version en vers de 1830. Mais la version de 1833 est peut-être retouchée par Monpou, plus que par Nerval lui-même, si bien que, malgré la beauté du livre, le relevé des variantes serait peu pertinent.

Nous publions ici :

— la première version, qui est davantage une adaptation qu'une traduction : on remarque notamment que Nerval supprime les blasphèmes de Lénore, et transforme la mort de la jeune fille enlevée par le spectre de Guillaume en un simple cauchemar.

— et la dernière version de 1848, qui revient à la traduction littérale de 1830 (*Psyché* 1830), tout en la remaniant à partir de la version de 1833. Nous faisons figurer, en variantes du texte de 1848, la version de *La Psyché*, 1830 :

a. Les quatre premiers vers étaient traduits différemment dans *Psyché* 1830 :

> *Lénore au matin de chez elle*
> *Sort pleurante, elle a mal dormi*
> *— Est-il mort ? est-il infidèle,*
> *Reviendra-t-il, mon doux ami ?*

b. les vers 18 à 22 étaient traduits différemment dans *Psyché* 1830 :

> *À leur abord, jeunes et vieux*
> *Fourmillent par monts et par voie,*
> *En les accueillant de leur mieux :*
> *— Dieu soit loué !... dit une amante,*
> *Une épouse... quel heureux jour !*

c. « Mais je veux partager son sort. » (1848) remplace « Mais je partagerai son sort » (*Psyché* 1830).

d. La version de 1848 supprime deux strophes présentes dans *Psyché* 1830 :

> *— Écoute donc... qui sait, ma chère,*
> *Si ton infidèle amoureux*
> *Avec une fille étrangère*
> *N'a pas contracté d'autres nœuds :*
> *Que l'oubli paye son injure,*
> *Le diable en vengera l'affront,*

> *Il emportera le parjure*
> *Dans son enfer, et tout au fond.*
>
> *Il m'aimait trop, infortunée!*
> *Ma mère, il est mort! il est mort!*
> *Puissé-je n'être jamais née,*
> *Ou déjà partager son sort :*
> *Que ton éclat s'évanouisse,*
> *Flambeau de ma vie, éteins toi!*
> *Le jour me serait un supplice,*
> *Dès qu'il n'est plus d'espoir pour moi!*

e. « Puisqu'il n'est plus d'espoir pour moi! » remplace « Dès qu'il n'est plus d'espoir pour moi! » (*Psyché* 1830).

f. « Se tord les mains, maudit le ciel » (1848) remplace « se déchire, maudit le ciel » (*Psyché* 1830).

g. « Le soleil obscurcit ses feux » (1848) remplace « Le soleil obscurcit ses yeux » (*Psyché* 1830).

h. « Viens que je réchauffe ton corps » (1848) remplace « Je saurai réchauffer ton corps » (*Psyché* 1830).

i. « la lune est claire » (1848) remplace « La lune brille » (*Psyché* 1830).

j. « En as-tu peur, des morts, ma chère? » (1848) remplace « En as-tu peur, petite fille? » (*Psyché* 1830).

k. « Vois-tu ces spectres argentés? » (1848) remplace « Que de beaux spectres argentés! » (*Psyché* 1830).

l. la version de 1848 supprime ici une strophe, traduite dans *Psyché* 1830 de la façon suivante :

> *Comme les plaines éclairées*
> *Par la lune, sur eux passaient!*
> *Comme les étoiles dorées,*
> *Comme les cieux sur eux glissaient!...*
> *— Hourrah! hourrah! La lune brille,*
> *Les morts vont vite par le frais ;*
> *En as-tu peur, petite fille?*
> *— Mon Dieu! laisse les morts en paix!*

m. « Flotte de la vie au trépas » (1848) remplace « Flottait de la vie au trépas » (*Psyché* 1830).

Traductions de Bürger
présentes dans les *Poésies allemandes* de 1830
et supprimées dans le *Choix* de 1840

Page 193.   Sonnet
                     composé par Bürger
                 après la mort de sa seconde femme

Liebe ohne Heimat (1789).

Page 194.   Sonnet

Il est probable (comme l'a montré Paul Bénichou) que ce
texte, dont on n'a pas, à ce jour, retrouvé l'original qui lui cor-
respondrait dans le corpus des œuvres de Bürger, soit en réalité
de Nerval seul. Quoi qu'il en soit, le texte a donné lieu à une
adaptation en vers, que Nerval publie d'abord dans *Le Cabinet
de lecture*, 4 décembre 1831, puis dans l'*Almanach des Muses*,
1832, sous le titre « Le Soleil et la Gloire ». Cette version en vers
sera incluse, sous le titre « Le Point noir », dans les *Odelettes* ras-
semblées dans *La Bohême galante* (1852) puis dans les *Petits
châteaux de Bohême* (1853).

GOETHE

Page 195.   Le Roi de Thulé

Der König in Thulé (composé en 1774 pour *Faust*, imprimé
pour la première fois en 1782, et inséré par Goethe dans le
recueil de ses ballades en 1799).

Cette « romance » est chantée par Marguerite dans la scène
intitulée « Le Soir » du *Faust* de Goethe. Les Romains situaient
l'île de Thulé — pays mythique où se fondent les terres, les mers
et les glaces — aux confins du monde septentrional. Elle est évo-
quée par Virgile, *Géorgiques*, I, 30.

Les différentes versions que donne Nerval de cette célèbre
ballade de Goethe sont, à nouveau, un bon exemple du travail
incessant de « recomposition » auquel se soumet l'écriture ner-
valienne.

On compte en effet sept publications différentes :

— En 1827, dans la traduction du *Faust*.

— En 1830, dans les *Poésies allemandes*, où la romance est traduite en prose.

— En 1835, dans la deuxième édition de la traduction du *Faust* : cette version reprend la version de 1827, en modifiant seulement les deux dernières strophes.

— En 1840 dans le *Faust de Goethe suivi du Second Faust* (1840[1]) : cette version reprend la version de 1835 ; et dans le *Choix de ballades et poésies*, dans la section intitulée «Choix de poésies traduites en vers» (1840[2]).

— En 1850, dans la quatrième édition de *Faust* : cette version reprend la version de 1840[2] avec seulement une variante au vers 16 : «brillait la noblesse royale» remplace «brillait sa noblesse royale».

— En 1852 enfin dans *La Bohême galante*, où la romance est recueillie dans le chapitre «Musique», avec l'indication «*Faust*. Musique de Berlioz» : cette version reprend également la version de 1840[2], avec une variante au v. 19 : «Il boit, — frissonne, et sa main lance» (1852) remplace «Il boit, et soudain sa main lance» (1840[2]).

Il existe également une version manuscrite de ce poème, proche de celle de *La Bohême galante*, qui a été étudiée par Jacques Bony (voir NPl III, p. 1087).

Il faut ajouter à ces variations celles introduites par Berlioz, qui prend appui sur la traduction de Nerval, dans *Huit scènes de Faust* (1829), où le poème est sous-titré «Chanson gothique», et dans *La Damnation de Faust* (1846).

Nous publions les versions de 1827, de 1830, de 1835, et de 1840[2].

Page 200.   Marguerite au rouet

Gretchen am Spinnrade.

Nous isolons ce poème de la scène intitulée «Chambre de Marguerite» du *Faust* de Goethe. Nerval en a proposé deux traductions : l'une, en vers, en 1827 ; l'autre, en prose, en 1835, 1840, et 1850.

On notera que Nerval hésite, une nouvelle fois, entre vers et prose, sans donner vraiment la primauté à une forme plutôt qu'à l'autre. Plus précisément, il semble que la traduction, à partir de la version de 1835, invente une forme mixte, entre vers et prose, — assez proche du verset. On sait l'importance des traductions dans l'invention, silencieuse, de nouvelles formes poétiques.

Page 203.   TIEDGE

«Tiedge est un poète moral et pur, dont les écrits portent l'âme au sentiment le plus religieux», écrit Mme de Staël (*De l'Allemagne*, II, 13). Christophe-Auguste Tiedge (1752-1841) est bien oublié aujourd'hui. Il fut connu pour un poème didactique intitulé *Urania* (1801).

Robert et Clairette

Robert und Klärchen.

La traduction de Nerval a été publiée dans *Le Mercure de France au xixe siècle*, 24 octobre 1829.

Page 206.   UHLAND

La Sérénade

Das Ständchen (1810).

Les poèmes d'Uhland ne figurent pas dans *De l'Allemagne* de Mme de Staël ni dans *De l'Allemagne* de Henri Heine ; Gérard a probablement pris connaissance de ce texte dans les *Leçons allemandes de littérature et de morale* (1827) de Noël et Stoeber où il est traduit (dans l'édition de 1828), en prose, de la façon suivante :

Quels sons mélodieux m'éveillent de mon assoupissement ? Ô ma mère, voyez ! qui peut si tard venir encore ici ? —

Je n'entends rien, je ne vois rien ! Ah ! continue de goûter le doux sommeil. On ne te fait point de sérénade dans ce moment, pauvre enfant malade ! —

Ce n'est pas une musique terrestre qui me cause tant de joie ; ce sont les anges qui m'appellent par leurs cantiques ; ô ma mère, adieu !

L'interprétation que Nerval donne du texte allemand paraît d'abord dans *Le Cabinet de lecture*, 29 décembre 1830 (*CL* 1830), puis dans les *Annales romantiques*, 1831 (*AR* 1831), et finalement dans la série des odelettes publiées dans l'*Almanach des Muses* de 1832 (*AM* 1832): la traduction est alors davantage une imitation et une appropriation, puisque le poème paraît sous le titre «La Malade», sans la mention du nom d'Uhland.

Le nom d'Uhland, ainsi que le titre, conforme au titre allemand, de «La Sérénade» n'apparaissent que dans *La Bohême galante*, puis dans les *Petits châteaux de Bohême* («La Sérénade (d'Uhland)»).

Nous publions la version de *La Bohême galante* (1852) et des *Petits châteaux de Bohême* (1853), en indiquant, au titre de variantes, les textes de *CL* 1830, *AR* 1831, *AM* 1832:

a. «Ta fièvre» (1852-1853, *AM* 1832) remplace «La fièvre» (*AR* 1831 et *CL* 1830).

b. «Ces chants de la fenêtre» (1852-1853) remplace «Ces chants de ma fenêtre» (*AM* 1832, *AR* 1831, *CL* 1830).

c. «Dors, pauvre enfant malade / Qui rêves sérénade...» (1852-1853) remplace «Dors, pauvre enfant malade, / Va, point de sérénade...» (*AM* 1832, *AR* 1831, *CL* 1830).

d. «Les galants sont couchés!» (1852-1853) remplace «Les amants sont couchés!» (*AM* 1832, *AR* 1831, *CL* 1830).

e. «Les hommes! que m'importe?» (1852-1853) remplace «Les amants... que m'importe» (*AM* 1832, *AR* 1831, *CL* 1830).

f. «Mère, ces sons étranges» (1852-1853) remplace «Maman, ces sons étranges» (*AM* 1832, *AR* 1831, *CL* 1830).

Il existe également trois versions manuscrites de ce texte, dont les variantes ont été examinées par Jean-Luc Steinmetz, NPl I, p. 1631.

Page 207.   KÖRNER

La Chasse de Lützow

Lützows wilde Jagdt.

Comme l'a fait avant nous Jean-Yves Masson (édition citée), nous isolons du drame de Nerval *Léo Burckart* (1839, écrit avec Dumas mais signé de Nerval seul) cette «Chasse de Lützow», qui y était chantée par le chœur des étudiants (Seconde journée, scènes IX et X). Nerval a repris *Léo Burckart* dans *Lorely*

en 1852, sans apporter de variante aux paroles de cette
«Chasse».

Comme le poème «*Schwertlied*» («Le Chant de l'épée») que
Nerval a traduit dans le *Choix* de 1840, «La Chasse sauvage de
Lützow» (traduction complète du titre allemand) appartient au
recueil posthume *Lyre et épée* de Körner (1814), et ces deux
poèmes ont été mis en musique par Weber (1814).

En 1839, dans *Léo Burckart*, Nerval indiquait en note : «On
s'est servi au théâtre de cette ancienne traduction, qui ne rend
qu'imparfaitement les vers de Théodore Körner, mais qui a l'avan-
tage de soutenir par des syllabes sonores les notes sublimes de
Weber.» La traduction devait en effet elle aussi s'adapter à la
musique de Weber ; elle efface en outre les traits trop directe-
ment dirigés contre la France. Nerval le souligne lui-même en
1850 dans *Les Faux Saulniers* (NPl II, p. 34) : «Je m'étais mis
dans la tête de faire exécuter dans la pièce les chants de Körner,
rendus admirablement en musique par Weber. — Je les avais
entendus ; je les avais répétés en traversant à pied les routes de
la Forêt-Noire, avec des étudiants et des compagnons alle-
mands. Celui de *La Chasse de Lützow* avait été originairement
dirigé contre la France ; mais ma traduction lui faisait perdre ce
caractère, et je n'y voyais plus que le chant de l'indépendance
d'un peuple qui lutte contre l'étranger.»

On notera qu'il faut être prudent quant à l'attribution à Ner-
val de cette traduction, parce que Nerval, en reprenant ce pas-
sage dans *Lorely* («Sur les *Scènes de la vie allemande*», NPl III,
p. 227-228), corrige «ma traduction» en «la traduction».

En 1809 et 1810 se formèrent en Allemagne, surtout au sein
des universités, des sociétés secrètes qui rêvaient l'affranchisse-
ment de leur pays. Après la retraite de Russie, les étudiants se
constituèrent en corps militaires. Un de ces corps prit, du nom
de son chef, le général Lützow (1782-1834), le titre de *chasseurs
de Lützow*. Ceux-ci combattirent pour la première fois à la
bataille de Lutzen (2 mai 1813). C'est sous les ordres du général
Lützow (Nerval écrit Ludzow) que Körner trouva la mort le
26 août 1813 (voir ici même, la notice sur Körner cité dans
le *Choix* de 1840, p. 365).

Page 209.   *Bardit*
traduit du haut allemand

La traduction de Nerval a été publiée dans *Le Mercure de France au XIXe siècle*, 23 avril 1831, puis reprise dans *Paris-Londres. Keepsake français, 1840-1841. Nouvelles inédites illustrées par vingt-six vignettes gravées à Londres par les meilleurs artistes*, Paris, H.-L. Delloye, 1841 :

a. « Ils nous meurtrissaient la chair » (*MF* 1831) au lieu de « Il nous meurtrissait la chair » (*Keepsake* 1841).

Le « bardit » est un chant de guerre des Germains. Il est évoqué par Tacite dans *La Germanie*, III, 1-2 : « il y a aussi chez eux des poèmes qu'ils reprennent en chœur (c'est ce qu'ils appellent le *bardit*) pour enflammer l'ardeur des combattants et en tirer des présages sur l'issue du combat qui va s'engager. Ils se montrent terribles ou bien tremblants, selon la manière dont a retenti la ligne de bataille, et ils croient que ce sont moins des voix que l'expression totale de leur vaillance. On cherche principalement la rudesse du son et un grondement rauque, en plaçant les boucliers devant la bouche, afin que la voix se fasse plus pleine et plus profonde par l'effet de la résonance » (traduction de Pierre Grimal, Tacite, *Œuvres complètes*, Gallimard, Bibliothèque de la Pléiade, 1990, p. 38).

Ni Jean-Yves Masson ni Dolf Oehler n'ont pu retrouver l'original allemand de ce texte. Jean-Yves Masson formule l'hypothèse qu'il puisse s'agir d'une supercherie de Nerval.

Page 211.

1. Arminius et Trusnelda : voir le poème de Klopstock p. 140 et les notes qui s'y rapportent.

Page 213.   LES POÉSIES
DE HENRI HEINE

1. Notice.

Les Poésies de Henri Heine traduites par Nerval ont été publiées pour la première fois dans la *Revue des Deux Mondes*, le 15 juillet (« Les Poésies de Henri Heine ») et le 15 septembre 1848 (« Les Poésies de Henri Heine. L'*Intermezzo* »).

Une première mention de ce travail de traduction apparaît dès l'année 1840, dans une lettre de Nerval à Henri Heine, datée du 6 novembre. Nerval, qui croit alors pouvoir compter sur la possibilité d'une publication rapide, y conçoit déjà son travail comme un travail «à quatre mains» en quelque sorte, où le traducteur requiert la coopération de l'auteur:

> *J'ai profité des loisirs que le mauvais temps m'a laissés souvent pour traduire le plus que j'ai pu; cependant je n'ai encore qu'un tiers environ mais en redoublant de travail lorsque j'arriverai je pourrai n'avoir guère dépassé les deux mois. Je pense du reste que nous arriverons dans une bonne époque de librairie et un peu après le grand tumulte de choses politiques qui je crois bien ira s'affaiblissant.*
>
> *J'éprouve parfois de grandes difficultés, moins pour comprendre que pour rendre et j'ai laissé plusieurs sens douteux afin de vous les soumettre. J'ai même passé provisoirement les pièces trop difficiles que j'ai rencontrées; l'admirable richesse de certains détails me laisse parfois dans l'incertitude si je dois germaniser la phrase ou rendre par un équivalent français, mais comme vous m'avez promis votre aide, j'ai laissé comme je vous disais les points les plus graves pour vous les soumettre de manière seulement à ne pas vous faire perdre trop de temps (Bruxelles, 6 novembre 1840).*

La coopération espérée attendra encore huit ans avant de se réaliser; et Heine évoquera le souvenir de ces séances de travail avec Nerval dans la préface des *Poèmes et légendes* (1855), où il rassemble, peu de temps après la mort de Nerval, quelques-unes des traductions françaises de ses poèmes, dont celles réalisées par «le bon et doux Gérard»: «Je ne peux pas, sans une profonde émotion, songer aux soirées du mois de mars 1848, où le bon et doux Gérard venait tous les jours me trouver dans ma retraite de la barrière de la Santé, pour travailler tranquillement avec moi à la traduction de mes paisibles rêvasseries allemandes, tandis qu'autour de nous vociféraient toutes les passions politiques et s'écroulait le vieux monde avec un fracas épouvantable[1]!»

1. Henri Heine, *Poèmes et légendes. Atta Troll, L'Intermezzo, La Mer du Nord, Nocturnes, Feuilles volantes, Germania, Romancero, Le Livre de Lazare*, Michel Lévy frères, édition de 1856, p. VI. *Poèmes et légendes* fait partie (avec *De L'Allemagne* et *De la France*) des œuvres dites «françaises» de Heine, dans la mesure où le titre n'a pas de correspondant parmi les œuvres allemandes du

Au reste, il est probable que les traductions publiées dans la *Revue des Deux Mondes* ne représentent qu'une partie des poèmes effectivement traduits par Nerval : certains ont pu être «égarés» comme aime à le rapporter Heine lui-même en évoquant, dans la suite de la préface aux *Poèmes et légendes*, les «continuelles distractions» de son ami ; ils ont pu aussi être simplement écartés par la direction de la revue, comme le donne à penser une lettre de Nerval à Buloz, datée de septembre 1848, où Nerval évoque un travail de traduction «*quatre fois* plus considérable que celui qui a paru», et se plaint d'avoir dû consentir «à réduire de beaucoup le nombre des ballades et chants du Nord», alors qu'«il semblait d'abord que la traduction dût passer dans son entier».

Quoi qu'il en soit, Nerval, en présentant et en traduisant l'œuvre de Heine, ne se contente pas de contribuer à mieux faire connaître celle-ci aux lecteurs de la *Revue des Deux Mondes* ; c'est aussi beaucoup de lui-même qu'il révèle. Il y a, entre Nerval et Heine, plusieurs convergences profondes : l'un et l'autre entretiennent par rapport au romantisme un même jeu de distanciation critique, mi-ironique, mi-mélancolique ; leurs œuvres respectives partagent souvent le même univers légendaire, échangent des thèmes (comme celui de l'amour perdu), font revenir une même image, au point que Nerval, au moment de décrire l'œuvre de Heine, retrouve spontanément des références (Lusignan et Mélusine, Phébus-Apollon, Laure et Béatrice, l'Edda ou les chimères) qui caractérisent davantage encore son propre monde imaginaire. La proximité est si grande que le lien entre les deux poètes semble quelquefois basculer dans la folie : ne lit-on pas le nom de Heine (écrit H. Heyne) dans une lettre délirante datée du 14 mars 1841 (NPl I, p. 1376)? Et n'est-ce pas Heine encore (sous l'allusion à «un poète allemand») qui apparaît dans un épisode particulièrement angoissé d'*Aurélia* (II, 4)?

Heine, en tout cas, a bien compris la forme particulière de

---

poète, et dans la mesure où l'agencement du recueil, en empruntant à différents recueils de Heine (du *Livre des chants* de 1827 au *Romancero* de 1851) et en les fondant dans une unité nouvelle, a été conçu à l'intention du public français. Pour ce qui est des traductions de Nerval, Heine reprend celle de *L'Intermezzo* et de *La Mer du Nord*, en y adjoignant les textes introductifs que Nerval avait composés pour la *Revue des Deux Mondes*. Il faut souligner que Nerval est le seul traducteur nommé dans *Poèmes et légendes*. Heine le hausse ainsi au niveau d'un «frère en Apollon».

«sympathie» par laquelle Nerval — «une âme, écrit-il, plutôt qu'un homme» — s'emparait de son œuvre propre, et se pénétrait de la langue allemande : «Cette âme était essentiellement sympathique, et sans comprendre beaucoup la langue allemande, Gérard devinait mieux le sens d'une poésie écrite en allemand, que ceux qui avaient fait de cet idiome l'étude de toute une vie» (*Poèmes et légendes*, préface).

Au-delà de ce lien de «sympathie» entre les deux poètes, les *Poésies de Henri Heine* font une nouvelle fois apparaître le formidable atelier d'écriture que constitue pour Nerval la pratique de la traduction. Il semble notamment que Nerval, en traduisant Heine, expérimente une des valeurs fondamentales que revêt la prose dans sa propre poétique : traduire l'*Intermezzo* en prose, alors que les poèmes de Heine auraient pu si naturellement se prêter à des vers de la facture de ceux des *Odelettes*, n'est-ce pas, pour Nerval, éprouver d'une autre façon cette «tombée» de la poésie dans la prose qu'il évoque dans les *Petits châteaux de Bohême*, — n'est-ce pas déjà faire entendre la dimension mélancolique de la prose nervalienne, constamment mesurée à l'aune d'une poésie perdue ?

2. Établissement du texte.

Nous suivons le texte de la *Revue des Deux Mondes* (t. XIII, 15 juillet et 15 septembre 1848, p. 224-243 et p. 914-930), en modernisant l'orthographe.

Il existe par ailleurs quatre feuillets manuscrits qui correspondent à une partie de l'article du 15 juillet. Ils sont bien de Nerval, et non de Gautier comme on l'a cru un temps. On trouvera un examen de ces feuillets dans les notes de la Bibliothèque de la Pléiade, dues à Lieven D'hulst (NPl I, p. 1890-1893).

3. Notes.

Page 215.

1. Il s'agit des révolutions de 1848, qui ont en effet embrasé le continent européen. On notera que l'on est au lendemain des journées de juin, de la répression sanglante, par Cavaignac, de l'insurrection des ouvriers parisiens et que Paris est en état de siège (D.O.).

2. La Jeune-Allemagne (*Junges Deutschland*) : mouvement de

littérateurs anticlassiques autant qu'antiromantiques et anti-
cléricaux, engagés aux côtés des libéraux et des républicains de
1830. Sans avoir été vraiment affilié à ce mouvement, Heine
passa pour un de ses leaders à cause de ses démêlés avec la
diète fédérale de Francfort, qui interdit de publication la plupart
des écrivains de cette mouvance (1835), et avec l'État de Prusse,
à cause aussi de sa célébrité toujours grandissante de poète
exilé. Jusqu'à sa mort en 1837 le véritable chef des *Jungdeut-
schen* fut Ludwig Börne, l'autre grande figure parmi les réfugiés
politiques allemands à Paris, figure de républicain austère dont
les rapports avec son compagnon d'exil furent plutôt tendus
(D.O.).

3. Nerval souligne ainsi la nature profondément ambivalente
de l'œuvre de Heine, à la fois politique et sentimentale. L'année
1848 est à cet égard une année charnière, et l'œuvre ultime de
Heine — comme l'œuvre ultime de Nerval —, au lieu d'opposer
le poétique et le politique, les associeront bientôt plus étroite-
ment.

4. Le motif du retrait de la poésie loin des fracas de l'histoire
n'est pas seulement le lieu commun d'une tradition poétique sur
laquelle joue ici Nerval ; il revêt une actualité particulière en cette
année 1848, qui va voir s'effondrer rapidement, dès les journées
de juin, les idéaux politiques du romantisme. Les désillusions
qui s'ensuivent vont nourrir le geste de repli par lequel la poé-
sie, sous l'égide du Parnasse, va se retrancher de la sphère poli-
tique et s'isoler dans un «exil intérieur» (qui, au demeurant,
revêtira lui-même une valeur politique d'*opposition*). On songe à
Gautier qui, dans le sonnet-préface d'*Émaux et Camées* (1852),
évoque également les révolutions de 1848 :

> *Sans prendre garde à l'ouragan*
> *Qui fouettait mes vitres fermées,*
> *Moi, j'ai fait* Émaux et Camées.

Ou encore à Baudelaire dans le poème «Paysage» qui ouvre la
section *Tableaux parisiens* des *Fleurs du Mal* :

> *L'Émeute, tempêtant vainement à ma vitre,*
> *Ne fera pas lever mon front de mon pupitre [...]*

On remarquera, en outre, que ce motif du «loisir» poétique
opposé à l'agitation et à la violence du politique se retrouve chez
Heine lui-même, dans la préface qu'il donne à ses *Poèmes et*

légendes, où, reprenant la traduction et l'introduction de Nerval, il renchérit sur les termes mêmes de celui-ci : « Plongés comme nous étions dans nos discussions esthétiques et même idylliques, nous n'entendîmes pas les cris de la fameuse femme aux grandes mamelles qui parcourait alors les rues de Paris en hurlant son chant : "Des lampions ! Des lampions !", *la Marseillaise* de la révolution de Février, de malencontreuse mémoire. »

5. La *Revue des Deux Mondes* avait en effet publié deux autres traductions de Heine : le *Voyage d'hiver*, dans une traduction de Saint-René Taillandier (*RDM*, 15 janvier 1845) ; et des extraits d'*Atta Troll*, dans une traduction d'Édouard Grenier, publiée sous la seule signature de Heine lui-même (*RDM*, 15 mars 1847).

Page 216.

1. Sur Hermann, que Tacite appelle le « libérateur de la Germanie », voir « Hermann et Trusnelda » de Klopstock (ci-dessus, p. 140-141 et les notes qui s'y rapportent). À l'époque de Heine, ce sont les *gallophages*, les ennemis farouches de la France en Allemagne, qui ne jurent que par Hermann, ainsi que les antisémites qui commencent à lever la tête (D.O.).

2. « Le Rhin ne sépare pas... les deux pays » : allusion aux controverses très vives sur l'appartenance allemande ou française du Rhin au début des années 1840, controverses culminant dans le *Rheinlied* de Nicolas Becker et la réplique d'Alfred de Musset.

3. « La Lorelei » de Heine est sans doute son poème le plus populaire (plus populaire même que « Les Deux Grenadiers »). Il fait partie du *Buch der Lieder* (*Le Livre des chants*). En se servant d'une vieille légende du Rhin, Heine a créé avec cette féerique sirène sur le rocher qui porte son nom Loreley ou Lurley la plus artistement romantique des images de la femme fatale. La mélodie de F. Silcher (1840) a beaucoup contribué à la gloire de ce poème (D.O.). Voici le poème, dans la traduction de Jean-Pierre Lefebvre (*Anthologie bilingue de la poésie allemande*, Gallimard, « Bibliothèque de la Pléiade », 1993, p. 685) :

> *Je ne sais pas d'où vient cette grande tristesse*
> *En moi, ni ce qu'elle veut dire ;*
> *Un conte d'autrefois que je ne cesse*
> *D'entendre dans mon souvenir.*

L'air fraîchit, c'est l'heure où descend l'ombre
Et le Rhin court paisiblement,
Le couchant fait à la montagne sombre
Un sommet d'or étincelant.

Tout en haut du rocher la plus belle des filles
Est merveilleusement assise sur le bord,
Sa parure d'or scintille,
Elle peigne ses cheveux d'or.

Les peigne avec un peigne d'or
Et chante, ses cheveux peignant,
Une chanson, un air étrange et fort,
Mélodieux et violent.

Le marinier sur son fragile esquif,
Ça lui fait mal sauvagement,
Ses yeux ne voient pas les récifs,
Ils sont là-haut éperdument.

L'onde, je crois, finalement
Engloutit l'homme et sa nacelle
Et c'est la Lorelei, c'est elle
Qui les a perdus par son chant.

4. « Un pareil nombre des noirs corbeaux qui tournent et croissent » (*sic*). Il faut sans doute lire « tournent et croassent ».

5. Une légende allemande rapporte que Frédéric Barberousse ne mourut pas, mais s'endormit dans une grotte, au pied du Kyffhäuser en Thuringe, où sa barbe continua à pousser et devint immense. Cette légende est poétisée, de manière satirique, par Heine dans *Germania, Conte d'hiver*, chap. XIV. L'image de Barberousse en « Épiménide couronné » fait référence à Épiménide de Cnosse, l'un des sept sages de la Grèce, dont la légende dit qu'il dormit pendant cinquante-sept années dans la cavité d'une montagne consacrée à Zeus.

Page 217.

1. Nerval se souvient ici, à sa manière, du célèbre poème *Nachtgedanken*, traduit en 1846 sous le titre de « Pensées nocturnes ». Heine y associe l'Allemagne avec sa propre mère, en précisant bien qu'il fait une différence entre sa patrie (*das Vaterland*) dont il peut très bien se passer, et sa vieille mère restée là-

bas et dont il garde un souvenir nostalgique (le poème clôt le cycle *Zeitgedichte* des *Neue Gedichte*) (D.O.).

Pour Nerval aussi l'Allemagne est une «mère», — «la vieille Allemagne, notre mère à tous!», écrit-il dans *Lorely* —; mais ce motif revêt chez lui des résonances plus tragiques: terre où est enterrée la mère (voir notamment *Lorely*, NPl III, p. 10), l'Allemagne, dans le paysage imaginaire de Nerval, se change en une terre des morts et des dieux perdus, et redouble en cela la terre, elle-même maternelle, du Valois.

Page 218.

· 1. Irmensul ou Irminsul, «idole vénérée par les anciens Saxons de la Westphalie. Cette idole consistait en une colonne, surmontée d'une sorte de statue, représentant, selon les uns, le dieu Wodan ou le dieu Ziou (personnifiant la lumière du jour [...]), selon d'autres, le chef germain Arminius. Quoi qu'il en soit, la statue représentée par l'Irminsul tenait d'une main un étendard, de l'autre une balance, et portait une figure d'ours sur la poitrine et un lion sur le bouclier [...]. En 772, après avoir vaincu les Saxons, Charlemagne [...] prohiba le culte et les fêtes d'Irminsul» (*Grand Dictionnaire universel du XIXe siècle*).

2. Heine apporte ainsi à la langue allemande les qualités d'une supposée «clarté» française. Au-delà du stéréotype, ce motif s'accorde à une exigence constante de l'esthétique de Nerval: celle du souci de la forme («Concédez-moi du moins le mérite de l'expression», écrit-il par exemple dans la préface aux *Filles du feu* à propos des *Chimères*). Ici, l'incomparable «perfection plastique» de Heine fait écho à une qualité que Nerval relevait chez Goethe: celle d'une «forme absolue et précise, au-delà de laquelle tout est trouble et confusion» («*Faust*» *de Goethe suivi du second* «*Faust*», NPl I, p. 502).

3. Pour décrire la puissance de *fantasmagorie* des poèmes de Heine, les termes utilisés par Nerval font de ceux-ci des poèmes «supernaturalistes», au même titre que les *Chimères* (préface aux *Filles du feu*, «À Alexandre Dumas»). On remarquera notamment l'insistance du lexique emprunté aux arts de l'image («chambre noire», «portraits», «scène magique», «tableaux»): c'est aussi le lexique utilisé pour désigner la *scène* (onirique et textuelle) de *Sylvie* ou d'*Aurélia*.

Page 219.

1. «L'enfant au cor merveilleux»: Nerval utilise ici le titre du recueil de chants populaires, publié de 1806 à 1808 par deux chefs de file du mouvement romantique allemand, Achim von Arnim et Clemens Brentano: *Des Knaben Wunderhorn. Alte deutsche Lieder.* Le recueil est le pendant lyrique des *Contes* des frères Grimm. Heine en donne de longs extraits dans *De l'Allemagne* (D.O.).

2. Dans la cinquième partie de *De l'Allemagne,* consacrée aux poètes romantiques, Heine étrille tour à tour les représentants majeurs du parti catholique parmi les romantiques, Friedrich Schlegel, le théoricien, et Ludwig Tieck, le narrateur et traducteur, ainsi que Ludwig Uhland qui représente le dernier romantisme de l'école souabe (D.O.).

3. L'ironie de Heine, capable ici de «se moquer de sa propre émotion», implique une forme de «dédoublement», — dont Nerval, pour sa part, connaît la dimension tragique.

4. Le «Philistin» est la bête noire des romantiques qui s'en moquent, tel Brentano dans *Der Philister vor, in und nach der Geschichte* (1811) ou E.T.A. Hoffmann dans son roman *Lebensansichten des Katers Murr* (1820-1822, *Le Chat Murr*). Les Jeune-Allemagne et les Jeune-France ont, eux aussi, le *Philistin* en horreur. Ce terme injurieux correspond chez Heine, Gautier, Pétrus Borel, Baudelaire et Flaubert à l'*épicier* voire au *bourgeois* (D.O.).

Page 221.   Le Chevalier Olaf

Ritter Olaf.

Romance écrite en 1838-1839, parue dans *Neue Gedichte* (*Nouveaux poèmes*) en 1844. L'intensité singulière de cette romance a beaucoup frappé les contemporains de Heine, qui devait la remanier une dernière fois en 1855, peu après la mort de Nerval et un an à peine avant la sienne (D.O.).

Page 223.   Harald Harfagar

König Harald Harfagar.

23e des Romances des *Nouveaux poèmes* (1844). Par endroits, le portrait de ce roi mythique du Moyen Âge norvégien peut faire penser aux caricatures des rois que la révolution de 1848 vient de chasser (D.O.).

Page 224.   Almanzor

Almansor. Aus einem spanischen Romane

Poème inspiré du romancero espagnol, figurant dans le cycle *Die Heimkehr* (*Le Retour*) du *Livre des chants*. C'est une allégorie de la propre conversion du poète juif-allemand au protestantisme (1825) qui fait preuve de plus de sympathie pour l'islam que pour le christianisme militant (D.O.).

Page 227.   L'Évocation

Die Beschwörung

Le poème est recueilli dans la section «Romances» des *Nouveaux poèmes*. *La Contrainte de l'Enfer* (all. *Höllenzwang*) désigne des grimoires de magie des xvie et xviie siècles. L'invocation par le moine de «la plus belle femme» rappelle la scène où Méphisto, dans le *Faust* de Goethe, fait apparaître Hélène.

Les Ondines

Die Nixen.

La source de ce poème, composé en 1838-1839 et recueilli dans la section «Romances» des *Nouveaux poèmes*, est la ballade danoise «Le Tertre des Elfes» que Wilhelm Grimm a recueillie dans son anthologie des *Vieux poèmes danois* (1811). Heine a évoqué cette ballade danoise dans *De l'Allemagne*, dans la section *Traditions populaires*.

Page 228.   Le Tambour-Major

Der Tambourmajor

Le poème a été composé en 1842 et prend place dans la section «Poèmes actuels» des *Nouveaux poèmes*. Le thème napoléonien a été suggéré à Heine par le transfert des cendres de Napoléon aux Invalides en décembre 1840. Heine se moque ici des chants patriotiques de Körner dont l'anthologie nervalienne de 1840 a donné deux exemples: «Chant de l'épée» et «Appel» (voir aussi «La Chasse de Lützow», insérée par Nerval dans *Léo Burckart*).

Page 229.

1. «Les Deux Grenadiers» (*Die Grenadiere*) appartient au groupe des *Romances* du *Livre des chants*. Lieven D'hulst répertorie plusieurs traductions de ce poème «napoléonien»: dans la *Revue poétique du xixe siècle* (juillet 1835), et dans *L'Artiste-Revue de Paris* (21 novembre 1847, par Nicolas Martin). Le poème est également repris dans l'Anthologie des *Poètes contemporains de l'Allemagne* (1846, p. 327-328) par Nicolas Martin. En voici le texte, dans la traduction de Nicolas Martin:

Deux grenadiers dirigeaient leurs pas vers la France, deux grenadiers qui avaient été faits prisonniers pendant la campagne de Russie. Et quand ils touchèrent aux quartiers allemands, ils penchèrent tristement la tête.

C'est là qu'ils apprirent la triste nouvelle: — Comment l'empire français était détruit, comment la grande armée avait été défaite et mise en déroute — et comment l'Empereur, l'Empereur se trouvait prisonnier.

À ce douloureux récit, les deux grenadiers versèrent bien des larmes. L'un d'eux soupira: «Quel mal affreux je ressens! comme mes anciennes blessures me cuisent!»

L'autre reprit: «La chanson est finie; moi aussi je voudrais mourir avec toi; mais j'ai une femme et des enfants qui m'attendent, et qui sans moi périraient de faim.»

— Que me font femme et enfants! j'ai bien un autre souci! qu'ils aillent mendier, s'ils ont faim! — Mon empereur, mon empereur prisonnier!

Ami, promets-moi d'exaucer ma prière: si, comme je l'espère, la mort ne doit pas tarder à me délivrer, transporte mon cadavre jusqu'en France; enterre-moi dans la terre de France.

Pose sur mon cœur ma croix d'honneur suspendue à son ruban rouge; place-moi mon fusil dans la main, et mon sabre au côté.

C'est ainsi que je veux être couché dans la tombe, c'est ainsi que je veux attendre, comme une sentinelle, jusqu'au moment où j'entendrai résonner le fracas des canons, et les piétinements des chevaux hennissants.

Alors sans doute — mon cœur en frissonne déjà — alors mon empereur passera à cheval au-dessus de ma tombe; des milliers d'épées se heurteront en croisant leurs éclairs; alors je me dresserai tout armé hors de mon cercueil, pour défendre mon empereur, mon empereur!

2. *La Revue nocturne* (*Die nächtliche Heerschau*) de Joseph Christian Zedlitz date de 1829. Elle fut mise en musique par Emil Tilt en 1840. Ce poème napoléonien est mentionné dans la «Notice sur les poètes allemands» (ci-dessus, p. 63) à la suite des *Faust* de 1840; entendu par Nerval à Vienne en 1840, il est évoqué dans *Pandora*. Nous avons reproduit ce poème à la note 1 de la page 63.

3. «Dona Clara» (1823) fait partie de la section intitulée *Le Retour* (*Die Heimkehr*) du *Livre des chants*. Dona Clara est une belle Espagnole, fière de son sang pur, qui aime un chevalier sans se douter qu'il est juif, fils d'un grand rabbin. Le poème précède, dans *Le Retour*, «Almansor» dont le sujet est proche de celui de «Dona Clara» (D.O.).

Page 230.

1. «Pèlerinage à Kevlaar» (*Die Wallfahrt nach Kevlaar*) (1822) clôt *Le Retour* du *Livre des chants* sur une note de piété catholique, légèrement macabre (D.O.).

Page 231.

1. L'*Edda* désigne deux recueils (l'*Edda poétique* ou l'*Edda de Soemond*, et l'*Edda en prose* ou l'*Edda de Snorri*) des traditions mythologiques et légendaires des anciens peuples scandinaves. Il a notamment fourni les matériaux de l'épopée germanique des *Nibelungen*.

2. Heine rapporte «la tradition de la danseuse nocturne, qui est connue dans les pays slaves, sous le nom de Willi», dans *De l'Allemagne*, II, Septième partie, «Traditions populaires»: «Les willis sont des fiancées qui sont mortes avant le jour des noces. Les pauvres jeunes créatures ne peuvent demeurer tranquilles dans leur tombeau. Dans leurs cœurs éteints, dans leurs pieds morts est resté cet amour de la danse qu'elles n'ont pu satisfaire durant leur vie; et, à minuit, elles se lèvent, se rassemblent en troupes sur la grande route, et malheur au jeune homme qui les rencontre! Il faut qu'il danse avec elles; elles l'enlacent avec un désir effréné, et il danse avec elles jusqu'à ce qu'il tombe mort. Parées de leurs habits de noces, des couronnes de fleurs sur la tête, des anneaux étincelants à leurs doigts, les willis dansent au clair de lune comme les elfes. Leur figure, quoique d'un blanc de neige, est belle de jeunesse; elles rient avec une joie si

effroyable, elles vous appellent avec tant de séduction ; leur air a de si douces promesses ! Ces bacchantes mortes sont irrésistibles. »

Quant aux nixes, Heine les évoque également, en les rapprochant des elfes : « Les nixes dansent près des étangs et des rivières. On les a vues aussi danser sur l'eau la veille du jour où quelqu'un devait se noyer. Souvent aussi elles viennent aux réunions des hommes et dansent tout à fait comme nous autres. On reconnaît la jeune nixe à l'ourlet de sa robe qui est toujours mouillé […]. »

Nixes et willis entrent, sous une forme plus ou moins déguisée, dans la mythologie nervalienne : on songe à la figure de Célénie dans *Promenades et souvenirs*, ou, dans *Sylvie*, à Sylvie et surtout à Adrienne, l'une et l'autre associées à la danse.

3. « Heureux homme dont la maîtresse n'était serpent qu'à moitié ! » Heine, dans *De l'Allemagne* (II, Septième partie, « Traditions populaires »), évoque « Mélusine la bien-aimée du comte Raimond de Poitiers ». Et il ajoute : « Heureux Raimond dont la maîtresse n'était serpent qu'à moitié ! » La référence à « Lusignan, amant de Mélusine », qui appartient aussi au sonnet « El Desdichado », fait basculer l'univers de Heine dans celui de Nerval.

Page 232.

1. Ludolf Backhuysen (1631-1709), Willem Van de Velde (1633-1707), dit *le Jeune*, Joseph Vernet (1714-1789) sont des peintres de marines.

2. « Notre Allemand se fait Grec » : Nerval reviendra sur la « grécité » poétique de Heine dans sa préface à l'*Intermezzo*. Il établit ainsi un lien spirituel entre l'Allemagne et la Grèce, en projetant sur Heine une de ses préoccupations constantes : « Car la Muse m'a fait l'un des fils de la Grèce », écrit-il dans « Myrtho ».

3. Heine évoque les « évêques de mer » dans *De l'Allemagne*, II, Septième partie, « Traditions populaires ». Plus exactement, se gardant bien d'« inventer lui-même un plus grand nombre de prêtres », il cite « le bon vieux Johannes Praetorius, dont l'*Anthropodemus plutonicus*, ou *Nouvelle description universelle de toutes sortes d'hommes merveilleux*, parut en 1666, à Magdebourg ». Nerval reprend ironiquement cette anecdote de la découverte d'« un homme océanique, en tout point semblable à un

évêque» dans *Le Diable rouge. Almanach cabalistique*, octobre 1849, NPl I, p. 1275.

Page 233.

1. Nerval traduit ici, avec quelques omissions [1], les poèmes de *La Mer du Nord* dont les deux cycles sont recueillis dans *Le Livre des chants*. Les poèmes du «Premier cycle» de *La Mer du Nord*, en vers libres, ont été rédigés par Heine quelques mois après sa conversion au christianisme, d'août à décembre 1825. Les poèmes du «Second cycle» ont été rédigés à l'été et à l'automne 1826 pendant le deuxième séjour de Heine à l'île de Norderney.

Couronnement

Krönung.

Ce poème liminaire marque un changement de ton par rapport aux cycles précédents du *Livre des chants*. La jeune fille invoquée ici possède tous les attributs d'une allégorie, sans qu'on puisse indiquer son identité exacte. Peut-être Heine pense-t-il à une Vénus nouvelle (D.O.).

Page 234. ## Le Crépuscule

Abenddämmerung.

Le bruit des vagues fait naître, en même temps qu'un écho des «charmants contes» d'autrefois, les souvenirs d'une enfance que Heine a passée à Düsseldorf.

Page 235. ## La Nuit sur la plage

Die Nacht am Strande.

La mythologie nordique est évoquée à travers les «incantations de l'Edda» et «les évocations runiques» (Wilhelm Grimm a publié un écrit *Sur les runes* en 1821). Mais ce sont bien plutôt les dieux de la Grèce qui hantent ici la mer du Nord.

1. Dans le «Premier cycle» de la *Mer du Nord*, Nerval omet de traduire: «Coucher de Soleil» (I, 3), «Déclaration» (I, 6), «Tempête» (I, 8). Dans le «Second cycle», il ne traduit pas: «Le Coucher de soleil» (II, 4), «Le Chant des Océanides» (II, 5), «Le Phénix» (II, 8). On notera que dans *Poèmes et Légendes* (1855), où Heine reprend la traduction de Nerval, il ne rétablit pas ces poèmes manquants.

Page 236. Poseidon

Poseidon.

Le poème est un bel exemple de l'ironie avec laquelle Heine convoque les légendes et les mythologies antiques, transformant son voyage sur l'île de Norderney en une Odyssée picaresque.

Page 237. Dans la cajute, la nuit

Nachts in der Kajüte.

La forme de ce petit cycle renoue avec celle des *Seestücke* de *Le Retour* et les quatrains de l'*Intermezzo* (D.O.).

Page 239. Le Calme

Meeresstille.

Le poème commence sur un ton homérique. Dès la deuxième strophe, le ton change ainsi que la vision qui rappelle les peintres hollandais. L'adaptation étrange, par Gérard, du terme allemand « Bootsmann » par « Bosseman » constitue un petit mystère, puisque le mot « Bosseman » n'existe pas (D.O.).

Page 240. Au fond de la mer

Seegepenst.

Dans ses *Tableaux de voyage* (section III, « La Mer du Nord »), Heine rapporte la légende de la cité engloutie, dont s'inspire ce poème : « On raconte que non loin de cette île, là où il n'y a aujourd'hui que de l'eau, se trouvaient jadis les plus beaux villages et les plus belles villes ; un jour, la mer les a soudain tout submergés, et les bateliers aperçoivent encore, par temps clair, les pointes étincelantes des clochers engloutis ; maints d'entre eux ont même entendu, le dimanche matin, le son pieux d'une cloche. Cette histoire est vraie ; car la mer est mon âme... » (traduction Florence Baillet, Éditions du Cerf, 2000, p. 94).

On a voulu voir, dans la jeune fille de ce poème, une allégorie de la tradition hébraïque.

Page 241.   Purification

Reinigung.

Page 242.   La Paix

Frieden.

Comme le précédent, «Purification», ce poème est une évocation de la crise morale et religieuse qui suit l'été du baptême.

Page 243.   Salut du matin

Meergruß.

«Salut du matin» ouvre le second cycle de *La Mer du Nord*. «*Thalatta! Thalatta!...*» fait référence à l'épisode célèbre de l'*Anabase* de Xénophon (IV, 7, 24), où les Grecs, défaits par les Perses et poursuivis à travers toute l'Anatolie, retrouvent la mer.

Page 244.   L'Orage

Gewitter.

Le poème convoque des souvenirs d'Homère que Heine est en train de relire sur l'île de Norderney. «Les blancs coursiers de Poseidon, que Borée lui-même a jadis engendrés avec les cavales échevelées d'Érichthon» sont un souvenir de l'*Iliade*, chant XX, vers 219-230 : «Érichtonios avait trois mille cavales, qui paissaient dans le marais, fières de leurs tendres pouliches. Borée lui-même s'éprit d'elles au pacage et les couvrit, sous la forme d'un étalon aux crins d'azur. De cette saillie douze pouliches naquirent. Quand elles voulaient s'ébattre sur la glèbe nourricière, elles couraient sans les rompre, sur la pointe des épis; quand elles voulaient s'ébattre sur le large dos de la mer, elles couraient sur la pointe des brisants du flot blanchissant» (traduction Paul Mazon, 1937, Folio, 1975).

«Oh! sauve-moi, Castor, vaillant cavalier, et toi, glorieux athlète, Pollux»: les Dioscures, fils jumeaux de Zeus et de Léda, étaient les protecteurs des marins en mer.

Page 245. Le Naufrage

Der Schiffbrüchige.

Le titre allemand signifie «Le naufragé». On notera l'image du «soleil noir», qui, appliquée ici aux yeux de la femme aimée, résonne d'une autre façon dans «El Desdichado» de Nerval.

Page 246. Les Dieux grecs

Die Götter Griechenlands.

Le poème constitue la réplique de Heine à la célèbre élégie de Schiller qui porte le même titre (1788, seconde version 1800). Reprenant l'antithèse schillérienne de l'Antiquité grecque et de l'ère chrétienne, Heine y introduit des accents satiriques et personnels, tout en parsemant son poème de réminiscences homériques (D.O.).

On distinguera le «paganisme» de Heine de celui de Nerval, beaucoup moins ironique, et beaucoup plus tragiquement associé au sentiment d'un désenchantement du monde dans l'époque moderne, ainsi qu'à l'angoisse (elle-même revenue de Jean Paul) de la mort de Dieu.

On reconnaît dans le poème de multiples allusions mythologiques :

— «Ces cheveux célèbres qui, en s'agitant, faisaient trembler l'Olympe» est un souvenir d'Homère, *Iliade*, chant I, v. 529-530 : «Les cheveux divins du Seigneur voltigent un instant sur son front éternel, et le vaste Olympe en frémit» (traduction Paul Mazon).

— «L'inextinguible rire des cieux» est un rappel du chant I, v. 599-600 : «Et, brusquement, un rire inextinguible jaillit parmi les Bienheureux, à la vue d'Héphæstos s'affairant dans la salle!» (traduction Paul Mazon).

— «Jupiter parricide» est une allusion au meurtre de Kronos par Zeus, raconté par Hésiode.

— «Ta vengeance n'atteint plus la jeune fille qui renferme dans ses flancs le fruit divin, ni le miraculeux fils du dieu» est une allusion à Léto, qui, aimée de Zeus mais poursuivie par la jalousie d'Héra, erra longtemps avant de mettre au monde, à Délos, Apollon et Artémis.

— La «Vénus Libitina» associe la déesse romaine des funérailles (Libitina) à l'idée de l'amour. Schiller s'était réclamé quant à lui de la «Vénus Amathusia», de la déesse de la vie, de l'amour et du plaisir.

Page 248.   Questions

Fragen.

Page 249.   Le Port

Im Hafen.

Le poème multiplie les allusions, qui sont quelquefois parodiques :

— Le «*rœmer*» est un grand verre à pied en cristal taillé, souvent de couleur verte.

— Édouard Gans (1798-1839) est un juriste et philosophe allemand, qui fut l'ami de Hegel, dont il rassembla les manuscrits, et dont il édita les *Œuvres*.

— Schilda est une ville de Saxe. Mais elle désigne en réalité la ville des sots, car elle est supposée être la ville natale des *Schildbürger*, ces bourgeois ridiculisés par la littérature burlesque du XVIe siècle.

— «La rose de Schiraz, la maîtresse du rossignol chanté par Hafiz» : il s'agit du grand poète lyrique persan Hâfiz de Chirâz (1320 environ - 1389 environ), auteur du *Divan* (1368). Il est évoqué par Goethe qui lui consacre tout un livre dans *Le Divan occidental et oriental* (1814-1819).

— «La rose de Sâron» est une référence au Cantique des cantiques. Mais qu'il s'agisse des roses d'Hâfiz ou de celles de la Bible, ces roses métaphorisent ici une autre rose, celle du vin centenaire que renferment les caves du *Rathskeller*, le *Rosewein* de Brême.

— «Où douze grands tonneaux, qu'on nomme les saints apôtres, prêchent en silence» : les tonneaux de la cave du *Rathskeller* portaient le nom des apôtres.

— Bethel (*Genèse* 28, 10-19) est le nom donné au lieu où Jacob vit une échelle monter jusqu'au ciel. Cette échelle se confond ici, ironiquement, avec l'escalier de l'auberge du *Rathskeller*.

— «Le nez de l'esprit du monde» : imaginant un «Weltgeist» ivrogne, Heine fait ici un pied de nez à son ancien maître Hegel qui croyait que la raison du «Weltgeist» présidait à l'Histoire de l'humanité (D.O.).

Page 250. Épilogue

Epilog.

Les «fleurs bleues» renvoient peut-être à l'idéal romantique (D.O.).

Page 251.

1. «Il se tournait invariablement vers cette seconde patrie»: rappelons que Heine avait fui l'Allemagne le 1er mai 1831; mais la quête d'une «seconde patrie» est aussi bien la quête de Nerval lui-même, qui se tourne vers l'Allemagne, comme Heine vers la France, — en éternel errant.

Page 252. L'Intermezzo

1. «Poètes souabes». Les principaux représentants de l'École souabe sont L. Uhland, G. Schwab (voir les notices concernant ces poètes), et J. Kerner, K. Mayer, G. Pfizer, W. Hauff.

Page 253.

1. «C'est le Julien de la poésie». Allusion à l'empereur romain Julien l'Apostat (331-363), qui, nourri de culture grecque, tenta de rétablir le culte païen en prônant un paganisme renouvelé par la philosophie. Absente chez Heine, la figure de Julien apparaît dans l'œuvre de Nerval: on la trouve notamment dans *Les Illuminés*, où elle est appliquée à Cagliostro et à Quintus Aucler. Si l'on suit ce fil, Heine, et son «paganisme» particulier, se voit secrètement rattaché à une lignée qui pour Nerval est celle des *fils du feu*.

Page 254.

1. *Hermann et Dorothée* (1797) est un poème de Goethe. Admirée par Mme de Staël, cette *idylle héroïque* est traduite par Xavier Marmier en 1839. Quant à Egmont et Claire, ce sont les personnages de la tragédie de Goethe, *Egmont.* Mme de Staël considérait *Le Comte d'Egmont* comme «la plus belle des tragédies de Goethe» (*De l'Allemagne*, II, 21).

2. Le terme de «supernaturalisme» a plusieurs autres occurrences dans l'œuvre de Nerval. Il apparaît d'abord dans la traduction du *Faust* de 1827, dans l'épisode de la nuit de Walpurgis, où le texte de Goethe fait défiler quelques «représentants des différentes sectes qui se partagent l'Allemagne»: à côté du «dogmatique», de «l'idéaliste», du «réaliste», et du «sceptique», on trouve un «supernaturaliste» (la traduction de Nerval décalque le mot allemand *Supernaturalist*); le terme apparaît encore dans le chapitre «Cagliostro» des *Illuminés* (1852), où il désigne une autre forme de spiritualité, qui s'est développée en marge du catholicisme, et qui a marqué les «imaginations rêveuses et délicates» (Folio, p. 361); on le trouve enfin dans la lettre-préface des *Filles du feu*, à propos des sonnets des *Chimères*, composés, «comme diraient les Allemands», dans un «état de rêverie supernaturaliste» (Folio, p. 39). Baudelaire, quant à lui, parle de «surnaturalisme» dans le *Salon de 1846* (Pl. II, p. 432); il emprunte le terme à Heine, qui, dans le *Salon de 1831* inclus dans *De la France*, a cette formule: «En fait d'art, je suis surnaturaliste.»

3. Mimnerme de Colophon: poète et musicien grec du VIIe siècle av. J.-C., à qui on attribue l'invention de l'élégie.

Page 255.

1. «Léon l'Hébreu: rabbin et médecin, né en Castille vers le milieu du XVe siècle [...] On lui doit trois dialogues sur l'amour, remplis d'idées alambiquées et cabalistiques, et publiés sous le titre de *Dialoghi de amore* (1535)» (*Grand Dictionnaire universel du XIXe siècle*).

2. Ainsi résumé, le sujet de l'*Intermezzo* est celui de toute élégie, et rejoint le sujet, tout aussi général, de *Sylvie*, ou d'*Aurélia*: «Une dame que j'avais aimée longtemps et que j'appellerai du nom d'Aurélia, était perdue pour moi», écrit simplement Nerval dans *Aurélia*.

Page 257.

1. Le *Lyrisches Intermezzo* a été publié pour la première fois avec les deux tragédies de Heine, *Ratcliff* et *Almansor*, en avril 1823. Repris en guise de deuxième partie du *Livre des chants* en 1827, l'*Intermezzo* comporte 65 poèmes et un prologue. En 1847 parut la sixième édition de l'*Intermezzo*. Son thème est l'amour non rendu et sublimé par la poésie, un thème pour plaire à Nerval. La nouveauté du recueil est dans le ton malicieusement

sentimental et dans la brièveté des poèmes qui sont autant d'épiphanies poétiques. C'est le deuxième livre de poésies du jeune Heine ; les poèmes datent de 1821 et 1822 (D.O.).

On notera que Nerval ne traduit pas tout le cycle de Heine : il laisse de côté le «Prologue», ainsi que les numéros 5, 20, 28, 31, 36, 43 et 54 de la version de 1847 ; et c'est lui qui intitule «Épilogue» le poème 65 du recueil de Heine.

De seize de ces poèmes, Schumann a tiré en 1840 le cycle des *Amours du poète* (*Dichterliebe*).

Page 266.

1. Dans le *Voyage en Orient* (Folio, p. 436), Nerval a inséré une paraphrase de ce poème de Heine :

On lit dans une pièce de vers de Henri Heine l'apologue d'un sapin du Nord couvert de neige, qui demande le sable aride et le ciel de feu du désert, tandis qu'à la même heure un palmier brûlé par l'atmosphère aride des plaines d'Égypte demande à respirer dans les brumes du Nord, à se baigner dans la neige fondue, à plonger ses racines dans le sol glacé.

Page 272.

1. «Si j'étais une hirondelle» : on peut penser qu'à travers le poème de Heine résonne pour Nerval le souvenir d'une chanson du Valois, citée dès «Les Vieilles Ballades françaises» en 1842 et reprise dans «Chansons et légendes du Valois» en 1854 :

> *Si j'étais hirondelle !*
> *Que je puisse voler,*
> *Sur votre sein, la belle,*
> *J'irais me reposer !*

Page 278.   Le Sphinx

Ce poème introduit la troisième édition du *Livre des chants* de 1839 et a pour titre *Préface de la Troisième Édition*. Le titre *Die Sphynx* se trouve dans le manuscrit de Heine. Le poème date de février 1839 (D.O.).

Page 280.   Le Rêve

«Le Rêve» est le deuxième poème des *Traumbilder* et ne comportait pas de titre. Il date de 1816/1817 (D.O.).

Page 282.

1. «Comme tous les grands poètes, Heine a toujours la nature présente.» Heine, du moins aux yeux de Nerval, serait ainsi un exemple de «poésie naïve», au sens où l'entend Schiller dans *De la poésie naïve et sentimentale* (1795).

Table 401

AUTRES POÉSIES ALLEMANDES

LES POÉSIES DE HENRI HEINE
(*Revue des Deux Mondes*, 1848)

Table 403

DOSSIER

DERNIÈRES PARUTIONS

Ce volume,
le quatre-cent-treizième
de la collection Poésie,
composé par Interligne
a été achevé d'imprimer sur les presses
de l'imprimerie Bussière à Saint-Amand (Cher),
le 8 novembre 2005.
Dépôt légal : novembre 2005.
Numéro d'imprimeur : 054140/1.
ISBN 2-07-031477-4./Imprimé en France.